발전 청소년학 시리즈 2

청소년활동론

안명선 · 박선희 · 김상범 · 박주현 · 천정웅

Youth Activity

양성원

머리말

청소년활동은 청소년업무가 학교를 중심으로 하는 교육(education)과는 다른 새로운 정책영역으로 형성하고 발전하는 과정에서 핵심적인 분야로 자리매김하면서 청소년업무의 정체성을 특징짓는 중심내용이 되고 있다. 실제로 청소년활동은 시대적 변화에 맞추어 그동안 수련활동을 중심으로 문화활동과 국제교류활동 등을 포함하는 것에서 확장하여 학교의 교과과정과 관련한 창의적 체험활동이나, 자유학기제의 실시를 통해 제도적 근거를 마련하면서 청소년참여활동과 권익증진활동을 아우르는 다양한 방식으로 전개되고 있다. 청소년활동은 그동안 학교교육을 비롯한 교육학 전반이나 심리학과 정신분석학 등에서도 강조되어 왔으며, 경험학습의 강조, 자기 주도학습, 놀이와 문화, 활동몰입, 청소년비행예방 등과 관련한 연구를 통해서 청소년의 성장을 위한 중요한 의미들이 고찰되면서 제도화를 위한 여러 가지 노력들이 지속되고 있다.

청소년활동은 청소년업무와 관련한 특징적인 영역과 성격적 측면을 가지고 있으면서도, 전체적으로 보면, 청소년의 정체성 확립과 인성함양 및 공동체성의 정립 등에 기여하는 긍정적인 의미를 갖는 것으로 나타나고 있다. 청소년활동은 우선 내용 면에서 청소년의 다양한 욕구를 충족시키고 사회적 태도나 실천적 문제해결 능력을 향상하는 역량개발은 물론, 사회변화와 발전에 참여하고 기여함으로써 지역사회 구성원으로서의 경험을 축적하는 것과도 관련된다. 제대로 된 청소년활동을 위해서는 청소년의 요구와 흥미에 기초할 필요가 있으며, 청소년활동의 과정은 그에 따른 결과 이상으로 중요하게 여겨질 필요가 있다. 이는 청소년활동의 목표나 과제는 인간의 발달 단계에 따른 과업과 관련되어야 한다는 생각에 기초하면서 청소년에 의해서 활동의 전체과정이 수행될 필요가 있음을 의미하는 것이기도 하다.

이런 점에서 이 책은 청소년활동이 우리나라 청소년업무의 태동과 발전을 견인하여 오늘날 학교교육과는 차별화된 중요한 독자적 정책영역임을 확인하면서 활동의 목표와 과정 및 결과의 중심에 청소년을 두는 것을 청소년업무 실천의 핵심적 모습으로 전제한다. 그 내용으로 청소년활동과 학교와의 관계를 고찰하고 청소년개발과 역량함양 및 인성개발의 이론적 의미를 확인하며 청소년활동기관과 전문인력 등 활동을 위한 주요한 요소들을 이해할 수 있는 내용을 포함하고 있다. 여기에 청소년활동을 위한 안전과 관련한 이슈를 알아보고 주요한 활동을 수련활동, 참여활동, 교류활동, 사회적경제활동 등과 관련하여 논의하고 있다. 또한 지속가능발전목표와 연결시킴으로써 청소년활동의 개념을 확장하고 청소년활동을 보는 다양한 이론과 정책적 접근 및 실천적 영역을 폭넓게 제시하고 있다.

이 책은 청소년활동 전반을 개관하는 챕터를 시작으로 청소년활동을 지속가능발전목표(SDGs)와 연결하여 이해하는 마지막 챕터에 이르기까지 전체 13개의 장으로 편집하였으며 청소년활동의 이론적 기초(제1부), 청소년활동의 요소와 안전(제2부) 및 주요 청소년활동과 지속가능발전(제3부)으로 구분하고 5명의 공동저자들이 각자의 전공분야와 관심영역을 고려하는 방향으로 개발하였다. 우선 제1 저자인 안명선 교수는 청소년교류활동(11장), 사회적경제(12장) 및 지속가능발전목표와 관련한 챕터(13장)를 맡아 집필하였으며, 박선희 교수는 청소년활동을 전체적으로 개관하는 청소년활동 이해의 기초(1장), 청소년개발과 청소년활동(2장) 및 청소년참여 활동과 지역사회 청소년활동(10장)을 집필하였다. 김상범 교수는 청소년현장에서 전문인력으로 활동한 경험을 활용하여 청소년활동시설의 설치와 운영(4장), 프로그램 개발과 평가(6장) 및 청소년수련활동(9장) 등을 맡아 집필하였고, 박주현 교수는 청소년기관의 이해(5장), 청소년활동과 안전(8장)을 집필하였고, 청소년활동과 관련한 이론과 구성요소(3장)와 청소년활동과 전문인력(7장)에 관한 챕터는 천정웅 교수가 담당하였다. 필자들이 기본적인 체제와 분량을 맞추려고 노력했지만, 각 장별 주제의 특성이 다르기 때문에 전체가 일관성을 갖도록 하는 것은 쉽지 않았다.

이 책은 발전청소년학 총서의 두 번째 책으로 발간한 것이다. 발전청소년학은 청소년학 분야의 이론과 실천, 그리고 정책과 서비스 등과 관련한 다양한 영역에서 새로운 관점과 접근을 요구하는 시대적 기대에 부응하면서 청소년연구와 관련한 다양한 이론과 발전적 실천들을 담고자 하는 학술공동체를 지향하고 있다. 이 책의 발간은 그러한 발전청소년학 연구의 인식론적 공동체(WAYS Academy)의 뜻을 전하는 두 번째 발간물의 의미를 가진다. 총서 개발에 참여하고 있는 국내 · 외의 교수들과 연구자들에게 본 청소년활동론 발간의 기쁨을 전하면서, 흔쾌히 출판을 맡아 주신 도서출판 양성원의 강철원 대표님과 직원 여러분께 깊은 감사를 드린다.

2022년 8월

저자 일동

차 례

PART 2

청소년활동의 요소와 안전

PART 1

청소년활동의 이론적 기초

Chapter

청소년활동 이해의 기초 01

1 청소년활동의 개념과 특성

1) 청소년활동의 개념

청소년활동 개념은 1991년 한국청소년기본계획이 수립되면서 모든 계획의 중심에 수련활동을 상정하여 '청소년수련활동'이라는 법적 개념을 사용하기 시작하였고 "심신을 단련하고 자질을 배양하며 배움을 실천하는 체험활동으로써 청소년의 전인적 성장을 위하여 지식교육과 함께 필수적인 활동"으로 정의하였다. 이때에는 청소년의 유형을 학생청소년, 근로청소년, 복무청소년, 무직청소년으로 구분하였고, 이들의 보편적인 활동을 고유활동(학업, 근로, 복무 등), 수련활동(생활권이나 자연권에서 심신단련, 자질배양, 취미개발, 정서함양, 사회봉사 등 배움을 실천하는 체험활동영역), 임의활동

(가정중심의 자유활동영역) 영역으로 분류하였다.

이후 2004년에는 1991년 제정된 「청소년기본법」의 개정과 「청소년활동 진흥법」의 제정으로 다양한 활동을 포함하는 상위 개념인 '청소년활동 개념'이 등장하게 되었으며, "청소년의 균형 있는 성장을 위하여 필요한 활동과 이러한 활동을 소재로 하는 수련활동 · 교류활동 · 문화활동 등 다양한 형태의 활동"으로 청소년활동의 개념을 정의하였다(「청소년기본법」 제3조 제3항). 청소년활동의 개념 안에 '수련활동', '교류활동', '문화활동'이 포함되었음을 알 수 있는데 이 개념들의 구체적인 의미를 「청소년활동 진흥법」에 구체적으로 제시하였다.

청소년활동의 법적 개념과 함께 여러 연구자들의 정의를 살펴보면, "실생활에서 청소년의 자발적 참여에 의해 이루어지는 제반 체험중심의 활동"(김정명, 1991), "청소년들이 주어진 환경 속에서 개인적 또는 사회적 가치나 목표를 실현하기 위하여 행하는 모든 정신적 · 육체적 행위 일반"(한승희, 1995), "청소년기에 필요한 발달과업을 수행하기 위한 제반활동"(구태익, 2003), "청소년의 긍정적인 성장과 발달을 목적으로 하는 교육적 활동이며 청소년의 자발적 참여의지에 의해 발현되는 자율적 활동"(김진호, 권일남, 이광호, 최창욱, 2009), "청소년들의 발달과업 및 성인으로서의 성공적인 삶을 위해 필요한 역량을 발전시키는 행동 또는 상호작용"(김윤나, 박옥식, 2009) 등으로 언급하였다.

또한 "청소년기의 발달과업을 수행하기 위해 자발적으로 참여하는 체험활동"(김현철, 최창욱, 민경석, 2010), "청소년들이 주어진 환경 속에서 개인적 또는 사회적 가치나 목표를 실현하기 위해 행하는 모든 정신적, 신체적 행위 일반을 지칭하는 것"(천정웅, 오해섭, 김정주, 김민, 2017) 등 다양한 정의들이 있다. 여러 정의들을 통해 공통적으로 드러나는 청소년활동이 강조하는 바를 정리하면 발달과업의 수행, 자발적 참여, 체험활동 등 세 가지로 축약된다. 즉, 청소년활동은 정신적 · 육체적 변화를 겪고 있는 청소년들이 하는 활동으로 자발적인 참여가 무엇보다 중요한 활동이며, 궁극적으로 청소년들의 정신적, 신체적 바른 성장을 위한 활동으로서 단순한 활동이 아닌 학습과 교육, 훈련의 의미를 지니는 것이라 할 수 있다.

2) 청소년활동의 특성

청소년활동은 생물학적, 인지적, 사회적 변화와 더불어 성숙을 이루는 청소년기 발달과업 중 하나인 자아정체감을 확립하는 것에서부터 다른 사람들과 원만한 관계를 유지하는 등의 사회성에 이르기까지 청소년의 긍정적인 발달을 도울 뿐 아니라 성장과정에서 유해한 요인들을 감소시킴으로 인해 청소년들의 성장에 중요한 보호요인으로 작용하고 있다. 구체적인 청소년활동의 특성들을 살펴보면, ① 자발적인 학습에의 흥미나 관심은 항상 활동의 에너지가 되며 임의적인 참가를 할 때 청소년의 즐거움이나 흥미를 추구하는 관심을 정확히 선택하는 것이 무엇보다도 절실히 요구된다. ② 청소년활동은 '경험으로부터 배운다'는 '행함에 의한 학습(learning by doing)'으로 학교에서의 정규교육과정과는 달리 참가자의 직접경험이 중시되며 이것이 청소년들의 자생적인 힘이 되어 주체성의 발달을 가져온다. ③ 청소년활동은 모험심, 탐구심, 교우관계, 자연접촉, 근로체험 등의 직접경험을 통해 학습이나 사고보다 내면화하고 태도나 행동을 형성하는 데 도움을 준다. ④ 청소년활동은 청소년들의 연대와 협조, 협력과 신뢰, 책임과 의무감의 감각을 형성하게 하는 데에 기여한다. 이 외에도 청소년활동의 특성은 활동 유형에 따라 다양하게 제시될 수 있으며 일반적인 의미에서는 청소년을 중심으로 이루어지는 활동, 목적을 지향하는 활동, 청소년의 자발적인 참여의지에 의해 발현되는 자율적 활동, 체험적인 활동, 도전적인 활동으로도 정리할 수 있다.

청소년활동은 청소년의 균형적인 성장을 위해 심신단련, 자질배양, 취미개발, 정서함양, 사회봉사 등의 체험을 통해 덕과 체를 함양하기 위한, ① 목적성을 가지고 있고 자유로운 선택에 의해 이루어지는, ② 자율성을 가지고 있으며 개인이 혼자서 행하는 것이 아닌 타인과의 유대관계를 통해서 경험하고 배우는, ③ 조직적이고, 스스로 선택한 새로운 일들을 직접 실천해 보는, ④ 체험적 특성을 띠고 있으며 어려운 문제를 피하지 않고 직접 부딪쳐서 해결할 수 있도록 진취적인 사고를 배양하는, ⑤ 모험적 활동이라 할 수 있다(천정웅, 오해섭, 김정주, 김민, 2015).

2 청소년활동과 학교

1) 창의적 체험활동

창의적 체험활동은 제1차 교육과정에 특별활동으로 도입되어 '2007 개정 교육과정'까지 "특별활동"이라는 이름으로 교과 외 교육과정으로 운영되었다가 7차 교육과정부터 "재량활동"이라는 이름으로 새롭게 도입이 되었고, 이후 '2009 개정 교육과정'에서 특별활동과 재량활동이 합쳐져 "창의적 체험활동"이라는 새로운 교과 외 교육과정 영역을 신설하여 1~6시간까지 주당수업시수를 운영하도록 하였다. 인성을 갖춘 창의적 인재를 양성한다는 목표 아래 '창의인성교육기본방안'의 발표 이후 창의적 체험활동을 성공적으로 도입하기 위해 창의적 체험활동 종합지원시스템(에듀팟) 개발, 창의체험자원지도(CRM) 개발, 민간 및 공공부분으로부터의 교육기부운동 전개, 부처간 MOU체결, 선도학교 지정 시범사업 추진, 학교문화선진화사업, 초중등학교 체육활동 활성화 사업 등 다각적인 사업을 추진하였다. 창의적 체험활동은 자율활동, 동아리활동, 봉사활동, 진로활동 등 4개 영역으로 구성된다(교육부, 2015).

자율활동은 청소년들이 학급 및 학교에 대한 소속감을 느끼고 현재 당면한 문제를 민주적으로 해결해 나가는 과정을 학습하여 성숙한 민주시민으로 살아갈 수 있는 역량을 함양하는 데 필요한 활동이다. 자치 · 적응활동, 창의주제활동 등이 있으며, 입학 초기 적응활동, 사춘기 적응활동, 민주적 의사결정의 기본원리 이해 및 실천, 즐거운 학교생활 및 다양한 주제 활동 등을 포함한다(교육부, 2015). 자율활동의 한 유형인 자치활동은 개인의 능력과 노력으로 이루어지는 교과 활동과 달리 집단을 전제로 하는 활동이다. 자치활동은 정해진 목표와 내용에 따라 계획대로 진행되지 않고 자신의 생활과 관련된 자유로운 주제 속에서 의견을 제시하고 문제를 해결하는 과정을 통해 학교의 문제와 사회의 문제에 대한 참여적 태도를 형성하게 된다. 이로써 집단의 의사결정과정에 참여하고 그 결과를 수용하는 직접적인 경험을 통해 민주시민으로서의 태도를 함양하는 것이다(배은정, 2020).

동아리활동은 예술 · 체육활동, 학술문화활동, 실습노작활동, 청소년단체활동 등으로 나눌 수 있으며, 다양한 경험과 문화체험을 통한 재능 발굴, 신체감각 익히기와 직접 조작의 경험, 소속감과 연대감을 배양하는 활동이다. 예술 · 체육활동은 자신의 삶을 폭넓고 아름답게 가꿀 수 있는 심미적 감성 역량 함양과 건전한 정신과 튼튼한 신체를 육성하는 것이며, 학술문화활동은 다양한 학술 분야와 문화에 대한 관심을 가지고 체험 위주의 활동을 통한 지적 탐구력과 문화적 소양 능력을 배양한다. 실습노작활동은 일의 소중함과 즐거움에 대해 인식하고 이에 필요한 기본 기능의 습득 및 일상생활에 적용하는 활동이며, 청소년단체활동은 신체 단련, 사회구성원 및 지도자로서의 소망을 함양한다.

봉사활동은 교내봉사활동, 지역사회봉사활동, 자연환경 보호활동, 캠페인 활동 등의 4가지 유형으로 구성되어 있다. 먼저 교내봉사활동은 교내에서 이루어지는 활동으로 학습부진 친구, 장애가 있는 친구, 질병 등으로 병약한 친구, 그리고 다문화가정의 학생 등을 돕는 일들을 의미한다. 지역사회봉사활동은 지역사회 내 주민자치활동이나 농촌봉사활동, 지역사회 바자회 등의 다양한 지역행사 지원활동, 지역사회 내 사회복지기관 및 시설에서의 봉사활동 등을 포함하는 지역사회개발발전과 관련된 활동, 문화, 관광, 예술, 체육 진흥과 관련된 활동, 민주시민사회 구현을 위한 다양한 인권 관련 활동 및 소비자보호 분야 봉사활동, 다양한 민원안내 및 업무보조와 관련된 봉사활동, 재능나눔을 통한 봉사활동, 교통안전활동, 위문공연활동, 그리고 재난관리 및 구호활동 등을 통해 진행된다. 자연환경 보호활동으로는 환경보호 및 시설정비활동, 환경보호 모니터링과 같은 환경 감시 활동 등이 있다. 캠페인 활동은 모금 및 헌혈, 기타 다양한 사회·문화적 이슈와 관련한 의식개선활동이나 직접적인 헌혈에 참여하는 등의 활동으로 이루어진다.

진로활동은 자기이해활동, 진로탐색활동, 진로설계활동 등을 포함한다. 자기이해활동은 긍정적 자아개념을 형성하고 자신의 소질과 적성을 이해하는 활동으로 강점 증진 활동, 자기특성이해활동 등이 있으며, 진로탐색활동은 일과 직업의 가치, 직업세계의 특성을 이해하여 건강한 직업의식을 함양하고, 진로와 관련된 교육 및 직업정보를 탐색하고 체험하는 활동으로 일과 직업이해활동, 진로정보탐색활동, 진로체험활동 등이 있다. 진로설계활동은 자신의 진로를 창의적으로 계획하고 실천하는 것으로 진로와 관련한 계획활동, 준비활동 등이 있다.

2) 자유학기제

교육부(2013)는 자유학기제를 "중학교 교육과정 중 한 학기 동안 학생들이 중간·기말고사 등 시험 부담에서 벗어나 꿈과 끼를 찾을 수 있도록 수업 운영을 토론, 실습 등 학생참여형으로 개선하고 진로탐색 활동 등 다양한 체험활동이 가능하도록 교육과정을 유연하게 운영하는 제도"로 정의하고 있다. 자유학기제 시행은 그동안의 학교교육에서 미흡할 수 있었던 교과 통합교육을 자유로운 교육과정 재구성 및 시행을 통해 창의성을 키울 수 있는 환경으로 제공하는 것이다. 또한 활동중심 진로체험을 통해 현실적응력과 현장에 대한 전문적인 이해도를 높일 수 있는 시간이 되도록 하여 주입식 교육의 틀에서 벗어나 확장된 사고를 유도하고 기존 교과들에 대한 통합적 사고를 이끌어 낼 수 있도록 하였다(홍수연, 2020).

전국의 42개 연구학교에서 시범운영하였고 2014년 600개 학교로 운영 확대되었으며, 2016년 3월부터 전국적으로 시행되었다. 2017년에는 자유학기 · 일반학기 연계 시범운영 추진계획을 발표하여 자유학년제 도입을 위한 제도적 기반을 마련하였다. 「초중등교육법 시행령」 개정 이후 2018년부터 학교별 여건에 따라 한 학기 또는 두 학기 지정이 가능하도록 학교 희망에 따라 자유학년제 또는 자유학기제를 시행하였다. 자유학기제의 활동은 진로탐색활동, 주제선택 활동, 동아리활동, 예술 · 체육활동의 4가지 영역으로 운영된다.

진로탐색활동은 학생들이 자신의 적성과 소질을 탐색하여 스스로 미래를 설계해 나갈 수 있도록 진로학습의 토대를 마련하는 것이 기본 취지이다. 학교별 상황에 따라 자유롭게 다양한 형태로 운영할 수 있으나, 단순 일회성 체험이 아닌 교과수업과 연계 운영이 가능한 체계적이고 전문적인 진로 교육프로그램을 설계한다.

주제선택 활동은 학생들이 자신의 흥미와 관심사에 맞는 프로그램을 개발 · 운영하여 학생들의 학습동기를 유발할 수 있는 방향으로 진행한다. 이를 통해 자신의 관심분야와 소질을 찾아 다양한 진로를 탐색할 수 있도록 기회를 제공하며 프로그램 개발 및 운영 시에 다양한 분야의 전문가들이 참여해서 관련 분야의 기초적인 연구자료, 시설물을 활용함으로써 보다 질 높은 교육을 제공할 수 있도록 한다.

동아리활동은 학생들 간 공동의 관심사를 기반으로 학생의 자율성을 최대한 보장하며 자치능력 및 문제해결력 함양을 지원하고 학생들의 수요조사 후 맞춤형 동아리활동 프로그램을 개설하여 학생 스스로 만드는 스포츠 동아리, 직업군 탐색별 진로 동아리,

지역사회연계 봉사동아리 등 창의적 체험활동과 연계하여 운영한다. 지역사회와 연계하여 동아리 한마당, 전시회, 전시체험 페스티벌 등을 학생 스스로 기획 · 운영함으로써 자기주도역량을 강화한다.

예술 · 체육활동은 학생의 희망을 반영한 다양한 문화와 예술 · 체육활동을 통해 관련 소질과 잠재력을 발견하고 다양한 활동 기회를 제공한다. 학생 중심, 체험 중심 프로그램 개발로 학생들이 스스로 선택할 수 있게 하고, 학교와 지역사회의 다양한 물적 · 인적 자원을 지속적으로 활용하여 창의성과 인성 함양에 초점을 둔 종합문화예술교육이 되도록 운영한다.

3 청소년활동의 주요 영역

1) 단체활동

청소년단체란, 청소년이 공동체 활동에서의 상호작용을 통해 개인역량을 함양하는 동시에 미래의 건전한 사회구성원으로 성장하는 데 필요한 태도와 능력을 배양시키는 비영리 사회단체이다. 「청소년기본법」에서는 청소년단체를 "청소년육성을 주된 목적으로 설립된 법인이나 대통령령으로 정하는 단체를 말한다."라고 규정하고 있으며, 청소년단체의 역할에 대해서는 '학교교육과 서로 보완할 수 있는 청소년활동을 통한 청소년의 기량과 품성 함양', '청소년복지 증진을 통한 청소년의 삶의 질 향상', '유해환경으로부터 청소년을 보호하기 위한 청소년보호 업무 수행'으로 규정하고 있다(「청소년기본법」, 2019). 단체 활동의 기능은, 첫째, 청소년의 인성 · 품성 함양과 신체적 · 지적 ·

정서적 · 사회적 발달 도모, 둘째, 올바른 국가관 확립 및 바람직한 민주시민으로의 성장 지원, 셋째, 창의적 사고능력 및 잠재능력 계발 유도, 넷째, 청소년기의 인성교육 부재로 인한 각종 사회문제(폭력, 자살, 가출, 중독, 음주 · 흡연 등)의 예방과 치유 등이다.

청소년단체는 그 단체마다 고유의 설립목적에 따라 여러 유형이 있으며 국가 및 지방자치단체는 청소년단체의 조직과 활동에 필요한 행정적인 지원과 운영 · 활동 경비의 일부를 보조할 수 있도록 하고 있다. 또한 개인 · 법인 · 단체는 청소년단체의 시설 및 운영을 지원하기 위하여 금전 등 그 밖의 재산을 출연할 수 있도록 하였다. 한국청소년단체협의회에는 7개의 지방청소년단체협의회를 포함하여 63개 청소년단체가 가입되어 있으며, 2020년 기준으로 262만여 명의 청소년회원과 26만여 명의 청소년지도자 등 총 287만여 명이 소속되어 활동하고 있다(여성가족부, 2020). 활동은, ① 우리나라 청소년단체 등의 협의체인 한국청소년단체협의회에 가입한 공식청소년단체(예: 한국스카우트연맹, 청소년연맹, YMCA, YWCA, 흥사단 등)의 회원으로 활동하는 청소년 회원 가입활동, ② 청소년동아리 활동, ③ 청소년 자치활동 등의 세 가지 유형이 있다.

단체별로 설립취지가 상이하지만 청소년단체들이 가진 공통적이고 기본적인 운영원리는 청소년의 자질함양과 인성발달을 도모한다는 점이다. 청소년단체가 행하는 주된 활동은 청소년들에게 심신수련의 기회를 제공함으로써 올바른 국가관과 윤리관을 심어 주고, 창의성 · 사회성 등을 개발하여 민주시민으로서의 자질과 인성을 함양시키며, 지 · 덕 · 체의 균형적 발달을 추구함으로써 청소년을 전인적인 인간으로 기르고자 한다. 집단적 활동으로서, 개인차의 고려라는 측면과 사회성의 개발이라는 측면을 조화시킬 수 있기 때문에 참여자의 자율성과 자발성이 강조되면서도 집단전체의 목적을 달성하는 데 필요한 협동성, 자주성, 책임감, 소속감, 봉사정신 등 민주시민으로서의 자질을 획득할 수 있는 것은 청소년단체 활동이 가진 장점이라고 할 수 있다(조달현, 2018).

2) 동아리활동

청소년 동아리활동은 학교에서 서로 동일한 취미와 특기, 적성, 관심사와 가치관을 가진 청소년들이 모여 자신의 소질과 적성을 개발하고 발전시킴으로써 자아실현의 기초를 형성하고 사회성과 협동심을 기르며 다양한 자기표현 능력을 신장시키기 위해 학교나 지역사회 시설 및 기관을 활용하여 운영하는 활동이다(신은경, 윤경, 김진강, 2016). 청소년 동아리활동은 자치활동으로서의 특성과 또래 집단으로서의 특성, 여가활동으로서의 특성 및 지역사회 연계 수단으로서의 특성을 가지고 있다(김정주, 김용태, 성기원, 2003).

첫째, 동아리활동은 자발적인 참여에 의해 청소년들 스스로가 자신의 조직을 구성하여 활동을 전개함으로써 민주시민으로 성장하기 위해 필요한 자질을 키우고 청소년의 권리를 옹호하며 건강한 삶을 체득하는 활동이라는 점에서 자치활동의 특성을 갖는다. 둘째, 비슷한 연령대의 매우 친한 친구들이 소집단을 이루어 새로운 대인관계를 형성하거나 새로운 지위와 역할을 담당하게 되며 청소년 세계의 공통적인 경험과 가치관, 사고체계를 형성하는 데 영향을 주기도 하고, 사회적 기술과 전략을 배우고 습득할 수 있는 기회가 되는 또래집단으로서의 특성을 갖는다. 셋째, 비슷한 관심이나 취미를 가지고 있는 또래나 선배, 후배들과 동아리를 구성하고 참여함으로써 여가시간을 활용할 수 있으며 사회참여의 기회와 자신의 잠재력 개발의 기회로 활용될 수 있다는 점에서 여가활동으로서의 특성을 갖는다. 넷째, 동아리활동 과정에서 봉사활동 참여나 지역사회 문제해결을 위한 참여활동 등을 통하여 청소년들은 지역사회 구성원으로서 참여할 기회를 가지며, 이를 통해서 민주시민으로서 역량을 개발할 수 있다는 점에서 지역사회 연계 수단으로서의 특성을 가진다. 이러한 특성들로 인해 동아리활동은 청소년의 여가생활의 수단으로서뿐만 아니라 청소년 발달과 직접적인 관련이 있으며 더 나아가 사회참여의 수단으로 활용될 수 있다.

동아리활동은 청소년들에게 자주적이며 합리적으로 사고할 수 있게 해 주며, 자발적, 능동적으로 실천하여 모든 문제를 자율적으로 처리하는 데 도움이 된다. 동아리활동은 청소년의 소질을 신장하고 창의력 계발에 도움이 되며 개성 있는 인격형성을 도모한다. 청소년은 동아리활동을 하면서 사회구성원임을 지각하고 책임감 및 사회성을 배양하며, 공동체 활동을 통해 준법정신을 함양하고, 지도성과 협동성, 봉사정신 등의 능력 및 자질을 함양한다. 다양한 직업적 경험의 기회를 얻으며 현명하게 진로를 선택할 수 있는 능력을 배양할 뿐만 아니라 여가선용으로 다양한 취미를 통하여 보다 넓은 스펙트럼의 생활태도를 갖추게 된다(김지연, 2000).

최근의 동아리활동의 양상을 살펴보면, 첫째, 자의로 구성된 소규모 동아리 모임이 증가하고 있다. 이와 같은 소규모 동아리 모임은 청소년들의 이타적이고 배타적인 또래집단으로서 보다 더 자유롭고, 강제성이 없으며 최소의 책임감과 소속감을 갖고 활동을 하는, 자의로 구성된 사모임의 특징을 갖는다. 둘째, 동아리활동의 장이 사이버공간으로 확장된다는 점이다. 멀티미디어의 발전과 다양한 통신망의 구축 및 컴퓨터와 스마트폰으로 연결된 인터넷을 통한 정보화 사회로 인해 사이버 공간은 관심 분야에 대한 토론장 및 정보교환의 장으로 활용되어 청소년들의 자유로운 동아리활동 공간이 되었다. 셋째, 동아리활동에 대한 선호도가 변화되고 있다는 점이다. 문학동아리나 독서동아리 등과 같은 전통적인 학습 동아리활동은 감소하는 반면 댄스, 공연, 음악 등의 동아리활동이 청소년들의 관심과 선호를 받고 있다(전희일 외, 2018).

3) 봉사활동

자원봉사활동이란 “청소년들이 사회문제의 예방 및 해결 또는 국가의 공익사업을 수행하고 있는 공식조직에 자발적으로 참여하여, 영리적인 보상을 받지 않고서도 인간

존중의 정신과 민주주의 원칙에 근거하여 낯선 타인을 상대로 필요한 서비스 구현을 통해 자아실현을 성취하고자 하는 지속적이고 계획적인 활동"을 말한다. 청소년 자원봉사는 개인, 가족, 동아리 · 단체 등의 유형으로 활동에 참여하며, 일손돕기 · 환경미화 · 취약계층 활동 보조 등의 노력 봉사, 학습지도 · 멘토링 · 공부방 운영 지원 등의 교육봉사, 지역행사 운영 · 보조, 캠페인 활동 등의 문화봉사, 청소년들의 재능을 활용한 재능봉사 활동 등의 다양한 종류의 활동이 이루어지고 있다(여성가족부, 2019).

청소년 봉사활동은 일반적인 봉사활동의 정의와 함께 일종의 체험학습의 성격을 띠며, 인성개발을 바탕으로 하는 교수학습의 과정에서 통합되는 교육행위의 개념도 포함한다(한국청소년개발원, 1994). 즉, 봉사활동은 조직화된 봉사과정을 통해서 무엇인가를 배우고, 자신을 개발시키는 경험학습의 교육과정으로써 청소년 스스로가 학교에서 학습한 지식, 가치관, 기술을 바탕으로 지역사회에 대한 책임감을 가지고 개인 또는 집단으로 행하는 학습활동이다. 청소년들은 봉사활동을 통해 이타성, 사회적 책임감, 협동심, 정직성 등의 인성을 개발할 수 있다(김보현, 2011).

적절한 봉사활동은 다음과 같은 특징을 가지고 있어야 한다(김병진, 2018). 첫째, 교육적 목적으로 지도되는 체험활동이다. 청소년들이 하는 봉사활동은 완전히 자발적인 활동이라기보다는 교육의 목적을 가진 활동이라는 점이다. 학교나 청소년 자원봉사센터를 통해 지도되고 평가되는 학생 자원봉사활동은 개개인의 완전한 자유의지에 따른 자발적인 활동이라기보다는 교육적으로 지도되고, 안내되고, 조정되며 평가되는 활동이다. 둘째, 학교계획에 의한 봉사활동과 개인 계획에 의한 봉사활동으로 나누어진다. 청소년 자원봉사활동은 학교계획에 의한 봉사활동과 학교장의 승인을 받은 개인의 계획에 따라 이루어질 수 있다. 청소년들이 참여하는 봉사활동은 청소년의 성장을 돕고, 사회에 이바지할 수 있어야 하며, 교육적으로 의미 있는 활동이어야 한다. 셋째, 발달단계를 고려한 적절한 활동 안내가 이루어져야 한다. 청소년들은 각 나이에 따라서 신체적 · 지적 · 사회적 · 도덕적 측면 등에서 현저하게 다른 발달 상태를 나타낸다. 따라서 학교급별에 따라 봉사활동 지도의 초점과 활동영역, 내용 등이 달라져야 한다.

4) 참여활동

청소년참여는 다양한 형태로 이루어질 수 있지만, 제도적으로는 청소년참여기구를 비롯해 학급회의, 학생회 등 주로 자치활동을 중심으로 전개되었다. 이 가운데 청소년참여기구는 청소년특별회의, 청소년참여위원회, 청소년운영위원회를 통칭하는 개념이다. 구체적으로, 청소년특별회의는 「청소년기본법」에 근거하여 설치 · 운영되는 것으로, 청소년 관련 정책의 설정 · 추진 · 점검 과정에 청소년분야 전문가와 청소년이 함께 참여하는 청소년특별회의를 개최하도록 규정하고 있다(「청소년기본법」 제12조). 청소년참여위원회는 중앙부처와 지방자치단체에서 청소년 정책이나 활동에 대한 정책 자문 및 건의, 의견수렴을 위해 운영하는 청소년으로 구성된 자치기구를 뜻하며(「청소년기본법」 제5조의2), 청소년운영위원회는 청소년단체나 시설에서 청소년이 사업 및 프로그램 운영에 관한 의사결정 과정에 참여할 수 있도록 보장하는 자치기구를 말한다(「청소년활동 진흥법」 제4조). 이와 같은 청소년참여기구는 청소년이 직접 청소년 관련 정책 추진과정 및 시설의 운영에 참여할 기회를 보장받는다는 점에서 의미가 있다.

청소년참여의 주요 영역을 크게 또래중심참여, 지역중심참여, 정책과정참여, 단체자율참여, 사이버참여 등 5가지로 구분할 수 있다(천정웅, 2012). 또래중심의 참여는 흥미와 관념을 개발하고 친밀한 또래와의 관계를 형성하는 자신들의 능력을 시험하고 부모에 대한 심리적 의존심을 버리도록 도와준다. 또래상담, 자율법정활동 등의 경우가 이에 해당한다. 지역중심의 참여는 지역사회가 구체적이고 원천적인 생활의 거점이며, 청소년들의 관습과 태도, 가치의식을 길러 주는 실천적 현장이라는 두 가지 측면에서 의미가 있다. 정책과정의 참여는 청소년들이 자신들의 생활에 영향을 주는 지역사회와 국가의 청소년 관련 정책이나 행정과정에 관심을 갖고 그에 대해 의견을 제안하고 건의함으로써 정책결정과정에 개입하고 영향을 미치고자 하는 활동이다. 단체자율참여는 청소년단체나 청소년시설 등을 통한 조직적 · 집단적 수련활동과 체험적 생활을 전제한 것이다. 사이버참여는 사이버공간이 정보화 사회의 중요한 의사소통 수단으로 대두되고 있고 청소년들이 그 주역으로 부각되고 있는 현실을 바탕으로 하여 청소년들이 사이버공간을 통하여 참여하는 것을 말한다. 청소년참여활동을 학교 내부와 학교 외부(지역사회) 영역으로 구분할 경우, 학교(협의활동 중심 조직)에서의 참여활동은 학생회 조직 및 학생회의 운영 등의 활동을 하며, 학교 외부(지역사회)에서의 참여활동은 청소년단체 · 수련시설조직(청소년동아리, 청소년운영위원회, 청소년YMCA), 공적참여조직(청소년참여위원회, 청소년의회, 서울시 어린이 · 청소년참여위원회), 청소년자생조직(중 · 고등학생연합, 사이버동아리, 청소년포럼) 등으로 제시할 수 있다(정건희, 2009).

5) 청소년국제교류활동

청소년 국제교류는 협의적으로 '청소년 집단이 외국과 직접적인 접촉을 통하여 조직적으로 이루어지는 활동'으로 정의할 수 있으며(강경표, 2003), 광의적으로는 '청소년의 직접 접촉 없이도 청소년의 지적, 신체적, 정신적인 면에 있어서의 바람직한 변화를 목적으로 일정기간 동안 청소년 개인, 청소년 대표 또는 동아리, 단체 등의 청소년 집단에 의하여 이루어지는 외국과의 인적, 물적, 문화적, 사상적인 교류활동'을 포괄하는 것으로 그 범위가 점차 확장되고 있다(김주희, 곽성현, 2015). 교육적인 측면에서 보았을 때 청소년 국제교류를 포함하는 전반적인 청소년교류의 개념은 '청소년육성의 중요한 한 부분으로 청소년 간 문화적 이해, 심신과 기능의 발전적 변화, 평화적 공동체 삶의 창조를 목적으로 청소년들이 외국이나 국내의 지역 간 상호 직접적 방문이나 기타 수단을 통하여 일정기간 동안 다양한 내용으로 구성된 계획된 만남에서 이루어지는 모든 활동과 관계들'이라 할 수 있다(오해섭, 2008).

청소년 국제교류활동의 목적은 지구촌 사회의 간문화적 이해를 통한 평화적 · 공동체적 삶을 창조하고 지구촌 문제의 공동해결을 위하여 공동체나 지역사회 공동체 등과 함께하는 삶에 대한 의식과 행위를 배우고 익혀 지구촌 및 지역사회 공동체를 형성 · 발전시키는 것이다(한국청소년개발원, 2004). 국내의 학생 국제교류는 실시 주체에 따라 크게 학교를 비롯한 공교육 기관의 국제교류 프로그램 및 세계시민교육과 아동 관련 사회교육기관의 국제교류 프로그램 및 세계시민교육 등으로 구분할 수 있다.

청소년 국제교류의 효과는 다음과 같다(김지윤, 2019). 첫째, 상호 우익의 증진이다. 국제교류의 참여자는 프로그램의 참여를 통하여 문화와 자원 등을 교류하여 다른 참여자와 언어와 문화, 자원 등을 공유하면서 타 문화를 이해하고, 이전에는 알지 못하였던 새로운 지식을 형성한다. 또한 교류를 통하여 다른 참여자와 상호 관계를 형성함으로써 우애를 증진할 수 있다.

둘째, 개인 및 집단의 역량강화이다. 국제교류 참가자의 세계시민성 지표의 개인 역량으로는 판단력과 문제해결능력 등의 리더십 형성, 외국어 능력의 향상 및 표현에 대한 자신감, 참여자 간의 네트워크 및 관리 능력, 창의력과 도전 정신의 증진 등이 포함된다. 집단적인 차원에서의 역량은 주로 배려와 대인관계 능력 등의 소통 관련 능력과 국가 차원에서의 공헌과 사회통합 등의 역량으로 생각하여 볼 수 있다.

셋째, 세계시민성의 함양이다. 세계시민의식이란 세계시민으로서 책임감을 가지고 전 세계와 연결된 연대감을 갖는 세계관이다(Hett, 1993). 세계시민의식의 함양은 청소년 국제교류의 궁극적 목표로서 교류에 참여하는 청소년들이 다양한 활동에 참여하면서 생존과 경쟁 같은 경쟁주의적 사고에서 벗어나 더욱 넓은 시야를 가지고 세계를 바라볼 수 있도록 한다.

4 청소년활동 관련법과 제도

1) 청소년활동 관련법제

「청소년활동 진흥법」은 청소년활동을 적극적으로 진흥하여 청소년이 기량과 품성을 함양하고 꿈과 희망을 마음껏 펼칠 수 있도록 하기 위해 만들어졌다. 「청소년활동 진흥법」에서는 청소년활동의 세부활동을 청소년수련활동, 청소년교류활동, 청소년문화활동 등으로 구분하여 체험활동의 핵심이 되도록 하였다. 각 활동에 대한 정의에서 "청소년수련활동이라 함은 청소년이 청소년활동에 자발적으로 참여하여 청소년 시기에 필요한 기량과 품성을 함양하는 교육적 활동으로서 청소년 지도자와 함께 청소년수련거리에 참여하여 배움을 실천하는 체험활동을 말한다"라고 정의하였다(동법 제2조 제3호). 또한 "청소년 교류활동이라 함은 청소년이 지역 간, 남북 간, 국가 간의 다양한 교류를 통하여 공동체의식 등을 함양하는 체험활동을 말한다"(동법 제2조 제4호)라고 규정하였으며, "청소년 문화활동은 청소년이 예술활동, 스포츠활동, 동아리활동, 봉사활동 등을 통하여 문화적 감성과 더불어 살아가는 능력을 함양하는 체험활동을 말한다"라고 정의하였다(동법 제2조 제5호).

청소년수련활동의 영역으로는 건강보건활동, 과학정보활동, 교류활동, 모험개척활동, 문화예술활동, 봉사활동, 직업체험활동, 환경보존활동, 자기(인성)계발활동 등이 있다(여성가족부, 2014).

① 건강보건활동은 개인과 집단의 안녕 수준을 증가시키기 위해 건강 관련 지식, 생활습관, 의식, 태도를 습득하는 활동으로 신체단련활동, 약물예방활동, 흡연·음주·약물·비만예방활동, 안전·응급처치활동, 성교육활동 등의 세부활동 영역이 있다.

② 과학정보활동은 과학, 정보 영역에서 이루어지는 활동으로 모형 및 로봇활동, 인터넷활동, 우주천체활동, 정보캠프활동, 영상매체활동 등이 포함된다.

③ 교류활동은 인적, 물적, 문화적, 사상적 상호 교류를 통해 지역 간, 남북 간, 국가 간 차이와 다름을 이해하고 시민의식 함양을 도모하는 활동으로 청소년국제교류활동, 남북 청소년교류활동, 도농 간 교류활동, 국제이해활동, 다문화이해활동, 세계문화 비교활동, 한민족청소년캠프 등이 있다.

④ 모험개척활동은 환경감수성, 진취성, 도전의식 등을 함양하기 위해 자연환경 속에서 이루어지는 활동으로 탐사·등반활동, 야영활동, 해양활동, 오지탐사활동, 극기훈련활동, 호연지기활동, 수상훈련활동, 한국의 산수 탐사활동, 안전지킴이 활동 등이 포함된다.

⑤ 문화예술활동은 문화적 감수성 및 창의성 함양을 위해 다양한 문화예술체험으로 이루어지는 활동으로 지역문화, 세계문화, 대중문화, 역사연극활동, 어울마당, 전통예술활동 등이 있다.

⑥ 봉사활동은 이타성, 공동체의식 등의 사회성을 기르기 위해 자발적으로 지역사회나 타인을 돕는 활동으로 일손돕기활동, 위문활동, 지도활동, 캠페인활동, 자선·구호활동, 지역사회개발 및 참여 활동 등이 있다.

⑦ 직업체험활동은 자기이해, 진로결정, 직업선택역량 등을 증진시키기 위해 이루어지는 진로 및 직업 관련 활동으로 청소년모의창업, 경제캠프, 사회생활기술, 진로탐색활동, 직업현장체험 등을 포함한다.

⑧ 환경보존활동은 생태활동, 환경탐사활동, 자연지도 만들기, 숲체험, 환경음식 만들기, 환경살리기 활동, 환경·시설 보존활동 등이 있다.

⑨ 자기(인성)계발활동은 표현능력개발 수련활동, 자기탐구활동, 자기존중감향상 프로그램, 자기표현활동, 심성수련활동 등이 있다.

이 밖에 청소년 교류활동 혹은 청소년교류는 지역 간, 남북 간, 국가 간 교류로 분류하고 교류를 통한 공동체의식의 함양에 강조점을 두고 있다(이용교, 2013). 청소년 교류활동의 목표는 문화 간 교류의 관점에서 특정 문화상황에서 처신할 수 있는 행동기술의 증진과 관련되기보다는 개인의 전반적인 능력 향상과 관련된 것으로 문화적 차이에 대한 인식 증진을 통해 문화 간 감수성을 발달시키고 문화 간 오해에 관한 가능성에 대해 배움으로써 한 개인의 문화소통의 잠재력을 증진시키는 것이다(최희선, 2010). 또한 청소년 문화활동은 청소년들의 상시적이고 자율적인 참여를 통해 지역사회 중심으로 건전한 청소년문화를 형성하는 데 목적을 두고 있다. 문화활동은 주5일 수업제 확대 실시에 따라 늘어나는 청소년들의 여가 활용과 입시위주의 공교육에서 충분히 지원하지 못하는 체험활동을 강화함으로써 공교육을 보완하는 중요한 기능을 하고 있다. 청소년 문화활동은 청소년들의 문화적 감수성 증진을 통하여 입시위주의 환경 속에서 청소년의 삶의 질을 향상하고자 한다(박지연, 2018).

2) 주요 청소년활동 제도

(1) 청소년수련활동인증제

「청소년활동 진흥법」은 수련활동이 안전하며 유익하다는 것을 보증하여 양질의 활동 기회를 제공하고자 청소년수련활동인증제를 도입하였다. 「청소년활동 진흥법」 제35조와 제37조에 근거를 두고 2005년 3월 18일에 동법 시행령의 공포로 구체적 시행방안이 제시되었으며 시범 · 적용과정을 거쳐 2006년부터 본격적으로 실시되었다. 2019년에는 학부모와 교사가 직접 참여하는 현장점검단을 운영하여 수요자가 제도를 인지하고 필요성을 느끼게 하는 실효성 있는 제도를 운영하도록 하였으며, 보급형 프로그램을 현장에 개발 · 보급하고 찾아가는 현장 맞춤형 컨설팅을 지원하여 인증신청자가 신청의 어려움을 해소할 수 있도록 하였다. 2020년에는 비대면방식 청소년활동 인증기준을 개발하여 청소년활동의 패러다임을 전환해 시대변화에 맞게 청소년활동의 혁신을 도모하였으며, 코로나19와 같은 재난 등의 사유로 인해 인증수련활동 운영이 원활하지 못한 기관에 대하여 인증수련활동을 중지할 수 있는 제도적 보완장치를 마련하였다(여성가족부, 2020).

주요 운영목적은, ① 국가인증을 통한 활동의 공공성과 신뢰성 입증과 정책의 실효성 제고, ② 교육·사회적 환경 변화에 따른 양질의 청소년활동 참여 기회 제공, ③ 청소년활동 정보 제공 및 청소년활동 참여 활성화, ④ 자기계발 및 진로모색 등 활용가능한 활동 기록관리 및 제공 등이다. 활동의 경험수준을 넘어서 온전한 체계성을 구축하고 안전과 참여 등의 보장 및 지원기능까지도 염두에 두고 있음을 드러내었다. 즉, 인증제도 이전의 활동이 참여와 경험, 활동 자체의 수행과 소명에 주안점을 두었다면, 인증제도 이후의 활동은 활동의 안전성과 신뢰성을 기본으로 청소년 스스로의 역량계발, 지속적인 관리를 위한 기록관리체계까지 염두에 둠으로써 자신의 삶을 스스로 돌아보게 만드는 중요한 기록물로서의 가치도 함께 부여하고 있다(전명순, 2018).

(2) 국제청소년성취포상제

1956년 영국 에든 버러 공작에 의해 설립된 국제청소년성취포상제(The Duke of Edinburgh's International Award)는 현재 130여 개 국가에서 운영되고 있으며 우리나라의 경우 2008년 국제포상협회로부터 독립운영기관의 자격 취득을 통해 시작되었다. 국제포상제에 참여할 수 있는 청소년의 연령은 만 14세부터 만 24세까지로 대한민국에 거주하는 청소년이면 누구나 참여할 수 있다. 포상활동은 봉사, 자기개발, 신체단련, 탐험 4가지 활동으로, 타인과 지역사회에 도움을 줄 수 있는 봉사활동, 개인의 관심분야를 배우고 익히는 자기개발활동, 몸과 마음을 건강하게 하는 신체단련활동, 자연에서 도전정신과 팀워크 그리고 환경의 소중함을 깨닫는 탐험활동 등이다. 활동기간별로 동장, 은장, 금장 단계로 구분하며, 동장(6개월), 은장(6~12개월), 금장(12~18개월)으로 규정되어 있다(이소현, 2019). 금장 단계에 한해 새로운 사람들과 가치 있는 목적을 공동으로 이루는 합숙활동이 있으며, 각 활동별 주어진 최소 활동 기간을 충족해야 한다.

포상제 활동의 봉사활동, 자기개발, 신체단련 활동은 일주일에 최소 1시간 이상 지속적으로 활동을 한 후 기록하여야 한다. 단, 활동주기가 7일 이상 되어야 포상시간과 횟수로 인정받을 수 있다. 활동기록은 참여청소년이 직접 작성하는 것을 원칙으로 하되, 만약 참여청소년 본인이 정신적, 신체적 장애가 있을 경우는 예외로 한다. 활동기록부는 청소년종합정보시스템(e-청소년)을 통해 매 활동 후 7일 이내 활동내용을 기록하며 4회마다 보고서를 작성한다. 만약 활동 도중에 프로그램 성취목표 및 활동프로그램을 변경하고자 할 때는 각 영역별 활동 4회 활동 전까지 가능하다. 만약 활동 4회 이전에 프로그램을 변경하게 될 경우, 이전에 기록한 내용을 변경 후에도 인정받을 수 있지만, 5회 이상 활동한 후 기록까지 승인 후 변경할 때에는 이전의 활동들을 전부 인정받지 못한다. 모든 활동을 마친 청소년은 포상담당관의 최종 승인을 통해 포상을 받게 된다. 2020년 기준 누적 참가청소년은 30,168명이며 포상청소년은 6,528명이다(여성가족부, 2020).

(3) 청소년자기도전포상제

청소년자기도전포상제(Korea Achievement Award)는 국제청소년 성취포상제를 모태로 2010년부터 연구되었고, 2020년 현재 광역사무국 17개, 중앙운영사무국 9개, 운영기관 567개에서 운영하고 있으며, 누적 참가청소년은 18,753명, 포상청소년은 10,961명이다. 청소년자기도전포상제는 만 9~13세 청소년(초등학교 3학년~중학교 2학년)이면 누구나 참여할 수 있다. 즉, 저연령 청소년들이 또래 및 가족과 함께 자기개발, 신체단련, 봉사활동, 탐험활동 등의 활동을 한다. 또한 청소년 스스로 목표를 설정하고 계획하여

성취하는 과정을 통해 청소년의 능력과 소질을 개발하고 자신이 속한 사회 속에서 다른 사람과 조화로운 삶을 살아갈 수 있는 사회·문화적 기술을 습득할 수 있는 경험을 할 수 있도록 구성되어 있다. 청소년자기도전포상제 활동 경험을 통해서 자기성장의 기회를 마련하고 영역별 활동목표 성취를 통해 자아효능감 향상과 자신의 적성과 소질을 발견할 수 있는 기회를 제공하여 저연령 청소년들의 활동 참여 활성화를 도모하고자 하였다(김경희, 2018). 포상단계는 동장(4개월), 은장(4~8개월), 금장(6~12개월)으로 4가지 활동영역 모두 포상활동별 최소 활동 기간을 충족하고 성취목표를 달성해야 포상을 받을 수 있다(여성가족부, 2020).

Chapter 02

청소년개발과 청소년활동

1 청소년개발에 대한 이해

1) 청소년개발

청소년개발 'youth development'는 청소년 발달로도 해석하지만 '발달'이 청소년에게 일어나는 성장과 성숙 등의 변화에 초점을 둔 것과 달리, '개발'은 조작적인 조건과 필요한 요소를 통해 청소년의 변화를 인위적으로 가속화시키거나 유도하는 것을 강조한다. 즉, 청소년개발은 성장(growth), 성숙(maturation), 개선(improvement)뿐만 아니라 변화에 필요한 다양한 요소와 작동체계까지를 포함하는 개념이다(김진호, 2006). 청소년개발은 모든 청소년들이 그 시기 전반을 통해 욕구에 부응하고 역량을 함양하기 위해 경험하는 과정(Nixon, 1997)으로 건강한 조건의 존재를 특히 강조하고 건강이란 개념을 기술(skills)과 친사회적 행태 및 장차의 고용, 교육, 시민생활에서 성공하는 데 필요한 역량(competence)을 포함하는 것으로 확대한다(Bazemore & Terry, 1997).

존슨, 바신과 쇼(Johnson, Bassin & Show, 1996)는 청소년개발의 철학적 요소에 대해 다음과 같이 제시하였다. ① 청소년기는 생애과정의 전환기(turning point)이며 긍정적 방향으로 청소년을 지원하기 위한 지역사회의 기회이다. ② 청소년개발은 자연적이며 진화적이며 복잡하다. 청소년개발은 가정, 지역사회와 국가로부터 분리되어 일어나지 않는다. ③ 청소년의 성장과정은 환경에 의해 영향을 받게 되며 부모, 교사, 또래관계 등 주요한 인간관계로부터 영향을 받는다. ④ 청소년개발의 접근은 모든 청소년을 위한 기회지원 서비스를 포함한다. ⑤ 청소년개발은 지적, 정신적, 정서적 제공을 위한 사람이나 장소의 개입을 통하여 지원되어진다. 따라서 청소년이 학습되어진 의사결정과 이용가능한 선택의 이해를 따라 자신의 미래를 책임지려 할 때 그에 맞는 지원이 제공될 필요가 있다.

청소년개발은 기존의 문제중심의 관점에 대한 비판으로부터 대두되고 발전하였으며, 특히 긍정적 관점의 중요성은 아동복지, 소년사법, 정신보건 문제 등의 청소년문제와 관련된 영역은 물론, 아동인권분야와 방과후활동, 지역사회 청소년개발, 청소년참여 등의 청소년활동과 관련한 여러 분야로 더욱 확대되어 가고 있다(천정웅, 2009). 청소년개발은, ① 다양한 역량개발, ② 긍정적인 행동 증가, ③ 보호요인 강화, ④ 위험행동 감소에 초점을 맞추고 있으며 전체 청소년이 성공적 삶의 성과를 성취하도록 돕는 것이며, 문제예방에 대한 가장 효과적이고 효율적이며 보상적인 즐거운 접근법이다(Benard, 2004).

벤슨과 사이토(Benson & Saito, 2001)는 청소년개발을 위한 이론적 개념들을 청소년 프로그램이나 청소년활동조직, 지역사회가 청소년 발달을 촉진하는 데 활발하게 기여하고 참여하도록 하기 위해 개발하였다(김진호 외, 2009 재인용). 첫째, 배경부문은 청소년개발의 투입부문에 영향을 미치는 환경적 요인으로서, 경제적 요인, 자원요인, 리더십, 국가정책이 포함된다.

둘째, 투입부문은 청소년개발이 실질적으로 일어나는 장으로서, 크게 프로그램(청소년들에게 발달적 체험과 배움의 기회를 계획적으로 제공하기 위해 디자인된 활동), 조직(청소년들에게 발달적 기회를 제공하는 장소), 사회화제도(청소년개발이 추구하는 목적과 방향을 같이하는 사회체제), 지역사회(청소년 발달에 영향을 미치는 환경적 생태계 전체) 등으로 유형화된다.

셋째, 긍정적 발달 촉진요인은 청소년이 프로그램, 조직, 사회제도, 지역사회와의 상호작용의 과정을 통해 얻게 되는 중간결과물로서, 향후 긍정적인 발달에 영향을 미치는 발달적 자산이다.

넷째, 결과부문은 청소년개발의 과정을 통해 산출되는 단기적 · 장기적 결과를 말한다.

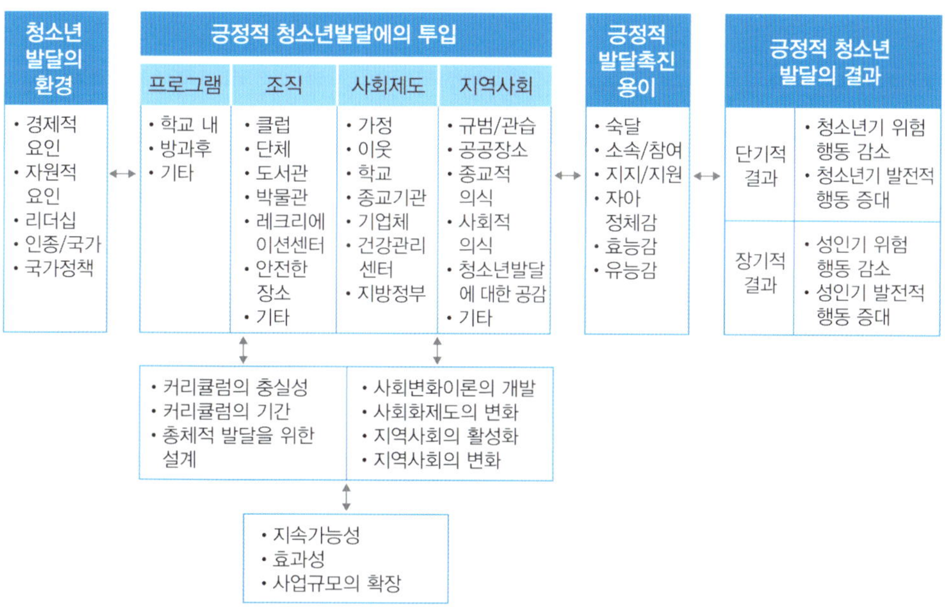

[그림 2-1] 청소년개발의 이론적 개념틀

출처: Benson & Saito(2001: 137). 천정웅 외(2010) 재인용.

2) 긍정적 청소년개발

(1) 긍정적 청소년개발의 의미

청소년을 바라보는 관점이 변화됨에 따라 1990년대 문제예방적 접근방법의 대안으로 긍정적 관점에서의 청소년개발이 등장하게 되었고, "청소년문제 예방중심(prevention)의 정책"에서 "청소년개발중심(development)의 정책"으로의 전환이 시도되었다. 청소년개발의 원리들은 문제중심적 접근의 문제점을 극복하고 예방적 접근법의 한계점까지도 지적한다(Pittman & Irby, 1996). 긍정적 청소년개발을 위한 주요 원리에는 예방과 학업중심을 벗어나 성인기에 대한 충분한 준비를 하도록 하는 것, 제공된 서비스위주의 활동을 극복하는 것, 단기 교정이나 일시적 · 일회성을 극복한 시간적 프레임의 확대와 지역사회 장(setting)으로 확대하는 것 등이 포함되어 있다(Pittman et al., 2003).

긍정적인 관점에서의 청소년개발은 청소년을 문제의 주체가 아니라 사회의 문화적 · 경제적 자원(youth as resource)인 동시에 성인과 함께 사회변화를 이끌어 가는 적극적인 존재로 인식하는 데에서 출발한다. 피트먼(Pittman, 1991)은 긍정적 청소년개발을 "청소년의 잠재역량을 보다 바람직한 방향으로 성장시키고 발전시키는 일련의 과정"이라고 하였으며, 벤슨과 피트먼(2001)은 "청소년들이 다양한 체험, 경험, 활동 등을 통해 청소년기에 당면한 기본적인 욕구를 충족시키고, 성공적인 성인으로서의 삶을 위해 필요한 역량, 즉 사회적 · 도덕적 · 정서적 · 신체적 · 인지적 · 직업적 측면에서의 역량들을 발달시켜 나가는 과정"으로 정의한 바 있다.

긍정적인 관점에서의 청소년개발 패러다임은 청소년기의 발달이 개인적인 요인(심리적 · 생물학적 · 지적 · 인성적 · 천성적인 특성들)과 환경적 요인(가정, 또래집단, 학교, 지역사회, 국가 등) 사이의 역동적이고 상호호혜적인 상호작용을 통해 일어난다는 가정에 기초한다. 또한 발달적 맥락주의(developmental contextualism)의 인간발달과 관련하여 제안된 다양한 원칙들을 반영하고 있다(김진호, 2006). 즉, ① 아동기에서 성인기로의 전환은 하나의 과정이지 하나의 사건이 아니며, ② 그 과정은 과거의 역사적 경험뿐만 아니라 현재의 경험에 의해 영향을 받고, ③ 개인적 · 환경적 특성에 의해 사전에 결정되지 않으며, ④ 성인기로의 발달경로는 다양한 형태로 나타나며, ⑤ 특정한 경험이나 사건들은 새로운 발달경로의 전환을 유도하는 전환점의 역할을 한다는 것이다.

(2) 긍정적 청소년개발의 요소

연구자들은 긍정적 청소년개발의 목표영역과 요소들을 다양하게 제시하였다. 먼저, 러너 등(Lerner et al., 2005)과 로스(Roth, 2000)는 학업, 사회적, 직업적 영역에서의 역량(competence), 자신감(confidence), 가족, 지역사회, 그리고 동료와의 관계(connection), 인성(character), 배려와 이타심(caring and compassion) 등 다섯 가지 C(5C)로 구성된다고 보았다.

첫째, 역량은 지적, 사회적, 직업적, 인지적 등의 전체적인 인간영역의 행위와 실천에 대한 긍정적인 느낌이다. 역량은 사회적 능력, 문화적 능력, 신체건강, 정서적 건강, 지적능력 및 취업능력을 포함한다.

둘째, 자신감은 자신의 가치에 대한 전반적인 긍정적 정서로 긍정적인 미래 및 전문가적 감각, 자기효능감 등이다. 미래 및 전문가적 감각은 삶에 있어 진보의 인지능력, 미래의 계속적 진보에 대한 기대이며, 자기효능감은 기여할 수 있는 존재이자 다른 사람의 기여를 인정하는 능력을 의미한다.

셋째, 관계는 개인과 또래, 가족, 학교 및 공동체 사이에서의 관계에 대한 기여이며, 양방향적인 상호작용이 반영된 사람과 제도에 관한 긍정적인 관계이다.

넷째, 인성은 보살핌과 책임성을 보여주는 개인적 가치로서 책임감 및 자율성, 자기인지 및 정신적 충만감, 자신의 성격이나 개인에 대한 인지에 해당한다.

다섯째, 배려와 이타심은 다른 사람에 대한 공감과 연민의 감정이 이에 해당한다. 이상의 5C에 기여(contribution)를 더하여 6C가 되며 기여란 자기자신, 가족, 지역사회 및 시민사회에 대한 기여로서 청소년 리더십, 사회봉사경험, 남을 돕는 행태 및 이데올로기 등을 말한다(천정웅, 2013).

이 밖에 라슨(Larson, 2000)은 긍정적인 청소년 발달이 창의성(creativity), 지도력(leadership), 이타주의(altruism) 그리고 시민적 참여(civic engagement) 등 네 가지 자질로 구성됨을 강조하였으며, 킹 등(King et al., 2005)은 1991년부터 2003년까지 발표된 청소년 발달 문헌을 검토한 후 역량(competence), 대응(coping), 건강(health), 끈기(resilience) 그리고 안녕(well-being) 등 다섯 가지 공통적 요소를 도출하였다.

(3) 긍정적 청소년개발의 촉진요인

발달자산(developmental assets)은 청소년의 긍정적인 발달에 필요한 삶의 내·외적 차원의 기본적인 요인들로서 청소년들이 건강하게 성장하고 올바른 성품을 형성하며 사회적인 영향에 적절하게 대처할 수 있는 능력과 주관을 가지도록 돕는다(Benson, 1997; Benson & Saito, 2000). 이는 위기 상황 혹은 특별한 도움이 필요한 상황에 있는 청소년뿐만 아니라 모든 청소년들에게 필요하며 중요한 것이다. 성장발달자산의 구조는 청소년의 건강한 발달에 대한 다차원적이고 포괄적인 접근을 제공하며 그동안의 위험요인 또는 결핍요인의 감소중심 접근만으로는 문제해결에 한계가 있음을 지적하는 동시에 청소년이 가지고 있는 강점에 초점을 둘 것을 강조한다(Benson & Pittman, 2001). 청소년의 긍정적인 발달을 촉진시키도록 하는 자산증진(assets promotion) 중심적 접근은 청소년개발이 단지 특정의 위기상황에 반응하는 데 초점을 맞추기보다는 가치와 자산성, 아동과 청소년의 잠재력을 그 상황과 관계없이 강조해야 함을 제안한다.

벤슨(1997)이 제시한 발달자산(development assets)은 총 40개에 이르는데, 크게 외적자산(external assets)과 내적자산(internal assets)으로 구분된다. 외적자산은 청소년들이 지역사회의 사회적 환경 속에서 갖게 되는 긍정적 경험과 사회적 여건을 말하며 지지(support), 역량함양의 기회(empowerment), 행동기준 설정과 기대(boundaries and expectations), 생산적인 시간활용(constructive use of time) 등 4가지 범주를 포함한다. 내적자산은 개인적 가치와 신념을 의미하며 배움에 대한 열의(commitment to learning), 긍정적 가치관(positive values), 사회적 역량(social competence), 그리고 긍정적 정체감(positive identity) 등의 범주가 포함된다.

〈표 2-1〉 발달자산 지표

영역		개별지표
외적자산	지지	가정의 지지, 가족 간의 긍정적인 의사소통, 다른 성인들과의 관계, 우호적인 이웃, 우호적인 학교환경, 학교생활에 대한 부모의 참여
	역량함양의 기회	청소년을 존중하는 지역사회, 청소년에 대한 역할부여, 청소년의 지역사회에 대한 봉사, 안전감
	행동기준 설정과 기대	분명한 가정규범, 명확한 학교규범, 이웃의 청소년에 대한 감독, 성인들의 청소년에 대한 역할모델 수행, 긍정적인 또래친구의 영향, 높은 기대
	생산적인 시간활용	창의적인 활동참여, 청소년 프로그램 참가, 종교기관의 활동참여, 가족과 함께하는 시간
내적자산	배움에 대한 열의	성취동기, 학교생활에 대한 적극적인 참여, 과제수행, 학교와의 결속력, 즐거움을 얻기 위한 자발적인 독서
	긍정적 가치관	타인을 돕는 것에 대한 가치부여, 사회정의 실현에 대한 가치부여, 자신의 신념에 대한 충실성, 정직성, 책임감, 위험행동 억제력
	사회적 역량	계획수립의사결정 능력, 대인관계능력, 타 문화의 수용능력, 위험상황에 대한 저항기술, 평화적인 갈등해결능력
	긍정적 자아정체감	자신의 운명에 대한 통제감, 자아존중감, 목적의식, 자신의 미래에 대한 낙관적인 관점

출처: Benson(1997).

3) 청소년활동과 청소년개발

청소년들이 학업을 통해서 개발할 수 있는 특성은 청소년개발의 여러 요소 중의 극히 일부에 지나지 않는다. 그 외의 특성들은 다양한 환경이나 활동을 통해 관계나 역할 안에서 형성되는 것들이다. 따라서 청소년활동은 참여와 모험, 자율과 체험중심의 활동 안에서 청소년의 잠재역량을 개발한다는 점에서 충분한 의미를 가진다(천정웅, 2009). 퍼킨스(Perkins, 1997)는 청소년활동이 학습과정에서 지적 영역에 편중되기 쉬운 점을 보완해 준다는 것을 강조하며 〈표 2-2〉와 같이 청소년활동의 장점을 교육적 몰입, 적극적 가치, 사회적 능력의 3가지로 제시하며 그 구성요소로 14가지 요소와 각 요소들을 정의하였다.

〈표 2-2〉 청소년활동의 장점

장점	장점요소	장점의 정의
교육적 몰입	1. 성취동기	학교에서 본래 학생에 부여된 역할수행능력의 제고
	2. 교육적 열정	학업수행 이후의 상급학교 진학에 대한 열정과 역량의 제고
	3. 학업수행능력	평균 이상의 학업능력 향상에 대한 역량 강화
	4. 과제수행능력	주당 6시간 이상의 과제수행능력 제고
적극적 가치	5. 인간관계 개선	타인을 돕는 개인적 가치능력 함양
	6. 타인에 대한 도움	세계의 기아에 허덕이는 타인을 돕는 능력 제고
	7. 사람과의 친화력	타인과의 조력을 강화하는 능력
	8. 성적 제어력	성적 활동을 스스로 제어하는 능력
사회적 능력	9. 주창능력	자신이 믿는 사항에 대한 표현능력
	10. 의사결정능력	자신 스스로 좋은 의사결정을 할 수 있는 능력
	11. 교우관계능력	좋은 친구를 만들 수 있는 능력
	12. 기획능력	좋은 계획을 만들 수 있는 능력
	13. 자아존중감	상위의 자아존중감을 갖는 능력
	14. 자신의 미래에 대한 적극적사고	자신의 미래에 긍정적 가치를 갖는 능력

출처: Perkins(1997).

2010년 1월부터 2020년 4월까지 국내 학술지에 게재된 총 66편의 선행연구들을 종합하여 분석한 연구결과에서는 청소년활동의 효과와 관련하여 삶의 만족, 자아개념, 진로정체감, 학교적응, 문제행동, 시민의식, 개인역량 등 총 7개 영역을 제시하고 있다(박경미, 박한솔, 최연정, 2020).

7개의 각 영역들을 살펴보면, 첫째, 삶의 만족은 주관적 안녕감, 행복감, 삶의 만족도, 가정생활만족도, 긍정적 정서 등의 용어로 연구되었으며, 삶의 만족은 삶에 대한 긍정적 감정과 평가를 보여 주는 것으로 청소년활동과 긍정적인 상관관계가 있다(김태형, 2020 등 11편).

둘째, 자아개념은 자아존중감, 자아탄력성, 자기효능감을 포함하며, 자아개념을 연구한 문헌들은 주로 친사회성, 리더십, 공동체의식, 세계시민의식 등 시민의식의 발달과 통합적으로 연구되었다(성경주, 이경아, 김재철, 2017 등 9편).

셋째, 청소년활동의 경험은 진로정체감, 진로성숙도, 진로의식 등 개인의 진로계획 수립이나 수립할 의지, 실천 등에 영향을 미친다(김태균, 2019 등 5편).

넷째, 학교생활적응과 성적, 학습에 대한 자기 주도성 등을 포함하는 학교생활적응은 청소년이 학습활동에 집중하거나 학교규칙을 잘 지키는지, 교우관계나 교사와의 관계를 어떻게 형성하는지를 조사한 것으로 청소년활동과 유의한 영향관계가 있음을 제시하였다(이응택, 오승근, 2020 등 12편).

다섯째, 문제행동은 스스로의 비행경험을 보고한 청소년이 청소년활동 이후 문제행동의 감소와 우울 및 분노, 공격성 등의 정서적 성향에 변화를 경험하는지를 파악하는 연구들로 청소년활동은 문제행동과 부적 상관관계를 보였다(이경상, 박현수, 2018 등 9편).

여섯째, 시민의식은 다문화수용도, 세계시민의식, 시민성, 대인관계, 협업능력, 공동체의식 등을 포함하며 청소년은 청소년활동을 통하여 개인과 사회 혹은 전 지구적인 이슈에 관심을 갖는다(이경혜, 김혜인, 2018 등 29편).

일곱째, 개인역량은 청소년활동 관련 역량, 리더십, 임파워먼트, 생활역량 등의 효과를 제시한 연구들로, 청소년활동과 관련된 역량향상과 개인의 내·외적 성장을 종합적으로 보여주고 있다(김영희, 이재광, 홍희동, 2015 등 9편).

2 청소년 역량개발

1) 역량에 대한 이해

(1) 역량의 의미

역량의 개념은 개인의 특성 중 행동으로 드러나는 수행의 측면만을 부각시키는가, 아니면 개인의 동기나 특질, 자아개념 등을 포함한 내적 측면을 포함시키는가에 따라 차이가 있다. 역량은 현장에서의 우수한 직무성과를 예측하게 하는 개인의 특성으로 실제 수행상황에서 성공적인 수행을 가능하게 하는 평범한 수행자와 구분되는 우수한 수행자의 특성이다(McClelland, 1973). 행동주의적인 시각에서 역량의 개념을 정의한 매클렐런드(McClelland)와 달리 스펜서와 스펜서(Spencer & Spencer, 1993)는 역량을 특정한 상황이나 직무에서 구체적인 준거나 기준과 인과적으로 관련되어 우수한 성과를 가능하게 하는 동기(motive), 특질(traits), 자기개념(self-concept), 지식(knowledge), 기술(skill) 등 개인의 내적 특성으로 정의하였다.

청소년활동은 함께 작업하고 노는 과정 속에서 청소년이 주어진 역할을 훌륭히 수행할 수 있게 하므로 사람과 더불어 함께 하는 가치, 지역사회에 대한 봉사나 가족 또는 조직 내에서의 돌봄 등과 같은 인간적 관계의 가치를 습득하는 데에도 매우 유용하다. 청소년들은 청소년활동을 통해 조직의 규율과 서로를 조정하게 하는 위치에서 개인이 반드시 추구해야 할 능력을 획득할 수 있다(Boy's Clubs of America, 1975).

예를 들어, 청소년들이 단체활동을 통해 얻는 의미를 보면 도덕적 이탈을 방지하기도 하고, 단체가 추구하는 규율과 원칙을 이행하려는 시스템으로 인해 청소년들이 단체활동과 같은 조직체 속에서 생활할 때 리더와 집단 구성원 간 소속감이 생기고 책임감을 느끼게 된다(Parenti, 1993). 청소년기에 집단의 소속감이 중요한 이유는 집단이라는 것은 학교든 단체활동이든 소속되어짐을 의미하고 이러한 집단이 도덕적 규율을 만들어 주기 때문이다(Durkheim, 1964). 청소년들은 스카우트와 같은 단체활동의 참여를 통해 집단으로서의 멤버십이라는 관점에서 소속감을 갖게 되고 활동에 대한 참여 자체로 즐거움을 느끼게 되어 과외활동이 즐겁다는 의미를 부여한다고 하였다(William, 2001). 청소년의 역량은 모든 청소년들이 활동을 비롯하여 다양한 측면에서 역량개발의 기회를 갖게 될 때 전 사회적 역량으로 전환될 수 있다.

(2) 청소년 역량의 유형

청소년기에 개발이 요구되는 역량들은 사회적 상황에 따라 매우 다양하게 존재한다. 청소년 역량은 '청소년이 가정, 학교, 또래집단 등의 다양한 환경과 청소년기라는 생애과정의 단계 속에서 성공적인 삶을 살아가기 위해 갖추어야 할 능력과 태도'(류성렬, 2011)이며, '자기조절, 자기성취, 대인관계, 공동체, 창의성, 상황대처 등을 포함하는 생활역량'(윤명희, 김진화, 2008)이고, '자아역량, 신체건강, 갈등조절, 문제해결, 대인관계, 성취동기, 리더십, 시민성의 청소년핵심역량'(권일남, 김태균, 2009)으로 정의할 수 있다.

피트먼과 어비(Pittman & Irby, 1996)는 청소년 역량개발의 관점에서 청소년개발의 대상이 되는 중요한 7가지 역량을 다음과 같이 제시하였다. 첫째, 시민적 역량(civic competence)은 민주시민으로서 사회적 선(lager good)을 위하여 타인과 협력적으로 일하고, 우호적인 관계를 유지할 수 있는 능력으로 주로 환경미화사업, 요양원 자원봉사활동, 지역사회의 정치적 이슈 이해하기 등과 같은 지역사회 봉사활동을 통해 형성된다. 둘째, 사회적 역량(social competence)은 친구 및 다른 사람들과 우호적인 관계를 유지할 수 있는 능력으로 의사결정기술, 대화기술, 책임성, 헌신적 참여, 갈등해결능력 등을 포함한다. 셋째, 문화적 역량(cultural competence)은 집단 간 또는 개인 간에 존재하는 사회적, 경제적, 문화적 배경과 관심 및 흥미의 차이를 존중하고, 우호적으로 반응할 수 있는 능력을 말하는 것으로 인터넷의 사용과 국제교류가 급증하면서 그 중요성이 더욱 커지고 있다. 넷째, 신체적 건강은 현재와 미래의 신체적 건강을 유지하고 개선하는 방식으로 행동하는 것을 의미하며, 여기에는 영양섭취, 다이어트, 운동, 피임, 위험행동(음주, 흡연, 약물사용 등) 등에 대한 의사결정이 포함된다. 다섯째, 정서적 건강(emotional health)은 우호적이거나 적대적 상황에 대해 긍정적으로 반응하고 대처하며, 자신의 감정상태와 주변상황에 대해 숙고하고 레저와 놀이활동에 참여할 수 있는 능력이다. 여섯째, 지적 역량(intellectual competence)은 형식 및 비형식기관에서 학습하고, 학교졸업에 필요한 기초지식을 습득하며, 비판적 사고기술, 창의력, 문제해결기술, 자기표현기술 등의 활용과 자기주도적으로 학습할 수 있는 능력을 말한다. 일곱째, 직업적 역량(employability)은 고용가능성을 의미하며 고용에 필요한 기능적·구조적 기술을 획득할 수 있는 능력으로 정의된다. 이는 자신이 원하는 진로목표를 달성하는 데 필요한 지식, 기술, 태도를 갖추는 것이다(Pittman et al., 2003).

또한 한국청소년활동진흥원에서는 사회변화에 적극적으로 대처할 수 있는 융합인재의 필요성을 강조하고 더불어 청소년 발달시기에 요구되는 중요한 역량을 강화할 수 있도록 하는 청소년활동 활성화에 초점을 두며 청소년활동에서 함양할 수 있는 6가지 영역의 핵심역량을 제시한 바 있다(한국청소년활동진흥원, 2018). 첫째, 비판적 사고는 새로운 관점으로 문제를 바라보면서 원칙에 따라 배움으로 연결하는 능력이다. 둘째, 의사소통은 생각과 질문, 아이디어와 해결방법을 공유하는 데 필요한 소통능력을 말한다. 셋째, 협업은 하나의 공동목표를 달성하기 위하여 여러 명의 재능과 전문지식을 합치는 능력으로 공동체성과 협동성을 포함한다. 넷째, 창의력은 혁신적인 사고를 바탕으로 새로운 방식으로 접근하려는 능력을 의미한다. 다섯째, 사회정서 역량은 자신과 타인의 감정을 인식하고, 타인과의 갈등을 해결하며 원만한 관계를 맺어 나가는 능력으로 자기표현, 또래관계기술, 자기인식 및 관리조절 등을 포함한다. 여섯째, 진로개발 역량은 빠르게 변화하는 직업 환경에 적응하고 개인의 흥미와 적성을 기반으로 자신만의 독특성을 개발하여 주도적으로 진로를 개척 · 설계 · 실행하는 데 필요한 능력이다. 여기에는 생애기반 진로선택 및 준비, 진로 관련 적응력이 포함된다.

2) 청소년활동과 청소년 역량

청소년활동은 청소년 역량개발의 가장 중요한 기반과 수단이 되고 있다(천정웅, 2009). 청소년 발달시기에 요구되는 중요한 역량을 강화하고, 청소년들이 사회변화에 적극적으로 대처할 수 있는 융합인재로 성장하기 위해서는 청소년활동을 보다 활성화해야 한다(한국청소년활동진흥원, 2018). 청소년 역량개발에 따른 활동프로그램은, ① 비학술적 초점을 가진 학구적 주제를 제공하는 것, ② 활동적이고 체험적인 방법을 사용하는 것, ③ 유능성을 증진하는 것 등의 세 가지 기준이 있다(천정웅, 이용교, 김혜원, 2009 재인용). 특히 역량개발을 위한 청소년활동 프로그램에서는 청소년들이, ① 다른 사람의 복지에 기여하는 지역사회봉사 프로젝트를 적극적으로 계획하는 일, ② 새로운 유능성을 획득하고 그것들과 새로운 역할을 적용하거나 실천할 수 있는 것, ③ 그들의 경험을 학교에 연결하는 것, ④ 성인, 가족 및 비가족 그리고 동료들과 밀접히 협동적으로 일하는 것, ⑤ 적절한 과업과 결과를 가진 '실제' 프로젝트에 참여하는 일 등의 기회를 가질 때 가장 큰 이점을 얻는다(Zeldin, Kimball & Price, 1995).

청소년에게 중요한 생활기술들은 학교에서보다 학교 밖의 프로그램을 통해 좀 더 쉽게 습득될 수 있다(Larson, 2000). 이때 청소년개발은 그 과정의 중요한 부분으로서 가족, 친구, 이웃, 학교, 지역사회 집단 및 여타 지지의 중요성을 인식한다(Villarruel, Perkins, Borden, & Keith, 2003). 또한 박물관, 도서관, 동물원, 수족관 등 일 년에 한 번 정도 방문하는 곳이거나 머물지 않고 그저 지나치는 곳이었던 지역사회 공간들은 청소년 역량개발을 위한 새로운 장(new frontier settings)으로 충분히 활용되어져야 한다(Delgado, 2002).

최근 들어 지역사회 청소년이용시설과 평생학습 관련 기관들이 중심이 되어 다양한 프로그램을 제공하면서, 부모들과 함께 청소년들이 자신이 선호하는 취미, 교양 혹은 전문 기능을 습득하기 위한 강좌에 참여하는 비율이 점차 증가하였다. 지역사회 기관에서 제공하는 구체적인 프로그램은 주로 수영과 같은 스포츠를 비롯하여, 예능, 외국어, 미술 및 서예, 컴퓨터 등 다양한 분야로 확대되고 있다(오해섭, 2008). 지역사회에서 이루어지는 청소년활동 프로그램은 청소년들이 삶을 위협하는 적지 않은 위험행동에 빠져들 가능성을 줄이는 한편, 그들의 발달과정에서 요구되는 긍정적 측면과 기회를 제공해 주는 한 영역이다(Leffert, Benson, & Scales et al., 1998).

역량개발을 강화하는 청소년활동은 〈표 2-3〉에서 보는 것과 같이 기존의 접근에서는 전문지도자가 힘이 있는 전문가이고 청소년들은 전문지도자에 좌우되는 존재라는 '힘의 차이'가 있었다면 적극적 관점의 역량개발을 위한 청소년활동은 지도자와 청소년 간에 동반자적 관계에 입각한 '힘의 균형'을 갖는 특징이 있다(천정웅, 오해섭, 김정주, 김민, 2015).

〈표 2-3〉 적극적 관점의 청소년 역량개발 활동

기존의 접근에 따른 청소년활동	적극적 관점의 청소년 역량개발 활동
문제 중심	자산과 역량 중심
일시적 제공	지속적 전개
힘의 불균형을 재강화	힘 관계의 균형유지
소극성의 증진	역량과 주도성의 증진
전문지도자에 의존	동반자관계에 의존
청소년은 문제를 가짐	가능성에 대한 상호적 소유
청소년은 의존적	상호이해관계가 같은 사람들을 연결
욕구에 부응하기 위해 재능을 사용	재능과 자극을 능력으로 받아들임
없는 것이 무엇인가에 초점	가능한 것이 무엇인가에 초점
주기를 원함	구축하기를 원함
“이것이 우리가 할 수 있는 최선”으로 믿음	“우리가 무엇이 될 수 있는가?”를 물음
현재의 조건의 유지	현재의 조건을 변화
서비스를 받음	새로운 기술을 획득함

출처: Homan(2007: 67); 천정웅, 이용교, 김혜원(2009) 재인용.

3 청소년 인성개발

1) 인성

인성이라는 개념은 성품 혹은 품성, 기질, 개성, 성격, 사람됨, 인간성, 인격, 도덕성 등 매우 다양한 의미로 사용되어 왔다. 학자나 기관에 따라 인성의 개념은 다양한데 인성의 의미를 어떻게 파악하더라도 여기에는 우리 인간이 지향하고 성취해야 하는 인간다운 면모, 성질, 자질, 품성이라는 의미가 부분적 또는 전체적으로 내포되어 있다(이은하, 2017).

〈표 2-4〉 인성에 대한 정의

구분	정의
황응연(1992)	환경에 대응함으로써 나타나게 되는 행동 및 태도, 동기, 경향성, 인생 과정들의 총합. 사람들에 있어 시간과 상황에 걸쳐 지속되는 독특한 구조이며, 어떠한 경험을 하느냐에 따라 크게 변화될 수 있다는 의미를 포함
이근철(1996)	좁게는 도덕성, 사회성 및 정서(감정) 등을 의미하며 넓게는 지 · 덕 · 체 또는 지 · 정 · 의를 모두 골고루 갖춘 전인성을 뜻함
이윤옥(1998)	다른 사람에게 주는 그 사람의 전체적인 인상으로 성품, 기질, 개성, 인격 등 가치 개념의 의미를 내포
한국교육학회(1998)	사람의 마음의 바탕이 어떠하며, 사람된 모습이 어떠하다는 것을 말하는 개념으로 사람의 마음과 사람됨이라는 두 가지 요소로 구성
남궁달화(1999)	사람의 성품이며, 성품은 성질과 품격, 성질은 마음의 바탕이고 사람됨의 바탕을 가리키는 말
조난심 외(2003)	인성은 태어나면서 지니고 있는 성격이나 특질의 개념이 아니라, 의도적 교육이나 학습에 의해 습득하거나 변화가 가능한 인간의 성품을 지칭
미국 교육부(2007, 2008)	존중, 공정성, 보살핌 등의 도덕적, 윤리적 가치와 책임감, 신뢰, 시민성 등을 망라하는 개념으로, 개인 또는 집단의 정서적, 지적, 도덕적 자질은 물론 이러한 자질들이 친사회적 행동으로 발현되는 것을 포함
현주(2009)	보다 긍정적이고 건전한 개인의 삶과 사회적 삶을 위한 심리적, 행동적 특성

출처: 천세영 외(2012).

2) 인성교육

(1) 인성교육의 의미와 목표

인성교육은 제1차 교육과정부터 학교교육의 중요한 목표 중 하나였으며, "홍익인간", "인간교육", "전인교육", "창의 · 인성교육" 등 표현은 조금씩 다르지만 청소년의 바람직한 인성 함양이라는 학교교육의 핵심목표로 꾸준히 추구되어 왔다(차상현, 2013).

「인성교육진흥법」에 의하면 인성교육은 자신의 내면을 바르고 건전하게 가꾸고 타인 · 공동체 · 자연과 더불어 살아가는 데 필요한 인간다운 성품과 역량을 기르는 것을 목적으로 하는 교육이다(「인성교육진흥법」 제2조). 「인성교육진흥법」은 「헌법」에 따른 인간으로서의 존엄과 가치를 보장하고 「교육기본법」에 따른 교육이념을 바탕으로 건전하고 올바른 인성을 갖춘 국민을 육성하여 국가 · 사회의 발전에 이바지함을 목적으로 한다(「인성교육진흥법」 제1조).

인성교육에 대한 학자들의 정의 또한 다양한데, 첫째, 인간으로서의 성품을 길러 주는 것을 강조하는 것으로 '인간성을 기르는 교육, 인격을 함양하는 교육, 사람을 사람답게 하는 교육'(김명진, 2007)으로 정의하거나, 둘째, 인지 · 정서 · 행동의 균형적인 발달을 강조하는 정의로 '학생들이 지, 정, 의를 조화롭게 발달시켜 마음을 통합할 수 있도록 도와주는 마음의 교육'(남궁달화, 1999)으로 정의하였으며, 셋째, 개인과 사회의 조화를 강조한 것으로 '사람들로 하여금 가족, 친구, 이웃, 지역사회, 국가의 일원으로 함께 살고 일하도록 하는 데에 도움을 주는 사고와 행동의 습관을 가르치는 것'으로 정의하였다(현주 외, 2009).

인성교육의 목표는, 첫째, 인성교육을 통해 학생 자신에 대한 올바른 이해를 도모하는 것이다. 자기 자신을 올바르게 이해하는 사람은 자신에게 가장 합리적이고 현실적인 행동을 선택하고 실행할 수 있다(한국교육학회, 2001).

둘째, 인성교육을 통해 자신을 존중하고 수용하는 자세를 기르는 일은 자신의 가치와 장점을 인식하면서 동시에 자신의 부족함도 인식함으로써 자신을 있는 그대로 받아들이는 것이다.

셋째, 인성교육을 통해 자기통제 및 조절능력을 함양하는 것이다. 자기통제 능력을 상실한 사람은 충동적으로 행동하게 되고, 다른 사람과 그가 속한 사회에 일탈 행동으로 물의를 일으키는 경향이 있다. 바람직한 인성의 소유자는 자신의 본능적 충동이나 감정 때문에 좌절하기보다는 이를 사회적으로 용납되는, 생산적이고 창조적이며 적극적인 방식으로 승화시켜 표현한다.

넷째, 인성교육을 통해 올바른 현실 감각을 배양하는 것이다. 이상이나 기대를 지나치게 앞세운 나머지 현실을 무시하고 행동하는 것은 타인과의 원만한 인간관계를 방해하고 지나친 이상주의와 현실 사이의 모순에 빠지게 할 위험이 있다. 자신의 환경, 사회적 맥락, 그리고 주어진 과제의 특징 등을 정확히 이해하는 현실에 기초한 사고는 건전한 인성의 필수적인 요소인 것이다.

다섯째, 인성교육을 통해 타인에 대한 공감적 이해와 타인 존중의 자세를 함양하는 것이다. 공감이라는 말은 말 그대로 타인의 감정을 공유하는 것으로, 상대방의 입장을 이해하면서도 결코 자신을 잃지 않는 것을 말한다. 솔직한 자기표현과 타인에 대한 공감적 자세는 보다 깊고 원숙한 인간 관계를 형성하는 토대이다.

(2) 인성덕목의 구성요소

인성덕목이란, 이상적인 인성 속에 포함되어야 하는 살아가면서 스스로에게 그리고 타인과 나와의 관계에서 지켜야 할 행위, 태도, 마음가짐 등을 덕으로 분류해 놓은 것으로, 인성교육의 지향점을 다음과 같은 핵심가치 및 덕목으로 제시할 수 있다(교육부, 2016). 「인성교육진흥법」 제2조에서는 핵심가치 · 덕목을 예(禮), 효(孝), 정직, 책임, 존중, 배려, 소통, 협동으로 제시하였다. 예는 예의에 관한 모든 절차 및 질서를 지키려는 마음가짐과 태도, 친절, 겸손을 의미하며, 효는 부모님과 웃어른을 공경하고 형제 간에 사랑으로 지내려는 마음가짐과 태도, 우애, 경애를 말한다. 정직은 마음이나 행동에 거짓이나 꾸밈이 없이 바르고 곧음, 성실을 의미하며, 책임은 맡아서 해야 할 임무나 의미, 사회적 규약에 따라 행동하는 것으로, 이러한 사회적 약속을 이행하지 않은 데 대한 불이익을 기꺼이 받아들여야 한다는 것에 대한 지각 · 역할책임을 말한다. 존중은 높이어 귀중하게 대하는 것으로 자신에 대한 자긍심을 가지고, 타인의 개성과 다양성을 인정하며 그 가치에 대하여 소중히 여기는 것, 자기존중, 타인존중, 인권의식, 생명존중을 의미하며, 배려는 타인의 입장을 고려하여 도와주거나 보살펴 주려고 마음을 쓰는 것, 도덕적 민감성, 온정성, 타인에 대한 배려, 역지사지를 의미한다. 소통은 막히지 아니하고 잘 통하는 것, 뜻이 서로 통하여 오해가 없는 것, 개방성, 공유성, 피드백, 경청, 대화를 통한 문제해결을 말한다. 마지막으로 협동은 힘을 합하여 서로 도움, 협업, 조정, 협력, 참여, 공동체의식 등의 의미를 포함한다.

최근에는 미래사회에서 삶을 영위하는 데 필요한 핵심역량이 함께 강조되고 있으며 이는 청소년들이 핵심가치와 덕목을 지식으로 주입하기보다는 미래사회를 살아가기 위해 필요한 역량으로 지도하기 위해서이다. 「인성교육진흥법」 제2조 제3호에서는 "핵심역량을 핵심가치와 덕목을 적극적이고 능동적으로 실천 또는 실행하는 데 필요한 지식과 공감 · 소통하는 의사소통 능력이나 갈등 해결능력 등이 통합된 능력"으로 정의하며 8가지 핵심가치 · 덕목과 더불어 개인과 대인관계 그리고 공동체 차원의 연결선에서 자기관리역량, 심미적 · 감성역량, 갈등관리역량, 의사소통역량, 공동체역량 등을 제시하였다. 청소년을 위한 인성교육과 인성교육 프로그램에서 추구하는 인성교육의 구성요소는 〈표 2-5〉와 같다.

〈표 2-5〉 인성덕목의 구성요소

구분	구성요소
교육과학기술부 · 한국과학창의재단 (2010)	정직, 약속, 용서, 책임, 배려, 소유, 도덕적 예민성, 도덕적 판단력, 의사결정능력, 행동실천력
이명준 외 (2011)	신뢰성(진정성, 일관성), 존경 · 정의(규칙준수), 책임(성실, 절제), 공정성, 배려(자기애, 자기계발), 시민의식(자율성, 자발성, 정체성)
박성미 (2011)	• 미시체계: 자기존중, 근면, 성실, 정직, 자기계발 • 중간체계: 가족애, 타인존중 및 관용, 공동선의 추구, 준법 및 책임, 협력 • 외체계: 나라사랑, 세계공동체의식, 세상과 소통하기, 행복세상 만들기, 환경, 미래에 대한 책임
서경혜 외 (2013)	자기조절, 반성적 실천, 지속적 배움, 존중, 의사소통, 협력, 윤리의식, 정의감, 책임감
정창우 (2013)	• 도덕적 정서(도덕성, 정서) • 시민 윤리 의식 혹은 도덕적 시민성(도덕성, 사회성, 시민성) • 도덕적 정체성(도덕성, 자아정체성)
박연규 (2013)	집중, 성실, 정직, 양심, 자율, 자기존중, 자기통제, 자기주도, 인내, 자신감, 용기, 배려, 관용, 용서, 책임, 협동의식, 헌신, 적응, 의사소통
「인성교육진흥법」 (2014)	예, 효, 정직, 책임, 존중, 배려, 소통, 협동
김은진 (2014)	자기존중, 자기통제, 절약태도, 공익행동, 이타행동
이지영 (2015)	• 개인적 측면: 정체감, 용기, 리더십, 절제, 성실성 • 관계적 측면: 존중감, 배려심, 책임감, 정서조절, 공감
김병수 외 (2016)	도덕성(정직, 책임), 사회성(공감, 소통), 감성(긍정, 자율)
사재명 · 황영신 (2017)	존중, 정의/공정성, 책임, 성실, 정직/믿음, 예의, 배려
KEDI인성검사지 (조영범, 2018)	• 개인적 인성: 자기존중(자신감, 명랑함, 만족감, 자기애, 자립심, 자기존중, 성취감), 자기조절(성격, 인내심, 침착성, 이해력, 공중도덕심, 감정조절) • 사회적 인성: 친절성, 소통(교우관계, 문제해결능력, 통솔력, 이해심, 협동심, 감정공유, 공감, 존중, 봉사, 감각)
김동일 외 (2018)	• 개인내적 인성: 자아정체감, 자기관리, 비전 • 사회적 인성: 의사소통, 협력, 질서
김미숙 (2018)	자기이해, 자기표현, 타인이해, 타인배려, 상호존중, 의사소통, 소속감, 시민성

출처: 전명순, 권일남(2020: 81).

3) 창의적 체험활동과 인성교육

'2009 개정 창의적 체험활동'은 재량활동과 특별활동으로 이원화되어 편성되어 운영해 오던 학교 교육과정의 교과 외 영역을 통합하여 일원화하였으며, 편성과 운영에 자율성을 부여하고 운영의 효율화를 기하고자 2011년부터 교육현장에 도입되었다. 창의적 체험활동 교육과정은 인성교육 전 영역의 덕목과 관련성이 있다. 이는 창의적 체험활동이 창의성과 인성을 겸비한 인재를 양성하는 것을 목적으로 설정되어 창의성 함양뿐만 아니라 청소년의 인성교육을 함양하기 위한 교육활동이기 때문이다.

국가 수준에서 고시한 창의적 체험활동 교육과정에서는 초·중·고등학교의 구분 없이 하나로 묶어 총괄 목표와 네 개의 하위목표를 제시하고 있다. 창의적 체험활동 교육과정의 목표에는 인성교육에 직접적으로 연결되는 덕목인 자발성, 나눔, 배려, 자기 주도성, 우정, 협동심, 공동체의식, 세계시민의식, 자율성, 애국심, 정체성, 호혜 정신, 책임감, 공정, 자신감 등이 포함되어 있다.

〈표 2-6〉 창의적 체험활동 목표와 인성교육

영역	창의적 체험활동 목표	인성 교육 요소
총괄 목표	• 학생들은 창의적 체험활동에 자발적으로 참여하여 개개인의 소질과 잠재력을 계발 · 신장하고, 자율적인 생활 자세를 기르며, 타인에 대한 이해를 바탕으로 나눔과 배려를 실천함으로써 공동체의식과 세계시민으로서 갖추어야 할 다양하고 수준 높은 자질 함양을 지향한다.	자발성, 나눔, 배려, 공동체의식, 세계시민의식 등
하위 목표	• 각종 행사, 창의적 특색활동에 자발적으로 참여하여, 변화하는 환경에 적극적으로 대처하는 능력을 기르고, 공동체 구성원으로서의 역할을 수행한다.(자율활동) • 동아리활동에 자율적이고 지속적으로 참여하여 각자의 취미와 특기를 창의적으로 계발하고, 협동적 학습능력과 창의적 태도를 기른다.(동아리활동) • 이웃과 지역사회를 위한 나눔과 배려의 활동을 실천하고, 자연환경을 보존하는 생활습관을 형성하여 더불어 사는 삶의 가치를 깨닫는다.(봉사활동) • 흥미와 소질, 적성을 파악하여 자기 정체성을 확립하고, 학업과 직업에 대한 다양한 정보를 탐색하여 자신의 진로를 설계하고 준비한다.(진로활동)	자발성, 공동체의식, 협동, 나눔, 배려, 정체성 확립 등

출처: 양승실(2012: 37) 수정.

창의적 체험활동 교육과정의 4가지 영역인 성격, 목표, 내용, 교수·학습 방법을 중심으로 인성교육과의 관련성을 분석해 보면, 창의적 체험활동이 인성교육의 가치 및 덕목 함양을 위한 교육과정임을 알 수 있다(양승실, 2012; 이명준 외, 2011). 창의적 체험활동 '내용' 체계에 따른 인성교육 요소와의 관련성은 다음과 같다.

첫째, 자율활동은 학교가 청소년 중심의 자율적 활동을 추진하고, 청소년은 다양한 교육활동에 능동적으로 참여하는 특성을 갖는다. 자율활동의 하위활동은 적응활동, 자치활동, 행사활동, 창의적 특색활동 등이다. 적응활동은, ① 입학, 진급, 진학 등에 따른 적응활동, ② 예절, 질서 등의 기본생활습관형성 활동, 축하, 친목, 사제동행, ③ 학습, 건강, 성격, 교우 등의 상담활동 등이며, 자치활동은, ① 1인1역, 학급회 및 학급 부서활동, ② 학생회 협의활동, 운영위원 활동, 모의의회, 토론회 등이다. 행사활동은, ① 시업식, 입학식, 졸업식, 종업식, 기념식, 경축일, ② 전시회, 발표회, 학예회, 경연대회, 실기대회, ③ 학생건강 체력평가, 체격 및 체질 검사, 체육대회, 친선경기대회, 안전생활 훈련, ④ 수련활동, 현장학습, 수학여행, 학술조사, 문화재 답사, 국토순례, 해외문화체험 등이며, 창의적 특색활동은, ① 학생 특색활동, 학급 특색활동, 학년 특색활동, 학교 특색활동, 지역 특색활동, ② 학교 전통 수립활동, 학교 전통 계승활동 등이다.

자율활동의 각 하위활동과 관련되는 인성교육 요소는 다음과 같다.

- 적응활동: 예절, 질서, 기본생활습관, 친목에 따른 열린 마음, 상담활동을 통한 성격 형성, 교우관계에서의 우정 등
- 자치활동: 1인1역을 통한 성실, 자치활동을 통한 준법, 책임감, 협동심, 정의, 관용 등
- 행사활동: 의식행사를 통한 애국심, 질서, 체육행사를 통한 공동체의식, 협동심, 우정, 각종 행사를 통해 인내심 형성
- 창의적 특색활동: 창의적 특색활동에 따라 인성교육의 거의 모든 덕목과 연계됨

둘째, 동아리활동은 청소년들이 자발적으로 집단활동에 참여하여 협동하는 태도를 기르고 각자의 취미와 특기를 신장하는 활동이다. 동아리활동의 하위활동으로 학술활동, 문화예술활동, 스포츠활동, 실습노작활동, 청소년단체활동 등이 있다. 학술활동은, ① 외국어 회화, 과학 탐구, 사회조사, 탐사, 다문화 탐구, ② 컴퓨터, 인터넷, 신문 활용, 발명 등이며, 문화예술활동은, ① 문예, 창작, 회화, 조각, 서예, 전통예술, 현대예술, ② 성악, 기악, 뮤지컬, 오페라, ③ 연극, 영화, 방송, 사진 등이 있다. 스포츠활동은, ① 구기운동, 육상, 수영, 체조, 배드민턴, 인라인스케이트, 하이킹, 야영, ② 민속놀이, 씨름, 태권도, 택견, 무술 등이며, 실습노작활동은, ① 요리, 수예, 재봉, 꽃꽂이, ② 사육, 재배, 조경, ③ 설계, 목공, 로봇제작 등이 있다. 청소년단체활동으로는 스카우트연맹, 걸스카우트연맹, 청소년연맹, 청소년적십자, 우주소년단, 해양소년단 등이 있다.

동아리활동의 각 하위활동과 관련되는 인성교육 요소는 다음과 같다.

- 학술활동: 학술활동의 내용과 방법에 따라 인성교육 전 영역의 덕목과 관련됨
- 문화예술활동: 문화예술활동의 학술활동의 내용과 방법에 따라 인성교육 전 영역의 덕목과 관련됨
- 스포츠활동: 스포츠 활동의 특성상 인내, 준법, 책임감, 협동, 공동체의식, 용기, 우정, 성실, 정직 등 인성교육의 다양한 덕목과 관련됨
- 실습노작활동: 생명존중, 성실, 인내, 열린 마음 등 인성교육과 다양한 연계 가능함
- 청소년단체활동: 청소년단체에서 표방하는 정신과 활동내용에 따른 정직, 용기, 인내, 정의 등

셋째, 봉사활동은 청소년이 이웃과 지역사회를 위한 나눔과 배려의 활동을 실천하고 자연환경을 보존하는 등의 활동이다. 봉사활동의 하위활동으로 교내봉사활동, 지역사

회 봉사활동, 자연환경 보호활동, 캠페인 활동 등이 있다. 교내봉사활동은 학습부진 친구, 장애인, 병약자, 다문화가정 학생 돕기 등이며, 지역사회 봉사활동은, ① 복지시설, 공공시설, 병원, 농어촌 등에서의 일손돕기, ② 불우이웃돕기, 고아원, 양로원, 병원, 군부대에서의 위문활동, ③ 재해구호, 국제 협력과 난민 구호 등이 있다. 자연환경 보호활동은, ① 깨끗한 환경 만들기, 자연보호, 식목 활동, 저탄소 생활 습관화, ② 공공시설물, 문화재 보호 등이 있으며, 캠페인 활동은 공공질서, 교통안전, 학교 주변 정화, 환경보존, 편견극복 등에 대한 캠페인 활동 등이다.

봉사활동의 각 하위활동과 관련되는 인성교육 요소는 다음과 같다.

- 교내봉사활동: 우정, 예절, 공동체의식, 열린 마음 등
- 지역사회 봉사활동: 관용, 배려, 생명존중, 우정, 예절, 공동체의식, 열린 마음, 세계시민의식 등
- 자연환경 보호활동: 생명존중, 준법 등
- 캠페인 활동: 질서, 관용, 배려, 생명존중 등

넷째, 진로활동은 청소년이 자신의 흥미, 특기, 적성에 적합한 자기계발 활동을 통하여 진로를 탐색하고 설계하는 것이다. 진로활동의 하위활동으로 자기이해활동, 진로정보탐색활동, 진로계획활동, 진로체험 등이 있다. 자기이해활동은 자기이해 및 심성 계발, 자기 정체성 탐구, 가치관 확립 활동, 각종 진로 검사 등이며, 진로정보탐색활동은, ① 학업정보 탐색, 입시정보 탐색, 학교정보 탐색, 학교 방문, ② 직업 정보탐색, 자격 및 면허제도 탐색, 직장 방문, 직업 훈련, 취업 등이다. 진로계획활동으로 학업 및 직업에 대한 진로 설계, 진로지도 및 상담 활동 등이 있으며 진로체험은 학업 및 직업 세계의 이해, 직업 체험 활동 등이다.

진로활동의 각 하위활동과 관련되는 인성교육 요소는 다음과 같다.

- 자기이해활동: 정체성, 심성 계발에 따른 인성교육 덕목 함양
- 진로정보탐색활동, 진로계획활동, 진로체험: 정체성, 진로 정보탐색 및 계획, 체험활동의 내용과 운영 방법에 따라 인성교육 덕목 함양이 가능함

Chapter 03

청소년활동의 이론과 구성요소

1 청소년활동의 의미

청소년활동은 우리나라 청소년업무의 성격을 특징짓는 핵심적인 분야의 하나로 형성되고 발전하고 있다. 청소년활동은 청소년업무가 학교를 중심으로 하는 교육(education)과는 다른 나름의 정체성을 확인하는 중심내용이 되고 있으며, 시대적 변화에 맞추어 그 필요성이 더욱 강조되고 제도화를 위한 다양한 노력이 이루어지고 있다. 실제로 청소년활동은 그동안 수련활동을 중심으로 문화활동과 국제교류활동 등을 포함하는 것에서 확장하여 학교의 교과과정과 관련한 창의적 체험활동이나, 자유학기제의 실시를 통해 제도적 근거를 마련하면서 청소년참여활동과 권익증진활동을 아우르는 다양한 방향으로 전개되고 있다(천정웅 외, 2010).

청소년활동은 청소년업무와 관련한 분야뿐만 아니라 학교교육을 비롯한 교육학 전반이나 심리학과 정신분석학 등에서도 강조되어 왔다. 우선, 교육학의 측면에서는 17세기의 교육개혁가인 요하네스 아모스 코메니우스(Johannes Amos Comenius)와 그 이후의 요한 하인리히 페스탈로치(Johann Heinrich Pestalozzi)의 노작활동에 대한 강조, 그리고 존 듀이(John Dewey)의 진정한 의미의 경험의 강조에 이르기까지 많은 학자들에 의해 중요한 주제로 논의되어 왔다. 심리학에서도 자기 주도학습, 상황중심 학습, 몰입 등과 관련한 연구를 통해 청소년의 성장에서 청소년활동이 갖는 중요한 의미가 고찰되었으며, 청소년 비행방지와 관련한 청소년활동의 효과성에 대한 연구들이 많이 나타났으며, 호모 루덴스(Homo Ludens) 즉, '유희하는 인간'과 관련하여 체험에서의 놀이 요소나 문화 요소들이 강조되어 왔다(신성철 외, 2020).

전체적으로 보면, 청소년활동은 청소년의 인성함양과 공동체성의 정립 및 정체성의 확립에도 기여하는 긍정적인 의미를 갖는 것으로 나타나고 있다. 특히, 청소년활동은 내용 면에서 청소년의 다양한 욕구를 충족시키고 사회적 태도나 실천적 문제해결 능력을 향상하는 역량을 개발하며, 사회변화와 발전에 참여하고 기여함으로써 지역사회 구성원으로서의 경험을 축척하는 것과 관련된다. 따라서, 청소년활동은 청소년의 일상생활 전체가 그 범주에 포함될 수 있으며, 제대로 된 활동은 청소년의 요구와 흥미에 기초하고 활동의 과정을 활동의 결과 이상으로 중요하게 여길 때 가능할 수 있을 것이다. 이런 점에서 청소년활동은 청소년을 대상으로 하는 활동이며 활동의 목표나 과제는 인간의 발달단계에 따른 과업과 관련되어야 한다는 생각에 기초하고 있으며, 그 과정은 청소년에 의해서 이루어질 필요가 있다고 강조되고 있다.

실제로 선진국의 경우, 청소년활동은 청소년업무의 대표적 영역 전반을 지칭하거나, 청소년 서비스(youth service)라는 영역으로 나타나면서 청소년활동을 수행하는 관련 기관, 협회, 조직, 관련 사업 및 청소년지도자를 총칭하여 청소년 업무(youth work)

또는 청소년 부문(youth sector)으로 지칭하고 있음을 알 수 있다. 이런 점에서 청소년 업무에서 청소년활동이 갖는 의미는 청소년에 대한 직접적인 서비스의 제공(direct service role), 발달적 역할(developmental role), 사회변화적 역할(social change role) 등의 3가지 측면과 관련하여 논의된다. 특히, 영국의 경우, 청소년활동의 의미는 청소년을 위한 활동, 자발적 참여와 민주적 활동, 지역사회에 대한 기여, 청소년에 대한 존중과 인정, 그리고 청소년복지의 지향 등으로 나타나고 있다(Smith, 1988).

① 청소년을 위한 활동: 청소년활동은 다양한 연령대의 청소년의 필요와 욕구를 충족시키는 의미를 갖는다. 청소년들은 각기 다른 삶의 경험을 가지고 있고 지향하는 바가 다를 수 있다는 점에서 청소년활동은 이러한 다양성을 존중하고 자기계발을 극대화하도록 돕는다는 것이다.

② 자발적 참여와 민주적 활동: 청소년활동은 자발적인 참여와 민주적인 관계로 이루어진다는 점에서 다른 서비스와는 구별된다. 미국이나 영국의 경우, 청소년활동은 청소년지도자와 청소년 간의 민주적인 관계를 지향해 왔으며 이러한 민주적 관계 속에서 일어나는 다양한 경험과 학습이 이루어진다고 본다(박선영, 장미, 김주희, 진영선, 2015).

③ 지역사회에 대한 기여: 청소년활동은 어떤 과제를 가지고 교육적인 목적하에 집단으로 이루어지는 관계를 바탕으로 자신이 속한 기관이나 지역사회에 책임감 있게 기여하는 의미를 갖는다.

④ 청소년에 대한 존중과 인정: 청소년활동은 청소년친화적이며 청소년을 신뢰하고 청소년의 삶이 존엄할 수 있도록 돕는 의미를 갖는다. 청소년에 대한 존중과 신뢰, 및 인간 존엄성의 추구를 전제하는 것이다.

⑤ 청소년복지의 지향: 청소년활동은 청소년복지를 구현하는 수단의 의미를 갖는다. 미국, 영국 등 서구 선진국의 경우, 청소년활동은 청소년의 자기계발과 성취를

도모하는 데 기여한 역사를 갖고 있다. 학교교육에서 소외되어 있는 청소년들의 개인적 계발을 도모함으로써 청소년들의 복지를 향상시키게 된다는 것이다(천정웅, 2013).

또한, 청소년업무와 관련하여 청소년활동은 유기적 활동, 전문화된 활동, 운동중심 활동 등 세 영역으로 분류할 수 있으며, 그러한 활동은 그 특성에 따라 다시 사교 및 여가, 개인 및 사회적 발달, 복지, 인격 형성, 정치화, 구제 등 몇 가지 분야와 관련된다.

첫째, 유기적 청소년활동(organic youth work)의 영역은 주로 사교와 여가와 관련된다. 청소년들의 동아리클럽 활동이나 오락이나 교제 등과 관련하여 이루어지는 자유스러운 사교활동들과 비교적 조직적인 시설과 프로그램에 따라 이루어지는 개인의 흥미 충족을 위한 스포츠 및 취미활동 등을 포함한다.

둘째, 전문화된 청소년활동(professional youth work) 영역은 개인 및 사회적 발달분야와 복지분야와 관련된다. 개인 및 사회적 발달 분야에는 청소년들의 사회적응능력 함양과 자아실현을 촉진시키기 위한 제반 활동과 함께 지역사회의 발전과 관련 제도 및 구조개선을 통한 청소년권리의 신장을 도모하는 다양한 활동들이 포함된다. 또한, 복지분야는 문제에 처한 청소년들이나 청소년집단을 대상으로 행해지는 지원적 성격의 활동들과 관련된 사회사업, 개인 및 가족치료 중심의 케이스워크(case work), 카운슬링 등의 활동을 포함한다.

셋째, 운동중심 청소년활동(movement-based youth work) 영역은 인격형성, 정치화, 구제 등의 사회적 변동이나 이데올로기 등과 밀접하게 관련되는 활동을 포함한다. 인격형성(character building) 분야는 훈련을 통해 청소년에게 사회규범에 부합하는 품성, 가치관 형성을 위한 리더쉽 훈련이나 집단활동 등 제반 정신교육과 훈련들을 의미하며, 정치화(politicizing)는 청소년에게 정치적 이해와 행위능력을 향상시키며, 세계정세와 사회변화의 안목을 키우는 활동들을 일컫는다. 구제(rescuing)은 주로 종교적 차원에서 이루어지는 활동들로서 개인의 내면적 성향과 정서를 중심으로 사상적 개조나 도덕적 무장을 강조하는 활동들을 포함한다(Smith, 1988).

한편, 청소년활동을 광의적 차원에서 이해하는 측면에서 보면, 청소년활동은 주로 학습의 지원적 수단이나 가치적 제고 차원에서 논의되어지고 그 영역도 매우 넓게 나타나고 있다. 청소년활동은 하나의 학습의 수단으로 활용하면서 경험학습이라는 주장을 학습의 하나의 축으로 강조하고 있는데, 청소년들의 실제적 행동과 체험은 정체감 형성의 중요한 변인으로서 참여를 통해서 경험함으로써 정체감 형성이 필요한 자아상을 통합하고 이에 대한 자신감을 얻을 수 있다는 것이다. 이런 인식에서 청소년이 청소년활동을 통해 얻을 수 있는 가치와 효과는 다음과 같이 나타나고 있다(이교봉, 2009).

첫째, 청소년활동은 청소년들의 부족한 여러 가지 학습내용을 채워 주는 효과를 갖는다. 자아존중감, 자아개념, 자기효율성 등과 같은 가치를 얻는 것이 청소년활동의 핵심이라고 본다.

둘째, 청소년활동은 청소년들의 학업성취도를 제고시켜 주는 잠재적 가치를 갖는다. 청소년들의 자기효능감 능력이 현저히 높아지면서 자신이 수행하는 과업이나 행동의 범위가 크게 확대된다고 보는 것이다.

셋째, 청소년활동은 청소년들이 학교에서 교육의 동질적 요구로 인해 많은 어려움을 겪게 되지만, 결국 그들이 지닌 개인차의 능력으로 인해 신체적, 학문적 능력이 다르게 나타나는 점을 인식하게 되고, 이를 바탕으로 새로운 기회를 실천할 수 있는 방안을 모색하게 된다. 즉, 청소년들은 청소년활동을 통해 일련의 의미를 찾아내고, 그것을 자기의 것으로 만들어 간다고 보는 것이다. 학습의 본질은 경험에서 의미를 창출하는 것이라고 보기 때문이다.

2 청소년활동과 경험학습이론

청소년활동은 청소년의 바람직한 성장과 발달이라는 구체적인 목적을 지향하는 성격을 갖는다. 청소년의 발달과 교육적 현상을 설명하는 행동주의 이론, 인지주의 이론, 인본주의 이론, 사회학습이론 등과 같은 대부분의 이론들은 청소년활동에도 적용할 수 있을 것이다. 그러나, 청소년활동의 중요성과 의미를 강조하는 측면에서 보면 경험학습이론이나 자율참여와 활동몰입에 관한 이론은 보다 원리분석적이며 논리적인 설명과 이론적 준거를 제공한다고 볼 수 있다(김진호 외, 2009; 천정웅 외, 2010).

1) 경험학습의 개념

경험학습의 개념은 오랜 역사적 뿌리를 가지고 있는데, 예로는 중세의 도제나 기능장 같은 것을 들 수 있다. 워딩거(Wurdinger, 2009)는 이러한 개념이 플라톤(Platon)까지 거슬러 올라갈 수 있다고 하였으며, 크래프트(Kraft, 1995)는 한세기가 가면서 경험교육은 부모로부터 자녀에게, 기능장에서 기능공에게 전수되었으며, 이제는 도제나 직업교육 프로그램, 다른 경험 학습적 환경의 타당성을 인식해야 할 시점에 있다고 한 바 있다. 경험학습이론에 의하면 학습은 경험의 전환을 통해서 지식이 창조되는 과정으로 본다(신성철 외, 2020).

경험학습의 정의는 경험을 통해 그들이 도움을 얻도록 설계된 어떠한 활동을 통해 얻게 되는 모든 것을 포용하는 개념이며 의미 있는 방법으로 지식이 흡수하도록 돕는 것이다(강세현 외, 2017). 청소년활동은 주도적이며 자발적인 참여를 전제하는 체험을 중심으로 하는 활동이며 이러한 체험중심의 학습과정을 통해 교육적인 효과를 성취하는 목적을 갖는다. 경험학습(experiential learning)은 학습자의 경험을 학습과정에 통합하는 교육이며, 학습자가 자신의 생각, 느낌, 신체적 · 정신적 · 감성적 · 사회적인 존재로서 표출할 수 있는 감각을 총체적으로 활용하는 것이다(오해섭, 2002). 여기에서 경험은 인간의 감각기관인 오감을 통해 외부의 자극을 정보로 받아들이는 과정에서 수반되는 "대상과의 직접적이고 전체적인 접촉"을 의미한다. 이러한 경험은 인간의 기억과정에 강렬한 영향을 미치고, 인간의 기존의 기억구조에 부단히 새로운 것을 통합해 가며, 경험을 재구성하고 학습하게 되는데, 경험학습은 이러한 학습과정을 말하는 것이다(김정주, 2010).

2) 경험학습의 순환적 과정

콜브(Kolb, 1984)는 이러한 경험학습이론을 근거로 경험학습의 단계를 선정하고 이를 모형으로 제시하면서, 경험학습의 단계를 측정할 수 있는 도구를 제시하면서 학습을 결과로서가 아니라 하나의 과정으로 파악한 바 있다. 콜브(1984)가 말하는 경험학습의 네 가지 과정은 구체적 경험(concrete experience), 경험에 대한 반성적 관찰(reflective observation), 지식의 추상적 개념화(abstract conceptualization), 그리고 새로운 상황에 대한 학습이 변형화하는 활용과 적용이 이루어지는 적극적 실험(active experimentation)으로 구성된다. 여기에서 구체적 경험은 감각기관을 통한 대상과의 직접적인 접촉을 의미하며, 반성적 관찰은 구체적 경험에 대한 회상적 관찰과 의미찾기의 과정을 말한다. 추상적 개념화는 논리적 분석과 이해를 통해 추상화된 명제나 가설적 지식을 만들어 내는 것을 의미하며, 적극적 실험은 추상적 개념화의 과정을 통해 도출된 일반원리들을 새로운 상황에 적용하여 검증하는 것을 의미한다. 이러한 네 가지 단계는 [그림 3-1]과 같은 연속적인 순환과정으로 진행된다.

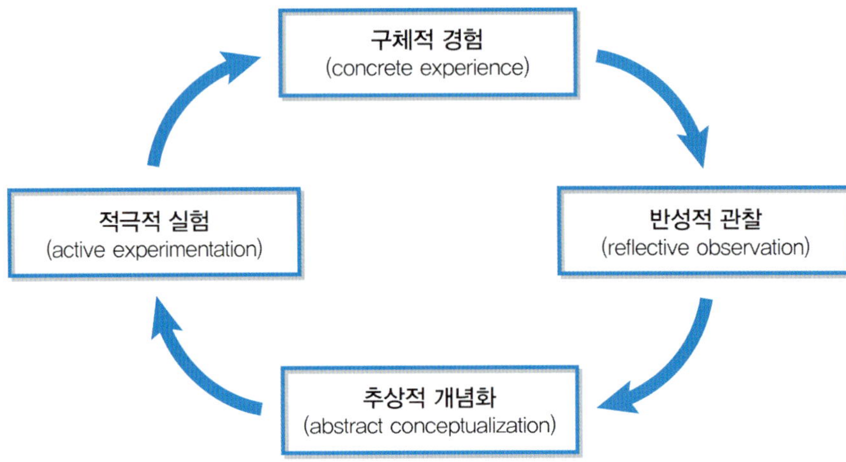

[그림 3-1] 콜브의 학습의 4가지 과정 사이클(1984)

콜브(1984)는 이러한 연속적인 네 단계의 과정을 거치면서 각 단계에서 요구되는 일련의 활동을 통하여 깊이 있는 학습(deep learning)이 이루어진다고 본다. 여기서 깊이 있는 학습(deep learning)은 정확한 원리 및 본질적인 의미를 파악하고, 사실과 느낌을 이해하며, 이전에 획득된 지식과 통합(integrate)을 이루는 것이다. 깊이 있는 학습(deep lerning)은 피상적인 학습(surface learning)과 대조되는 것으로 피상적 학습은 기계적인 암기학습, 혹은 단지 시험을 보기 위해 공부를 하는 것과 같은 학습을 의미한다. 예를 들면, 청소년들이 현장견학이라는 구체적인 경험을 하게 된 경우라면, 견학에 대한 소감이나 일지를 작성하는 반성적 관찰의 과정이 필요하며, 학교로 돌아온 후에는 현장견학에 대한 결론을 도출하기 전에 추가적인 독서내용과 이미 발견한 내용의 의미들을 논의하는 과정을 통해 각자의 가설적 지식을 도출해 내는 추상적인 개념화의 과정을 거쳐야 하는 것이다. 이어서 새롭게 설정된 가설을 검증하기 위해 다른 장소를 현장견학하는 적극적인 실험을 하게 됨으로써 학습의 네 가지 과정을 경험하는 경험학습의 사이클을 시작하게 되는 것이다(김진호 외, 2009).

경험학습은 또한, 그 목적이 이론의 검증에 있든, 기술의 습득에 있든 간에 행동의 가능성을 생각하는 것을 넘어서 직접 행동하고, 체험하고, 활동함으로서 배우는 것(learning by doing)을 의미한다. 존 듀이(Dewey, 1987)는 경험이 능동적 요소와 수동적 요소의 특수한 결합으로 이루어진다고 보는데, 능동적 측면에서 경험은 '해 보는 것(trying)'을 의미하며, 수동적 측면에서는 '겪게 되는 것(undergoing)'을 말한다. 예를 들면, 한 아이가 뜨거운 것에 손을 가까이 가져가 보는 것은 능동적으로 '해 보는 것'이며, 그러한 행동의 결과 만일에 화상을 입거나 했다면 수동적 측면에서의 '겪게 되는 것'을 경험한 것이다. 이와 같이, 어떤 것을 경험할 때, 우리는 그것에 무슨 일인가를 하며, 그것은 다시 우리에게 무슨 일인가를 하게 됨으로써 능동적이며, 수동적인 특수한 결합이 이루어지는 것이다(김진호 외, 2009), 따라서, '경험으로부터 배운다'는 것은 우리가 사물에 대하여 하는 일과 그 결과로 사물에서 받는 것을 연결하는 것이라 할 수 있다.

이와 같은 경험학습의 특성을 듀이는 링컨(Lincoln)이 민주주의에 대해서 한 말을 고쳐서 '경험의, 경험에 의한, 경험을 위한 교육(education of, by, and for experience)'이란 말로 표현한 적이 있다. 이 말은 '경험의 내부에서, 경험에 힘입어 이루어지는 것이면서, 동시에 경험을 위해 이루어지는 발달(development within, by, and for experience)'이라는 표현으로도 기술되고 있다. 여기에서 경험의 내부에서 경험에 힘입어 이루어진다는 것은 교육이 경험을 통하여 이루어져야 한다는 의미를 담고 있다. 반면에 교육이 경험을 위하여 이루어지는 발달이기도 하다는 말은 하나의 경험이 교육에 힘입어 이후의 경험과 관련을 맺으면서 지속적으로 성장해 나간다는 것을 의미한다(엄태동, 2001).

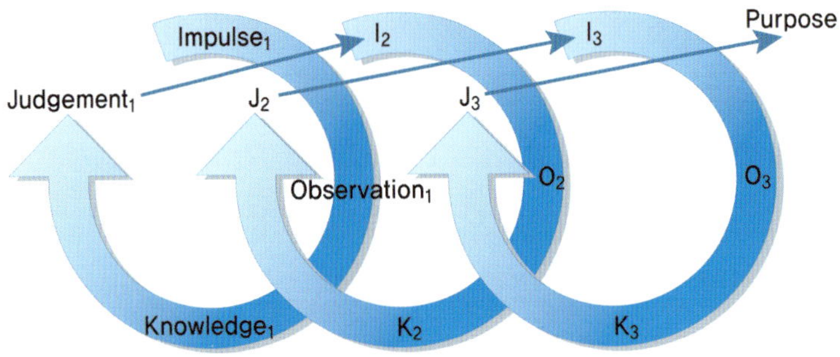

[그림 3-2] 듀이의 경험학습 모델

출처: Kolb(1984: 23).

3) 경험학습의 이론적 토대

경험학습의 출발은 구조주의적 개념으로 피아제(Piaget)의 인지발달이론에 기초하여 듀이의 지식과 경험에 대한 가정에서 출발하고 있다. 듀이는 최초로 학습의 출발과 그 결과를 반성적 사고와 행동이라는 모형으로 제시하였다. 초기에는 경험학습의 이론적 근거에 대해 다음과 같은 5가지의 과정에 따라 진행된다고 보았다(강세현 외, 2017).

첫째, 불확실성과 혼란의 단계, 즉 습관단계이다. 우리가 하는 일의 일상적 내용은 반성적 과정 없이 이루어지는 경우가 많다. 경험의 출발점은 사람들이 혼란과 불확실성을 인식하는 과정에서 성숙활동 과정이나 환경, 인간의 상호작용 과정이 일상적으로 일어나는 단계를 의미하는 것은 아니다. 반성적 사고는 행동의 장애나 곤란, 지원, 자료, 도움, 조건 등을 탐색함으로써 시작된다.

둘째, 문제의 정의, 즉 지식화 단계이다. 반성적 사고과정은 어떤 상황에서 잘못된 것이 무엇인지를 정의함으로써 시작되는데, 여기에서 문제의 정의와 난제에 대한 임의적 개념을 형성한다. 듀이는 이 과정에서 사고라는 개념으로 정의한 문제의 중요성을 강조하였다. 문제가 없다는 것은 어둠 속에서 빛을 발견하지 못하는 것과 같다. 문제의 경로는 구체적 시사점을 가져야 하며, 어떠한 자료는 선정되지만, 때로는 거부당하기도 한다. 적절성과 부적절성, 개념적 구조의 기준이 형성된다.

셋째, 가설의 형성과 상황의 조건에 대한 탐구 단계이다. 조건의 분석과 진단의 단계를 따라서 조건은 물질과 사회적 조건, 그 문제가 해결을 가정할 경우에 의미와 자원을 내포하게 된다. 가설의 설정은 문제의 대안을 임시적으로 결정하는 것이다.

넷째, 합리화의 단계이다. 합리화는 각기 다른 관계에 있는 아이디어의 의미를 신축적으로 구성하는 것이다. 합리적인 의미에서 실험적 사고는 일어날 수 있다. 가설의 설정은 임의적으로 지역사회와 개인을 위한 유용성과 지식의 추출로서 검증되고 평가될 수 있다.

다섯째, 행동으로서 가설을 검증하는 단계이다. 설정된 가설은 실제 현장에서 현실화되고 인간과 환경의 관계, 상황의 재구축으로 현실화되고 있다. 경험학습은 반성주의 지향성 또는 구조주의 이론에 입각한 접근으로 이해하는 것이 타당하다. 그것은 경험학습에서 내포하고 있는 가장 중요한 개념이 바로 반성이라는 점에 기초하기 때문이다.

콜브(1984)의 경우도 경험학습의 과정에서 반성적 사고의 중요성을 매우 강조하였는데, 반성적 사고를 경험학습의 기초라고까지 주장하였다(오해섭, 2002). 구체적인 경험이나 활동은 그 자체만으로 유용하지 않으며, 반성적 관찰이나 추상적 개념화 등과 같은 과정을 통해 구체적 경험을 회상하고 의미를 부여하고 추상적 개념을 도출하는 과정이 이루어져야만 한다는 점을 강조하여야 한다고 보았다(김진호 외, 2009).

4) 경험학습과 청소년체험활동

경험학습은 체험학습 또는 실천학습으로 사용하는 경우와 엄밀히 구분하는 경우가 혼재되어 있는데, 대체로 체험학습의 경우 신체적인 경험(physical experience)을 학습에서 강조하고 실천학습(action learning)은 실제 행동을 강조하는 활동으로 구분한다(신성철 외, 2020). 특히, 체험학습은 학생들의 경험을 학습과정(curriculum)에 통합하고, 또한 그들의 경험을 의식적으로 적용하도록 시도하는 학습과정으로 학생들을 유도하는 교육이며, 학습자가 자신의 생각, 느낌, 신체적, 감성적, 정신적, 그리고 사회적인 존재로서 표출할 수 있는 감각을 총체적으로 사용하는 것이다.

청소년활동은 경험을 통해 학습을 유지하고자 하는 과정이라 볼 수 있다. 학습에 대한 정의도 다양하지만, 일반적으로는 인간 개개인의 행동변화와 경험에 초점을 두는 것으로 정의된다(권일남 외, 2008). 듀이는 학생들의 경험은 계속성과 상호작용이라는 두 가지 주요한 요소에서 비롯된다고 보는데, 전자는 학생은 과거 경험들을 축적한다는 것이며, 후자는 과거 경험들은 현재의 상황과 상호작용한다는 것이다. 즉, 모든 개인적인 과거의 경험들은 개인적 현재와 미래의 경험에 인상적인 영향을 주면서 결합하게 된다는 것이다. 이러한 경험들이 학생들의 미래 경험의 성격에 지속적으로 영향을 미칠 것이기 때문에 학생들의 경험은 중요하게 여겨져야 한다는 것을 강조하였다. 따라서 경험학습으로서의 청소년활동은 활동목적에 따른 주어진 환경과 그 환경 속에서 함께 움직이는 집단으로 구성된다. 따라서 청소년활동은 환경과 유기체와의 다양한 상호작용 속에서 이루어지며, 경험학습은 경험이 구성하는 그 내재적 특성을 통해 인간성장과 함께 사회에 적응 및 변화해 나가는 과정으로 볼 수 있다(조미영, 권일남, 2008).

청소년활동에서 경험학습이 갖는 의미는 우선 경험학습이라는 내용이 주는 특성에서 찾을 수 있다. 경험학습이 갖는 특징이 특히 청소년활동과 같은 현장 경험적 가치를 중시하는 측면에서 매우 효과적이기 때문이다.

① 경험이라는 것은 학습자의 청소년들의 실질적인 참여를 수반하며, 이러한 단계의 노출은 학습과정에 포함됨으로써 결과를 자신이 이해할 수 있는 방향으로 능력을 체험하게 된다.

② 경험의 과정이 지속되면 이러한 체험을 바탕으로 습득된 지식을 자신의 것으로 만드는 경험화의 과정이 지속하게 된다.

③ 청소년들이 스스로 심사숙고하는 단계를 거치게 된다. 이것은 경험의 통합이 이루어지는 핵심적 부분이다. 이 과정을 통하여 청소년들은 결론을 유추하게 되고, 그 과정에서 의사소통이 이루어지며, 평가와 의사결정을 명료화하는 능력을 배양하게 되면서 집단행동의 규범을 이해하고 집단의 소속감을 제고하여 청소년활동의 효과가 확대된다.

④ 자신이 경험한 내용을 새롭게 적용하게 되는 과정으로 반성적 사고화와 단계적 내적 동기화의 과정으로 진행된다.

3 청소년 자율참여와 활동몰입이론

청소년활동은 자발적인 참여에 의해 이루어지는 교육적 경험이기 때문에 흥미(interest)와 즐거움(enjoyment)은 청소년활동을 촉발시키고, 지속시키는 데 있어서 매우 중요한 추진력이 된다. 그리고 청소년활동은 호기심을 갖고, 상황을 주도하면서, 유쾌한 감정을 느끼면서 성취의 즐거움을 맛보는 경험을 갖게 해 준다. 이는 청소년활동을 보다 교육적으로 작동하게 하는 동적인 추진력이 되는데, 이러한 활동몰입의 경험은 청소년활동의 효과와 지속성에 영향을 끼치는 것이다.

1) 자율참여의 원리

우선, 청소년활동은 자율참여의 원리에 기반할 필요가 있는데, 이는 청소년 스스로 청소년활동의 필요성과 중요성을 인식하고, 자신의 의지에 따라 자발적으로 활동을 선택하여 결정하며, 나아가 청소년활동에 적극적이고 능동적으로 참여하도록 하는 것을 의미한다. 청소년활동이 의무화되거나 강요되어 타율적으로 참여하게 될 경우 청소년들은 청소년활동에 표면적인 혹은 내면적인 저항감을 느끼게 되고, 청소년활동의 효과나 청소년들의 만족도 측면에서 바람직하지 못한 결과를 초래할 수 있다. 따라서, 청소년들의 자발적이고 능동적인 참여를 유도하고 촉진하는 것은 청소년활동의 효과성 증진과 향후 청소년활동에 대한 지속적인 참여를 유발하는 동인(motive)이 된다는 점에서 중요한 의미를 갖는 것이다.

여기서 자율참여는 청소년활동 참가여부를 청소년이 스스로 결정하는 것뿐만 아니라 청소년활동에 참가한 이후의 활동진행과정 전반에 대한 의사결정을 청소년들이 스스로 결정하는 것까지도 포괄하는 광의적인 개념이라고 할 수 있다. 이런 점에서 자율참여는 자기결정성(self-determination)과 자기경영성(self-management)의 의미와 연계하여 논의될 수 있다. 자기결정성은 청소년활동에 대한 참가여부가 외부의 간섭이나 통제가 아닌 청소년 스스로에 의해서 결정되는 것과 관련된다. 그러나, 자기경영성은 청소년활동의 진행과정과 절차에 대해 청소년들이 스스로 통제하는 자기주도적 활동까지도 포괄하는 의미를 갖는다. 다시 말하면, 자기결정성은 선택(choice)과 관련된 것으로서, 여기에는 활동참가여부뿐만 아니라 자신이 참여할 활동내용, 활동방법,

참여수준 등 청소년활동 전반에 대한 의사결정을 모두 포괄하는 개념이라고 할 수 있다. 또한, 자기경영성은 통제(control)와 관련된 것으로서, 자신의 청소년활동 진행 방법 및 절차를 청소년들이 스스로 통제하는 자기주도적 학습의 의미를 내포하고 있는 것이다.

따라서, 자율참여는 협의적으로 청소년이 자유의지에 따라 청소년활동에 참가하는 것을 의미할 수 있지만, 광의적으로는 청소년활동의 진행과정 전반에 대해 청소년이 스스로 의사결정하며, 자신의 활동 진행방법 및 절차를 스스로 통제하는 것까지 포괄하는 개념이라고 할 수 있다. 특히, 청소년활동에서 청소년참여의 중요성은 프로그램 개발 및 운영의 기본원리로서 당연시되는 것일 뿐만 아니라, 최근의 사회적 변화에 따라 청소년의 의사의 존중, 의견표명권의 중요성에 대한 인식이 강화되면서 참여가 더욱 강조되고 있는 측면과도 관련된다는 점을 기억할 필요가 있다.

짐머만(Zimmerman, 1995)은 학습자가 자신의 학습활동을 스스로 선택하고 통제하는 '자기조정적 학습(self-regulated learning: SRL)'은 다음과 같은 네 가지의 특징을 지닌다고 보았다.

첫째, 학습자에게 자신이 학습에 참여할 것인지, 그렇지 않을 것인지를 선택할 수 있는 기회가 부여된다는 점이다. 이는 학습동기와 관련된 것으로서, 자기규제적 학습자는 타인 의존적인 학습자에 비해 보다 내재적으로 동기화(intrinsically motivated)되어 있다는 것을 의미한다. 그리고, 이러한 학습동기는 학습자의 학습목적(learning goals)이나 자기효능감(self-efficacy), 가치(value) 등에 의해 발생된다.

둘째, 학습자에게 자신이 선호하는 학습방법을 선택할 수 있는 권한이 부여된다는 점이다. 이는 학습방법과 관련된 것으로서, 자기규제적 학습자는 자신이 계획한 학습방법에 보다 의존한다는 것을 의미한다. 따라서, 자기규제적 학습상황에서 학습자는 효과적인 학습전략을 사용할 수 있으며, 학습에 대한 두려움을 경감시키기 위한 이완전략을 활용하기도 한다.

셋째, 학습자에게 자신이 선택한 학습행위를 스스로 모니터링(self-monitoring)하고, 스스로 자신의 행동을 조절(self-modulating)할 수 있는 기회를 부여한다는 점이다. 이는 학습자가 자신의 학습수행 과정을 통제하기 위한 조건으로서, 자신의 학습행위의 결과를 스스로 인식하게 해 주는 것을 의미한다. 여기에는 자신의 행동에 대한 가치판단(self-judgement)과 행위통제(action control), 자율의지(volition)의 과정이 포함된다.

넷째, 학습자에게 자신의 학습환경(물리적, 사회적)을 선택하거나 통제할 수 있는 기회가 부여된다는 점이다. 이는 학습자가 자신의 학습을 지지 · 지원 · 촉진하도록 학습환경을 설계할 수 있게 해 주는 것을 의미한다. 따라서, 자기규제적 학습상황에서 학습자는 자신의 학습능력과 수준에 맞도록 학습환경을 구조화하기 위해서 풍부한 학습자원을 가지고 있어야 하며, 학습환경에 민감하게 반응할 수 있어야 한다.

2) 활동몰입: 자율참여의 이상적 모델

청소년활동에서 청소년의 긍정적인 자율참여의 유형은 크게 3가지로 구분하여 제시할 수 있다(Wlodkowski, 1999).

첫째, "의지+성공(volition+success)"의 유형이다. 이 유형의 청소년은 자율의지에 따라 청소년활동에 참여하고, 청소년활동에서 성취감을 경험하게 된다. 또한 자율의지와 성공은 청소년활동 참여자의 긍정적인 참여동기를 유지하기 위한 가장 기초적인 조건이라고 할 수 있다.

둘째, '의지+성공+가치'(volition+success+value)의 유형이다. 이 유형은 자신이 학습하고 싶은 것을 성공적으로 학습할 뿐만 아니라 자신이 학습하고 있는 것에서 가치를 발견하게 된다. 따라서 청소년활동 참여자는 자신이 참여하고 있는 활동프로그램에 신중을 기하게 되며, 그로부터 의미를 발견하게 된다.

셋째, "의지+성공+가치+즐거움(volition+success+value+enjoyment)"의 유형이다. 이 유형의 청소년은 자신이 가치롭게 생각하고, 배우고 싶은 것을 배우기 위해 자발적으로 청소년활동에 참여하며, 즐거운 감정을 가지고, 성공적으로 배우는 학습자이다. 그리고 이때 느끼는 즐거움은 청소년활동에 대한 완전한 참여의 즐거움이며, 청소년활동에 완전히 몰입(flow)되었을 때 나타나는 현상이다.

이와 같이, 활동몰입은 청소년들로 하여금 자신의 능력을 최대한 발휘하게 하고, 청소년활동에 참여하는 과정에서 즐거움과 행복감을 느끼게 하며, 자신의 능력을 지속적으로 향상시키게 하는 성장과 진화의 엔진이라고 할 수 있다.

청소년활동에서의 몰입경험(flow experience)이란 청소년활동에 참여하는 청소년이 자신이 수행 중인 활동에 완전히 몰두하여 시간의 흐름이나 공간, 더 나아가서 자기 자신에 대한 생각까지도 잊어버리게 될 때 느끼는 최적의 심리적 상태라고 정의할 수 있다(강세현 외, 2017). 이러한 몰입경험은 자신이 수행 중인 활동에 최대한으로 참여하여(peak of involvement) 즐거움과 창조성을 경험하는 순간에 관찰된다(Csikszentmihalyi, 1996). 그리고 몰입의 상태에 도달하기 위해서는 자신의 자율의지에 따라 활동에 심도 있게 참여하고 활동 그 자체에서 의미를 찾아야만 가능하다. 즉, 활동을 통해 외적 보상을 얻어 낼 수 있는지 없는지에 상관없이 자신이 하고 있는 활동 자체를 즐기면서 모든 관심을 완전히 투사하고 있는 상태가 바로 몰입경험의 상태라고 할 수 있다. 이러한 맥락에서 몰입경험은 자기목적적인 경험(autotelic experience)으로 명명되기도 한다.

3) 몰입경험의 특징

칙센트미하이(Csikszentmihalyi, 1990)는 몰입경험은 다음과 같은 아홉 가지의 특징을 갖는다고 본다(김진호 외, 2009 재인용).

① 도전과 능력의 균형감(challenge-skills balance): 몰입은 활동상황에서 청소년이 인지한 활동과제의 도전(challenge)과 자신의 수행능력(skills)의 수준이 모두 높을 때 발생된다. 만약 과제의 수준이 자신의 능력을 뛰어 넘게 되면 청소년은 걱정하게 되고, 자신의 능력을 완전히 초월하게 되면 불안감을 느끼게 되며, 불안감이 지속될 경우 활동을 포기하게 된다.

그러나, 과제의 수준이 자신의 능력보다 낮으면 무관심 상태가 되며, 참여하고 있는 활동은 단지 심심풀이로 하는 일 정도로 생각한다. 자신의 능력이 과제의 수준을 완전히 초월하게 되면 지루함을 느끼게 된다. 따라서 이상적인 수준의 과제와 자신의 능력을 조화하는 상태가 될 때, 청소년은 자신의 관심을 청소년활동에 완전히 집중하게 되고, 들뜬 기분으로 참여하게 된다. 따라서 몰입은 가장 이상적인 활동 참여의 형태라고 할 수 있다.

② 분명한 목적(clear goals): 몰입상태에 있는 청소년들은 자신의 활동목적이 분명하다. 물론 활동목적이 활동에 참여하기 이전에 생긴 것을 수도 있고 활동과정 중에 설정된 것일 수도 있다. 그러나 자신의 활동목적이 분명하기 때문에 자신이 무엇을 해야 할 지를 정확하게 판단할 수 있다.

③ 명확한 피드백(unambiguous feedback): 몰입상태에 있는 청소년참여자는 활동과정 중에 자신이 학습을 잘하고 있는지, 그렇지 않는지를 명확하게 판단할 수 있다. 다시 말하면, 자신의 활동목적이 분명하기 때문에 자신의 활동목적을 제대로 잘 성취하고 있는지에 대한 판단, 즉 피드백의 효과가 빨리 나타나게 된다.

④ 수행 중인 과제에 대한 집중(concentration on task at hand): 몰입상태에 있는 청소년은 현재 수행 중인 활동과제에 관심이 완전히 집중되어 있다. 그렇기 때문에 활동과제와 상관이 없는 정보들이 의식에 자리 잡을 만한 공간이 전혀 없게 된다.

⑤ 통제감(sense of control): 몰입상태에 있는 청소년은 자신의 행동이 타인이나 운명에 의해 통제되는 것이 아니라 자기 자신에 의해 통제되고 있다고 느낀다. 자신의 행동을 완전히 통제하고 있다고 느끼게 될 때 청소년들은 활동의 결과가 확실하지 않을지라도 자신의 행동에 대해 강한 자신감을 얻게 되며 실패에 대해 걱정하지 않는다.

⑥ 행위와 인식의 일체감(action-awareness merging): 몰입상태에 있는 청소년의 관심은 자신이 수행하고 있는 활동과제에 완전히 투사되므로 자신의 인식과 활동은 하나가 된다. 그리고 활동과제와 인식이 분리되지 않기 때문에 활동과제가 자연스럽게 또는 저절로 이루어지는 느낌을 받게 된다.

⑦ 자의식의 상실(loss of self-consciouness): 몰입상태에서는 자신이 활동과제와 하나가 되기 때문에 자의식이 사라진다.

⑧ 양적 시간개념의 상실(transformation of time): 몰입상태에서는 시간의 흐름이 일상적인 시간의 흐름과 다르게 인식된다. 몰입은 시간의 흐름과 관련성이 거의 없기 때문에 시간의 흐름으로부터 자유롭게 한다. 따라서 몰입상태에서는 시간의 흐름이 평상시보다 더 빠르게 혹은 느리게 지나가는 것처럼 인식된다.

⑨ 자기 목적성(autotelic experience): 몰입상태에서 청소년은 미래의 보상이나 혜택보다는 활동 그 자체에서 보상을 받으며 활동하게 된다.

4) 몰입경험의 과정

몰입경험은 일상생활에서 우발적으로 일어나기도 한다. 그러나 몰입이 발생하도록 구조화된 활동(structured activity)이나 몰입을 경험할 수 있는 개인의 능력에 따라 더 자주 일어나기도 한다(Csikszentmihalyi, 1990). 이는 몰입의 발생이 활동의 구조와 개인적 능력에 따라 조절될 수 있다는 점을 시사한다. 따라서 청소년활동에서는 현장 지도인력의 전문성의 내용과 수준, 학습자와의 감정이입의 정도와 상황, 활동에 대한 열정, 내용 전달의 명확성, 문화수용성 등의 여러 가지 상황에 따라 청소년활동 참여자의 몰입경험은 변화할 수 있다(강세현 외, 2017).

칙센트미하이(1990)는 몰입이 일어나는 과정을 앞에서 서술한 몰입경험의 첫 번째 특징인 '도전과 능력의 균형감(challenge-skills balance)'에서 설명한 바와 같이 도전수준과 능력수준이 균형을 이루면 몰입(flow)을 경험하지만, 자신의 능력에 비해 도전의 수준이 높으면 불안(anxiety)을 경험하고, 반대로 도전에 비해 자신의 능력수준이 높으면 지루함(boredom)를 경험하게 된다고 본다. 즉, 그림에 제시된 바와 같이 '활동의 대상을 의미하는 도전(challenges)'과 '개인이 지각하는 자신의 능력(skills)'의 함수관계에 기초하여 몰입경험을 통해 청소년들이 자신의 능력을 향상시키고, 성장 · 발전해 나가는 역동적인 과정으로 설명하고 있다(천정웅 외, 2010).

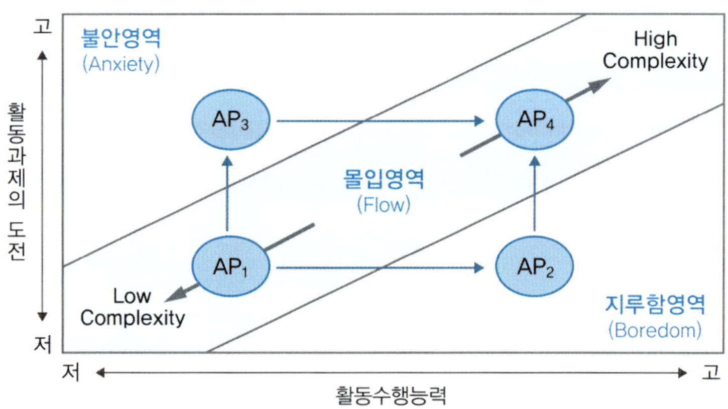

[그림 3-3] 몰입경로를 통한 청소년활동 참여자의 진화 모델

출처: Csikszentmihalyi & Larson(1984: 268).

[그림 3-3]의 양축은 몰입을 발생시키는 과제의 도전(challenges of tasks)과 수행능력을 나타내며, AP은 청소년활동에 참여하고 있는 청소년(activity participant)를 의미한다. 활동에 처음 참여할 때(AP_1) 청소년의 수행능력은 낮은 수준이며, 그 수준에 적합한 활동과제가 제시된다. 이 경우, 청소년의 수행능력과 과제의 도전수준이 균형을 이루기 때문에, 청소년은 몰입을 경험하게 된다. 그러나 청소년은 과제의 도전과 수행능력의 수준이 낮은 단계, 즉 AP_1의 단계에서 계속 머무를 수 없다. 왜냐하면, 자신의 수행능력이 과제의 수준보다 향상되거나 혹은 그 반대의 현상이 일어나기 때문이다. 만약 자신의 수행능력이 향상되어 과제의 수준보다 높아지게 되면 지루함을 느끼게 될 것이다(AP_2). 반대로 과제의 수준이 자신의 수행능력을 초월하게 되면 불안감을 느끼게 될 것이다(AP_3).

여기에서 지루함을 느낀 청소년(AP_2)이 몰입을 다시 경험하기 위해서는 과제의 수준을 높여야만 한다. 물론, 청소년이 활동참여를 포기할 수도 있다. 그러나 활동참여를 포기하지 않고 활동몰입을 다시 경험하기 위해서는 향상된 자신의 학습능력과 균형을 이루는 새롭고 수준 높은 과제를 다룰 때 가능하다(AP_4). 마찬가지로 불안감을 느낀 청소년이 불안감을 줄이기 위해서는 '활동참여의 포기', '쉬운 과제로 되돌아가기', 또는 어려운 과제에 맞게 자신의 '능력 향상' 등의 방법이 필요하다. 물론 이론상으로 과제의 수준을 낮추면 몰입을 경험할 수 있겠지만, 현실적으로 수준 높은 과제를 지각한 청소년 참여자가 그 과제를 무시하고 낮은 수준의 과제로 돌아간다는 것은 어려운 일이며, 결국, 학습몰입을 경험하기 위해서는 자신의 능력을 향상시켜야 할 것이다. 결과적으로, 활동몰입은 현재의 활동참여의 순간들을 보다 즐겁게 만들며, 새로운 수준의 활동과제와 수행능력을 계속적으로 추구함으로써 자신을 성장할 수 있게 하기 때문에, 청소년의 자발적인 활동참여를 유발하고 촉진시키는 힘이라고 할 수 있다.

4 청소년활동의 구성요소

청소년활동은 그 핵심주체인 청소년의 적극적인 참여와 의미 창출 노력을 전제하는 것이며 이를 위해서는 청소년의 바깥에서 다양한 활동을 경험하게 하는 원천적 요건들이 존재해야 한다. 예를 들어, 청소년지도자는 청소년활동을 조장하고 촉진하도록 기여하여야 하며, 청소년활동을 효율적이고 효과적으로 실현하도록 돕는 프로그램과 장비 및 설비 등이 준비되어야 하는 것이다. 청소년활동은 또한, 청소년활동을 위한 자원 활용을 가능하게 하는 지역사회의 물리적, 역사적, 경제적 제반 여건들을 바탕으로 실시되어야 할 것이다. 따라서 청소년활동의 구성요소에는 청소년활동의 주체인 청소년을 포함하여 다양한 자원들이 포함될 수 있지만, 여기에서는 그 외에도 활동을 위한 매개체이며 공간적 환경으로서의 청소년단체와 시설을 포함하는 청소년활동기관, 활동프로그램, 그리고 청소년활동의 촉진자로서의 전문인력 또는 지도자로 구분하여 이해하기로 한다(신성철 외, 2020; 이교봉, 2009; 천정웅 외, 2010).

1) 활동주체로서의 청소년

청소년활동의 가장 기본적인 요건은 바로 청소년이 청소년활동의 주체로 적극적으로 참여하는 것이다. 청소년활동은 청소년의 성장발달에 중요한 수단으로 활용되고 있으며, 청소년은 청소년활동의 존재이유인 것이다. 청소년활동이 청소년의 경험성장에 기여한다고 하더라도, 청소년의 참여가 없다면 의미가 없을 것이다. 따라서, 청소년에 의한 청소년을 위한 청소년활동이 될 수 있도록 여건과 환경을 조성하는 것은 청소년의 자기주도성 회복과 삶의 과정에 직면하게 되는 여러 가지 문제들에 적절히 대응할 수 있는 문제해결역량을 함양하는 데 기여할 것이다.

그러나, 청소년들은 입시위주의 학교교육으로 인한 학교 밖에서의 활동 참여가 어려운 현실적 상황이 있으며, '학교 안의 경험'과 '학교 밖의 경험'에 대한 구분과 그 효과에 대한 이분법적 사고에 노출되어 왔다. 이는 청소년들의 일부만 활동에 참여하게 되는 현상뿐만 아니라 적극적이고 자발적인 참여보다는 의무적 · 소극적 참여의 모습을 보이는 현실과도 관련되는 것이다(한국청소년개발원, 1999). 청소년의 활동참여를 강화하기 위한 다양한 노력이 요청되지만, 공교육중심의 교육패러다임에 대한 근본적 변화는 강조할 필요가 있다. 특히, '학교 안의 경험'은 교육적 경험이며, '학교 밖의 경험'은 비교육적 경험이라는 이분법의 오류는 극복되어져야 한다. 왜냐하면 교육의 본질은 그 핵심요소로서 경험성장의 지원과정이 존재하는가에 있는 것이지, 그것이 학교 안에서 일어나느냐 아니면 학교 밖에서 일어나느냐에 있지 않기 때문이다(김정주, 2010).

2) 활동의 현장환경으로서의 청소년기관

청소년활동을 위한 기관은 청소년활동의 원활한 수행을 위한 기본적 환경이며 활동을 주관하는 청소년단체나 활동이 수행되는 공간과 시설 및 장소 등을 포함하는 의미를 갖는다(한국청소년개발원, 1995). 청소년기관은 청소년, 청소년지도자, 프로그램 등 청소년활동에 관련된 다른 요소들을 모두 담는 물리적이며 실제적인 활동의 현장적 환경으로 청소년활동의 방향과 내용 및 그 수준에 영향을 끼치는 핵심적 요소이다. 청소년기관은 청소년활동을 실행하는 주체로서, 청소년활동의 유형과 상호작용의 질에 영향을 미치는 요인으로 작용하기 때문이다.

청소년활동을 위한 현장환경으로 청소년시설의 경우를 예로 들면, 청소년활동에 필요한 여러 가지 시설과 설비를 갖추고 청소년지도자의 전문적 역량을 통해 체계적이고 조직적인 활동을 실시하는 물리적 공간으로 볼 수 있으며, 「청소년활동 진흥법」에 의해서는 청소년수련시설과 청소년이용시설로 구분되고 있다. 이와 같이 보면, 청소년기관은 청소년활동의 잠재적 결정인자로서 작용하며, 프로그램의 효율적 실천에 영향을 미치기 때문에 청소년활동에서는 필수적 고려요소가 되는 것이다. 청소년지도자와 전문인력은 활동의 현장환경인 청소년기관, 즉 각종 청소년단체와 시설에서 청소년의 긍정적 발달을 촉진하는 환경적인 조건들을 조성하기 위해 지속적으로 노력하고 있으며, 그러한 상황 속에서 청소년들이 다양한 프로그램에 참여하고 있는 것이다.

3) 활동경험으로서의 프로그램

청소년활동이 청소년의 경험성장을 목적으로 하는 체험학습 활동이라면, 프로그램은 청소년활동의 성패를 결정짓는 핵심적인 역할을 한다. 프로그램은 청소년과 청소년 전문인력 간의 상호작용이 이루어지는 매개적 기능을 하는 것이다. 즉, 프로그램은 청소년들의 경험성장에 양분을 공급하는 경험활동들을 교육적 관점에서 체계적이고 단계적으로 조직화한다. 청소년활동프로그램은 청소년들이 활동과정을 통해 경험하게 될 내용과 경험하는 방식을 결정하는 매우 중요한 의미를 갖는 것이다.

청소년활동 프로그램의 성격은 미래지향성, 목표지향성, 수단성, 행위지향성, 그리고 동태성 등의 다섯 가지로 나타난다(이교봉, 2009). ① 프로그램은 청소년활동에서 앞으로 전개될 행동을 미리 예측하여 이를 바탕으로 미래의 행동노선을 사전에 수립하는 의미에서 미래지향적이다. ② 청소년활동 프로그램은 제시되는 활동이 최종적으로 시현하거나 도달하려는 결과로서의 목표가 명확하게 명시되는 성격을 갖는 미래지향성을 갖는다. ③ 프로그램은 구체적인 목표를 효율적으로 달성하기 위한 최적의 전략으로 보다 합리적이고 구체적인 방안을 의식적으로 모색하고 제시하는 수단적 성격을 갖는다. ④ 청소년 프로그램은 어떤 일을 실현하는 데 필요한 실제 행동을 전제로 하는 성격을 갖는다는 점에서 행위지향적이다. 그리고 ⑤ 프로그램은 일정한 공간과 기간 내에서 수행되어야 하는 활동들이 변화하고 발전하는 시간적인 연속 상태를 내용으로 하는 동태성을 갖는다(한국청소년개발원, 2004).

4) 활동촉진자로서의 전문인력

청소년활동에서 청소년지도자와 같은 전문인력의 역할의 중요성은 다시 말할 필요가 없을 것이다. 청소년활동은 청소년의 선택과 필요에 의해 수행되지만 결코 혼자서 할 수 있는 것은 아니다. 청소년활동은 사회적 바람직성에 부합해야 하는 것은 물론, 체계적으로 지원하고 관리하는 전문인력의 역할이 있을 때, 청소년의 경험성장에 기여하는 의미를 갖게 되는 것이다. 이런 점에서 청소년지도자와 같은 전문인력의 자질과 역량, 태도 등은 청소년활동의 성패를 가름하는 중요한 요소라고 할 수 있다.

1990년대 초반까지는 청소년지도자가 별도로 존재하지 않았으며, 문제청소년지도와 선도를 위한 사후적 측면의 지도적 형태가 있었지만, 그 이후 오늘날에 이르기까지는 청소년활동을 촉진하는 전문적인 청소년지도자 인력이 다양한 영역에서 양성되고 있다. 특히, 「청소년기본법」이 제정되면서 청소년지도사와 청소년상담사라는 국가자격기준이 마련되고, 대학교의 전공학과를 중심으로 하는 구체적인 청소년 전문인력 양성체제가 구축되었다. 특히, 청소년활동을 위한 전문인력은 청소년들의 학습경험을 통일성 있고 주체적으로 성장시키는 동시에 그것이 사회의 공동선에 적합한 방식으로 발전해 나갈 수 있도록 조정할 수 있는 능력을 갖추어야 한다. 청소년활동은 긍정적인 청소년 발달을 돕는 교육적 활동이라는 특성을 본질적으로 갖고 있기 때문이다(김정주, 2010).

PART 2

청소년활동의 요소와 안전

Chapter

청소년활동시설의 설치와 운영 04

1 청소년활동시설의 개념

1) 법적 개념

최초의 청소년장기발전계획인 한국청소년기본계획에서 오늘날의 청소년상을 "덕 · 체 · 지의 조화로운 완성"으로 설정하였으며, 청소년상의 구현을 청소년수련활동이라는 수단을 통해서 이루고자 하였다. 이러한 청소년수련활동을 효과적으로 수행하기 위하여 청소년수련시설의 건립과 확충이 요구되었다. 따라서 청소년수련시설을 「청소년기본법」 제3조 제5호와 같이 "청소년수련활동을 주된 목적으로 하는 시설"로 정의하였다. 그러나 2004년 청소년 관련 법령체계의 정비를 통해 청소년시설 전반을 포괄하는 청소년시설에 대한 정의와 청소년활동시설에 관한 정의를 재정리하였다.

여기에서 말하는 청소년활동시설은 「청소년활동 진흥법」 제2조 제2호에서 "수련활동·교류활동·문화활동 등 청소년활동에 제공되는 제10조의 규정에 의한 시설을 말한다." 「청소년활동 진흥법」 제10조에서는 청소년활동시설의 종류를 규정하고 있는데, 청소년수련시설과 청소년이용시설로 구분하고 있으며, 청소년활동시설은 청소년수련거리 또는 청소년활동을 실시하거나 건전한 이용 등에 제공될 수 있는 시설과 설비를 갖추고 있는 공간을 규정하고 있다. 이상과 같이 청소년활동시설과 관련한 법적 정의들을 토대로 청소년활동시설의 개념을 정리하면 청소년들의 균형 있는 성장을 위한 수련활동·교류활동·문화활동 등의 다양한 체험활동이 전개될 수 있도록 시설과 설비를 갖추고 청소년활동서비스를 제공하는 시설 또는 청소년활동과 건전한 이용 등에 제공할 수 있는 시설을 의미한다고 볼 수 있다.

2) 기능적 개념

청소년활동시설의 기능적 개념은 청소년활동시설이 수행하는 역할과 작용에 따른 개념이라고 할 수 있다. 청소년활동시설의 기능은 청소년활동에 필요한 공간과 시설, 설비를 갖추고 청소년활동프로그램과 전문적 지도 능력을 갖춘 지도자 등에 의해 조직적이고 체계적으로 청소년에게 긍정적 성장·발달에 필요한 각종 청소년활동 서비스를 제공하는 주된 기능을 한다. 또한 지역사회에서 다양하게 전개되는 각종 청소년 관련 사업이 효율적으로 전개될 수 있도록 하기 위한 구심적 역할과 조정의 기능, 생활지역 내 청소년들의 건전한 만남과 휴식, 생활진로에 필요한 다양한 정보의 습득과 생활중심의 건전한 대중문화를 형성하는 정보교류와 문화적 기능 등의 부수적 기능을 수행하게 된다. 이 외에도 청소년활동시설의 설립 목적과 유형, 형태 등에 따라 다양한 기능과 역할들이 달리 정리될 수 있다.

이러한 측면에서 청소년활동시설을 살펴볼 때 청소년활동시설은 청소년의 조화롭고 균형 잡힌 성장과 성공적인 성인으로의 이행을 목적으로 수행되는 청소년활동이 보다 효율적으로 운영되기 위해 일정한 공간과 시설 · 설비를 구비하고 전문적 지도 능력을 겸비한 청소년지도자의 의해 조직적 · 체계적으로 청소년활동 서비스를 제공함과 아울러 지역 내 각종 청소년 사업 수행의 구심적 역할과 조정, 청소년들의 만남과 교류, 문화적 기능 등을 수행하는 일정한 공간 영역을 의미한다고 할 수 있다.

2 청소년활동시설의 목적 및 특징

1) 청소년활동시설의 운영 목적

「청소년활동 진흥법」에서는 청소년활동시설에 대하여 다양한 수련활동을 실시할 수 있는 각종 시설을 갖춘 종합수련시설이라고 칭하고 있으며, 이 시설을 생활권에 설치하여 청소년을 위한 교육 및 체육 문화공간 관련 시설 제공, 청소년수련활동 사업, 청소년문화예술사업, 청소년 상담사업, 청소년 체육활동 지원, 청소년 운영위원회 운영, 청소년 동아리운영, 학교연계 및 특별활동 지원, 청소년 자원봉사활동 지원, 지역사회 자원활용 및 연대, 지역주민 생활체육 및 문화 교육공간을 제공함으로써 청소년을 건전하게 육성하고자 하는 목표를 가지고 있다고 서술하고 있다(「청소년활동 진흥법」 제10조 1항). 여기에서 청소년육성은 청소년활동을 지원하고 청소년의 복지를 증진하며 근로 청소년을 보호하는 한편, 사회 여건과 환경을 청소년에게 유익하게 개선하고 청소년을 보호하여 청소년에 대한 교육을 보완함으로써 청소년의 균형 있는 성장을 돕는 것을 말한다(「청소년기본법」 제3조 2항). 그러므로 청소년활동시설은 청소년의 심신을 단련하고 전인적인 발달을 지원하는 기관이라 볼 수 있다.

2) 청소년활동시설의 필요성과 기능

청소년에게는 학교의 지식교육도 중요하지만 자연환경에서 스스로를 재발견할 수 있는 기회를 가지는 것이 중요하며, 일상생활에서 자신의 적성에 맞는 취미 활동을 개발하고 자신의 능력을 발견하는 것이 중요하다. 이는 학교 교육에서는 지식의 습득에 주력하고 있으므로 진취성과 창의성을 기를 수 있도록 돕는 예·체능 활동에는 어려움이 있기 때문이다.

반면, 청소년활동시설은 다양한 체험프로그램에 참가할 수 있으며, 청소년수련활동, 자원봉사활동, 특기적성교육, 동아리활동 등의 프로그램을 운영하는 핵심기관으로 인식되고 있어 그 필요성이 강조되고 있다. 더욱이 2018년부터 교육부에서 자유학년제를 도입함에 따라 청소년의 적성과 소질을 발견하고 이를 통한 진로지도의 활성화를 목표로 두고 있다. 그러므로 지역 내 청소년활동시설과 중·고등학교의 연계협력을 통한 자유학년·자유학기제를 활성화할 수 있는 청소년활동시설의 역할이 더욱 강조되고 있다고 볼 수 있다(박도춘, 2017).

이러한 청소년활동시설의 기능은 각 기관에 따라 상이하지만 크게 종합서비스 기능과 청소년 육성 자원의 활동거점기관으로서 기능을 가진다. 먼저, 종합서비스 기능은 청소년수련시설이 청소년에게 제공하는 수련활동, 상담활동, 자원봉사활동, 청소년 정보제공 활동지원, 지역청소년위원회, 청소년동아리, 자율적 문화 프로그램, 자율활동 공간 및 시설장비 지원 기능이 있다. 활동거점기관으로서의 기능은 청소년활동시설의 공공성과 공익성을 전제로 지역 내 청소년 사업을 지원하고 연계하는 허브 기능과 지역사회활동의 거점 기능을 들 수 있다(여성가족부, 2016).

3) 청소년활동시설의 특징

청소년활동시설들의 특징은 다음과 같다.

첫째, 청소년활동시설은 청소년관련법에 근거하여 설치·운영되고 있는 국가 정책 사업이다. 국가는 청소년들이 밝고 건강한 모습으로 자랄 수 있도록 환경을 조성하는 것을 국가의 책무로 인식하고 청소년수련시설의 설치와 운영을 제도적으로 추진하였다. 청소년수련시설이 청소년 정책으로 시행되기 이전에는 개인이나 교육 기관 또는 청소년 단체 등의 민간 분야에서 부분적으로 설치되었지만, 「청소년기본법」이 제정된 이후부터는 국가와 지방자치단체가 중심이 되어 청소년수련시설을 확충하는 데 노력하고 있다. 「청소년활동 진흥법」에 근거하여 청소년수련시설의 설치, 운영, 허가, 등록, 운영 대표자, 시설 기준, 안전 점검, 안전교육, 종합평가, 보험 가입, 휴지·폐지 등에 관한 법적인 기준과 제도를 마련하여 시행하고 있다.

둘째, 청소년수련시설은 청소년의 성장과 발달에 기여하는 핵심적인 시설이다. 국가에서는 21세기 들어 학교교육을 포함한 교육정책이나 사회정책과는 구별된 청소년정책을 수립하고자 하였다. 이에 따라 청소년수련시설에서는 "청소년 시기에 필요한 기량과 품성을 함양하는 교육 활동과 지역 간, 남북 간, 국가 간의 다양한 교류를 통한 공동체의식을 함양하는 체험 활동, 예술과 스포츠 활동, 동아리활동, 봉사활동 등을 통하여 문화적 감수성과 더불어 살아가는 능력을 함양하는 체험 활동" 등이 실시되고 있다(「청소년활동 진흥법」 제2조).

셋째, 청소년수련시설은 지역사회 청소년활동의 거점 공간이다. 최근, 지역사회를 거점으로 하는 자유학기제의 시행, 진로교육과 인성교육의 강화, 창의적 체험 활동의 확대, 교육복지사업의 추진 등 다양한 사업들이 강조되고 있다. 이러한 사업들은 기존의 학교 중심에서 지역사회 중심으로 확대되고 있는 추세다. 지역사회는 청소년이 태어나서 성장하는 데 필요한 각종 자원 및 제도가 존재하고 있는 곳일 뿐만 아니라 청소년들이 지역사회에서 태어나 그 영향을 받으면서 성장·발달하여 하나의 사회적 인간으로 발전하는 곳이다. 이러한 측면에서 청소년수련시설은 지역사회에서 가장 많은 청소년 전문가를 확보하고 있으며, 청소년 시기에 필요한 다양한 청소년활동을 운영하고 있기 때문에 지역사회에서 청소년 사업의 중추적인 역할을 한다고 볼 수 있다.

3 청소년활동시설의 유형

1) 청소년활동시설의 종류

청소년활동시설의 유형은 활동시설의 목적과 성격, 운영주체, 규모, 형태, 입지적 여건 등 다양하게 분류될 수 있으나, 청소년활동시설은 일정부분 법령에 귀속되는 부분으로서 청소년활동시설의 유형 분류는 주로 법적 분류를 기준으로 삼고 있다.

「청소년활동 진흥법」 제10조에서는 청소년활동시설의 종류를 청소년수련시설과 청소년이용시설로 구분하고 있다. 국가와 지방자치단체는 물론 법인, 단체 또는 개인 등의 민간분야도 활동시설의 설치와 운영이 가능하지만, 민간의 경우에는 시·군·구청장의 허가를 받아야 한다.

[그림 4-1] 청소년활동시설의 종류

출처: 여성가족부(2020a).

(1) 청소년수련시설

청소년수련시설은 수련활동에 필요한 여러 시설, 설비, 프로그램 등을 갖추고 청소년지도자의 지도하에 체계적이고 조직적인 수련활동을 실시하는 시설을 의미한다. 청소년 수련시설의 본격적인 등장은 1991년 제1차 청소년기본계획의 수립과 「청소년기본법」의 제정으로 현재의 수련시설의 명칭과 종류가 형성되었다. 1991년 이전에도 청소년이 이용하는 시설은 있었지만 청소년야영장, 심신수련장, 자연학습권, 청소년회관, 학생교육원, 학생과학관, 유스호스텔로 현재와는 명칭과 기능에서 차이가 있었다. 현재 청소년수련시설과 구분되는 6가지 유형은 청소년수련관, 청소년수련원, 청소년문화의집, 청소년특화시설, 청소년야영장, 유스호스텔로 구분되며 각각의 기능과 입지조건 및 특성들은 〈표 4-1〉과 같다.

〈표 4-1〉 청소년수련시설 유형 및 특징

유형	기능 및 특성
청소년 수련관	• 다양한 수련거리를 실시할 수 있는 각종 시설 및 설비를 갖춘 종합수련시설 • 입지조건은 일상생활권, 도심지 근교 및 그 밖의 지역 중 수련활동 실시에 적합한 곳으로서 청소년이 이용하기에 편리한 지역 • 연건축면적이 1,500제곱미터 이상이어야 하며, 150인 이상을 수용할 수 있는 실내집회장, 연면적 150제곱미터 이상의 실내체육시설, 2개소 이상의 자치활동실, 2개 이상의 특성화 수련활동장, 1개소 이상의 상담실, 1개소 이상 휴게실, 1개소 이상 지도자실 필수 • 시 · 도지사 및 시장 · 군수 · 구청장은 시 · 군 · 구에 1개소 이상의 청소년수련관을 설치 · 운영해야 함(「청소년활동 진흥법」 제11조)
청소년 수련원	• 숙박기능을 갖춘 생활관과 다양한 수련거리를 실시할 수 있는 각종 시설과 설비를 갖춘 종합수련시설 • 입지는 자연경관이 수려한 지역, 국립 · 도립 · 군립공원, 그 밖의 지역 중 자연과 더불어 행하는 수련활동 실시에 적합한 곳으로서 청소년이 이용하기 편리한 지역 • 생활관(100명 이상 수용), 식당, 실내집회장, 야외집회장, 체육활동장, 수련의 숲, 강의실, 특성화 수련활동장, 지도자실, 휴게실, 비상 설비, 기타 시설 등을 설치 • 기본적인 기능은 청소년들에게 자연과 더불어 숙박을 하며 단체 수련활동을 제공함
청소년 문화의집	• 간단한 수련활동을 실시할 수 있는 시설 및 설비를 갖춘 정보 · 문화 · 예술 중심의 수련시설 • 다양한 유형의 청소년수련시설 중 가장 작은 규모의 시설로 지역사회에 가장 근접한 지역에 위치하며 청소년들이 일상적으로 이용할 수 있는 시설 • 시 · 도지사 및 시장 · 군수 · 구청장은 읍 · 면 · 동에 청소년문화의집을 1개소 이상 설치 · 운영해야 함(「청소년활동 진흥법」 제11조)
청소년 특화시설	• 청소년의 직업체험 · 문화예술 · 과학정보 · 환경 등 특정 목적의 청소년활동을 전문적으로 실시할 수 있는 시설과 설비를 갖춘 수련시설 • 입지조건은 일상생활권, 도심지 근교 및 그 밖의 지역 중 수련활동 실시에 적합한 곳으로서 청소년이 이용하기에 편리한 지역 • 청소년문화교류센터, 청소년미디어센터, 청소년직업체험센터 등
청소년 야영장	• 야영에 적합한 시설 및 설비를 갖추고 수련거리 또는 야영편의를 제공하는 수련시설 • 입지조건은 자연경관이 수려한 지역, 국립 · 도립 · 군립공원, 그 밖의 지역 중 자연과 더불어 행하는 수련활동 실시에 적합한 곳으로서 청소년의 이용에 편리한 지역
유스 호스텔	• 청소년의 숙박 및 체류에 적합한 시설 · 설비와 부대 · 편익시설을 갖추고, 숙식편의 제공, 여행청소년의 활동지원을 기능으로 하는 시설 • 입지조건은 명승고적지, 역사유적지 부근 및 그 밖의 지역 중 청소년이 여행 활동 시 이용하기에 편리한 지역

출처: 여성가족부(2020b).

(2) 청소년이용시설

청소년이용시설은 「청소년활동 진흥법」 제10조 2호에서 청소년수련시설이 아닌 시설로서 그 설치목적의 범위 내에서 청소년활동의 실시와 청소년의 건전한 이용 등에 이용할 수 있는 시설로 정의하고 있다. 따라서 청소년이용시설은 청소년들이 학교나 근로현장 등 고유의 활동영역에서 벗어나 자발적 참여를 바탕으로 정서함양과 문화감성, 신체단련 등을 위해 활용할 수 있는 공간들을 의미한다. 이러한 청소년이용시설의 종류는 〈표 4-2〉와 같다.

〈표 4-2〉 청소년이용시설의 유형

유형	기능 및 특성
문화 시설	• 청소년들의 정서 함양을 위해 국가가 건립한 국립중앙극장, 국립중앙박물관, 국립현대미술관, 국립국악원, 국립민속박물관, 국립중앙도서관 • 지역별로 박물관, 미술관, 도서관, 문예회관, 지방문화원 등 • 문화공간은 공연시설(공연장, 영화상영관, 야외음악당 등), 전시시설(박물관, 미술관, 화랑, 조각공원), 도서시설(도서관, 문고), 지역문화 복지시설(복지회관, 문화체육센터), 문화보급전수시설(지방문화원, 국악원, 전수회관) 등
과학관	• 다양한 도구를 사용하여 과학체험을 즐길 수 있으며 어린아이와 청소년의 호기심과 상상력을 키우고 창의력을 높일 수 있는 체험활동의 장 • 국립중앙과학관과 국립서울과학관 등 • 국립중앙과학관의 상설전시관에는 4개 분야 약 4,100여 점의 전시품, 탐구관, 천체관, 영화관, 특별전시관, 야외전시장 등을 갖추고 있음 • 국립서울과학관은 상설전시관, 특별전시관, 영화관, 과학교실, 세미나실, 놀이 및 휴식 공간 등을 갖추고 있음
체육 시설	• 국민의 건전한 여가선용과 생활체육활동을 증진하기 위하여 국민이 집 주변에서 쉽게 접근할 수 있는 생활체육시설과 전문 선수의 육성을 위한 전문체육 시설의 건설을 지원 • 생활체육공원, 국민체육센터, 마을단위 생활체육시설, 동네운동장, 길거리농구대, 시 · 군 기본체육시설 등

출처: 여성가족부(2020a).

2) 청소년수련시설의 유형

(1) 청소년수련관

청소년수련관은 다양한 수련활동을 실시할 수 있는 각종 시설 및 설비를 갖춘 종합시설로, 「청소년활동 진흥법」 제11조에 따라 지방자치단체는 시 · 군 · 구에 청소년수련관을 1개소 이상 설치 · 운영하도록 하고 있다. 수련시설의 설치 · 운영사업에 대한 중앙정부의 재정지원이 확대되고, 1990년부터 지방양여금이 지방자치단체의 청소년수련관 건립에 중요한 재원으로 활용되었으며, 2005년부터 2019년까지는 국가균형발전특별회계에 의한 지원으로 지방자치단체의 청소년수련관이 건립되었다. 청소년수련관의 입지조건은 일상생활권, 도심지 근교 및 그 밖의 지역 중 수련활동 실시에 적합한 곳으로서 청소년이 이용하기에 편리한 지역이어야 한다. 또한 연건축면적이 1,500제곱미터 이상이어야 하며, 150인 이상을 수용할 수 있는 실내집회장, 연면적 150제곱미터 이상의 실내체육시설, 2개소 이상의 자치활동실, 2개 이상의 특성화 수련활동장, 1개소 이상의 상담실, 1개소 이상 휴게실, 1개소 이상 지도자실 마련이 필수적이다(여성가족부, 2020b).

〈표 4-3〉 청소년수련관 설립주체별 현황 (기준: 2021년 11월 3일)

국립	시립	도립	구립	군립	교육청	사립	합계
0	109	3	30	50	0	1	193

출처: 청소년수련시설포털(http://youthnet.or.kr, 2021.11.03.).

(2) 청소년수련원

청소년수련원은 숙박기능을 갖춘 생활관과 다양한 수련활동을 실시할 수 있는 각종 시설 및 설비를 갖춘 종합수련시설을 말한다. 청소년수련원은 자연경관이 수려한 지역, 국립·도립·군립공원, 그 밖의 지역 중 자연과 더불어 행하는 수련활동 실시에 적합한 곳으로서 청소년이 이용하기에 편리한 지역에 생활관(100명 이상 수용), 식당, 실내집회장, 야외집회장, 체육활동장, 수련의 숲, 강의실, 특성화 수련활동장, 지도자실, 휴게실, 비상설비, 기타시설 등을 설치 및 운영하여 청소년들에게 자연과 더불어 숙박을 하며 단체 수련 활동을 제공한다(여성가족부, 2020b).

청소년수련원은 「청소년활동 진흥법」 제11조에 따라 국가가 2개소 이상의 국립청소년수련시설을 설치·운영하여 시·도 또는 전국의 청소년이 이용할 수 있도록 하고 있으며, 현재 총 8개소가 운영되고 있다. 국립중앙청소년수련원(충남 천안), 국립평창수련원(강원 평창), 국립청소년우주센터(전남 고흥), 국립청소년농생명센터(전북 김제), 국립청소년해양센터(경북 영덕)는 한국청소년활동진흥원, 국립청소년인터넷드림마을(전북 무주)은 한국청소년상담복지개발원, 북한산생태탐방연수원(서울)은 국립공원관리공단이 위탁운영하고 있으며, 한반도통일미래센터(경기 연천)는 통일부에서 직영으로 운영하고 있다. 국립청소년수련원 외에도 지자체 및 민간이 운영하는 시설은 152개소(2021년 11월 기준)로, 시립청소년수련원은 22개소, 도립청소년수련원 9개소, 구립청소년수련원 2개소, 군립청소년수련원 20개소, 교육청이 운영하는 청소년수련원 1개소, 민간이 운영하는 청소년수련원은 98개소이다.

〈표 4-4〉 **청소년수련원 설립주체별 현황** (기준: 2021년 11월 3일)

국립	시립	도립	구립	군립	교육청	사립	합계
8	22	9	2	20	1	98	160개소

출처: 청소년수련시설포털(http://youthnet.or.kr, 2021.11.03.).

(3) 청소년문화의집

청소년문화의집은 다양한 유형의 청소년수련시설 중 가장 작은 규모의 시설로 지역사회에 가장 근접한 지역에 위치하며 청소년들이 일상적으로 이용할 수 있는 시설이며, 간단한 수련활동을 실시할 수 있는 각종 시설과 설비를 갖춘 정보·문화·예술 중심의 수련시설을 말한다. 즉, 청소년문화의집이란 청소년들에게 건전한 여가 생활과 휴식을 제공하며 청소년들이 중심이 되는 다양한 교류활동, 문화활동, 자치활동 등의 프로그램을 제공함으로써 미래사회의 주역이 될 청소년들의 건전한 문화를 육성하며 창의적이고 주체적인 인격 형성과 지역 사회의 건강한 사회 구성원으로 성장할 수 있도록 지원하는 청소년 전용 복합 문화 공간이다.

청소년문화의집은 「청소년활동 진흥법」 제11조에 근거하여 지방자치단체는 시·군·구에 청소년문화의집을 1개소 이상 설치·운영하도록 하고 있다.

〈표 4-5〉 청소년문화의집 설립주체별 현황 (기준: 2021년 11월 3일)

국립	시립	도립	구립	군립	교육청	사립	합계
0	139	23	54	82	0	4	302개소

출처: 청소년수련시설포털(http://youthnet.or.kr, 2021.11.03.).

(4) 청소년특화시설

청소년특화시설은 청소년의 직업체험·문화예술·과학정보·환경 등 특정 목적의 청소년활동을 전문적으로 실시할 수 있는 시설과 설비를 갖춘 수련시설을 의미하며, 청소년문화교류센터, 청소년미디어센터, 청소년직업체험센터 등이 있다. 청소년특화시설은 일상생활권, 도심지 근교 및 그 밖의 지역 중 수련활동 실시에 적합한 곳으로서 청소년이 이용하기에 편리한 지역에 설치하도록 한다.

〈표 4-6〉 청소년특화시설 설립주체별 현황 (기준: 2021년 11월 3일)

국립	시립	도립	구립	군립	교육청	사립	합계
0	11	0	2	1	0	1	15개소

출처: 청소년수련시설포털(http://youthnet.or.kr, 2021.11.03.).

(5) 청소년야영장

청소년야영장은 야영에 적합한 시설 및 설비를 갖추고 수련활동 또는 야영편의를 제공하는 수련시설로 자연경관이 수려한 지역, 국립·도립·군립공원, 그 밖의 지역 중 자연과 더불어 행하는 수련활동 실시에 적합한 곳으로서 청소년이 이용하기에 편리한 지역을 입지조건으로 한다.

〈표 4-7〉 청소년야영장 설립주체별 현황 (기준: 2021년 11월 3일)

국립	시립	도립	구립	군립	교육청	사립	합계
0	4	3	2	9	0	14	32개소

출처: 청소년수련시설포털(http://youthnet.or.kr, 2021.11.03.).

(6) 유스호스텔

유스호스텔은 명승고적지, 역사유적지 부근 및 그 밖의 지역 중 청소년이 여행활동 시 이용하기에 편리한 지역에서 청소년의 숙박체제에 적합한 시설·설비와 부대·편의시설을 갖추고 숙식편의 제공, 여행 청소년의 활동지원(청소년수련활동 지원은 제11조에 따라 허가된 시설·설비의 범위에 한정한다) 등을 주된 기능으로 하는 시설을 말한다.

〈표 4-8〉 유스호스텔 설립주체별 현황 (기준: 2021년 11월 3일)

국립	시립	도립	구립	군립	교육청	사립	합계
0	8	2	3	12	0	83	108개소

출처: 청소년수련시설포털(http://youthnet.or.kr, 2021.11.03.).

4 청소년활동시설의 설치 및 현황

1) 청소년수련시설의 설치 및 운영기준

청소년수련시설의 설치는 청소년을 국가와 사회가 필요로 하는 건강한 민주시민으로 자랄 수 있도록 하기 위한 터전으로서 국가와 사회의 책무성의 일환으로 이루어지고 있다. 이러한 청소년수련시설의 설치기준 및 운영기준은 「청소년활동 진흥법」 제11조에 명시하고 있으며 구체적인 내용은 〈표 4-9〉와 같다.

〈표 4-9〉 청소년수련시설의 설치 · 운영

「청소년활동 진흥법」 제11조(수련시설의 설치 · 운영)
① 국가 및 지방자치단체는 「청소년기본법」 제18조 제 1항에 따라 다음 각호와 같은 수련시설을 설치 운영하여야 한다. 1. 국가는 둘 이상의 시 · 도 또는 전국의 청소년이 이용할 수 있는 국립청소년수련시설을 설치 · 운영하여야 한다. 2. 특별시장 · 광역시장 · 특별자치시장 · 도지사 · 특별자치도지사(이하 "시 · 도지사"라 한다) 및 시장 · 군수 · 구청장은 각각 제10조 제1호 가목에 따른 청소년수련관을 1개로 이상 설치 · 운영하여야 한다.

3. 시 · 도지사 및 시장 · 군수 · 구청장은 읍 · 면 · 동에 제10조 제1호 다목에 따른 청소년문화의 집을 1개소 이상 설치 · 운영하여야 한다.
4. 시 · 도지사 및 시장 · 군수 · 구청장은 제10조 제1호 라목부터 바목까지의 규정에 따른 청소년 특화시설 · 청소년야영장 및 유스호스텔을 설치 · 운영할 수 있다.

② 국가는 제1항 제2호부터 제4호까지의 규정에 따른 수련시설의 설치 · 운영 경비의 전부 또는 일부를 예산의 범위에서 보조할 수 있다.

③ 수련시설을 설치 · 운영하려는 개인 · 법인 또는 단체는 특별자치시장 · 특별자치도지사 · 시장 · 군수 · 구청장의 허가를 받아야 한다. 허가받은 사항 중 대규모의 부지변경, 건축 연면적의 증감 등 대통령령으로 정하는 중요 사항을 변경하려는 경우에도 또한 같다.

④ 국가 또는 지방자치단체는 제3항에 따른 허가를 받아 수련시설을 설치 · 운영하는 자(이하 "수련시설 설치 · 운영자"라 한다)에게 예산의 범위에서 그 설치 및 운영에 필요한 경비의 일부를 보조할 수 있다.

2) 중앙정부의 청소년수련시설 설치

(1) 국립중앙청소년수련원

국립중앙청소년수련원은 국가에서 설립한 청소년종합수련시설로서 안전하고 전문적인 청소년체험활동을 체계적으로 실행할 수 있는 전문시설(문화예술관, 체육관, 챌린지장, 천문대, 도예실, 수영장 등)과 대규모의 편의시설을 갖추고 있다. 국가청소년정책에 따른 취약계층지원캠프, 자유학기제, 생존수영, 학교밖청소년지원사업, 이주배경청소년캠프 등 공익가치 실현을 위한 청소년활동 업무를 수행하고 있으며 캠프운영은 전문적인 청소년활동 지도경험과 역량을 갖춘 지도자들이 청소년 발달특성을 고려한 프로그램을 개발하여 안전하게 지도하고 있다. 또한 검증을 마친 활동운영모델을 전국의 청소년기관과 지도자들에게 보급하는 사업을 추진하고 있다(신성철 외, 2020).

(2) 국립평창청소년수련원

자연권 대표 청소년종합수련시설로 700여 명의 청소년이 활동할 수 있는 모험활동시설과 숙박시설, 야영장, 천문대 등 다양한 활동시설을 갖추고 있다. 모험활동, 숲 체험, 트래킹, 오리엔티어링 등 평창의 지역적 특색을 살린 아웃도어활동 중심의 캠프와 가족캠프, 청소년야영대회 등의 행사를 운영하고 있으며, 개인 · 가족 · 일반단체 등의 숲 체험활동을 위해 250명이 숙박할 수 있는 3개 단지 45채의 통나무 집을 운영하고 있다.

(3) 국립청소년우주센터

국립청소년우주센터는 2010년 7월에 개원하였고 220여 명이 활동할 수 있는 숙식시설과 우주체험관, 로켓발사장, 우주인마을, 천체투영관 등 다채로운 활동시설을 갖추고 있다. 우주시대를 살아갈 청소년들의 창의적 역량 함양을 위해 과학적 시각을 기르는 실험 체험과 미래 도전정신을 키우는 우주체험을 제공하고 있다.

(4) 국립청소년농생명센터

국립청소년농생명센터는 청소년들의 생태적 감성을 깨우는 생명과학, 농업기술, 생태환경, 농업문화, 융합진로체험활동을 제공하며, 벽골제와 김제 평야를 한눈에 내려다볼 수 있는 42미터 높이의 지평선전망, 농업생명체험관, 농생명과학관, 실험실 등을 갖추고 있다. 청소년들의 미래농업에 대한 인식제고 및 다양하고 창의적인 체험활동을 통해 건강한 녹색시민으로 양성하기 위한 농생명과학 특성화 체험시설이다.

(5) 국립청소년해양센터

국립청소년해양센터는 해양환경체험을 통해 해양환경의 소중함을 인식하게 하고 미래 해양자원 개발, 기술발전에 대한 비전 제시 및 청소년의 건전한 인성육성과 창의적인 역량개발을 통해 청소년의 조화로운 성장을 위하여 건립한 시설이다.

3) 지방자치단체의 청소년수련시설 설치

수련시설의 설치 · 운영사업에 대한 중앙정부의 재정지원이 확대된 이후 각 지방자치단체에 의해 많은 생활관 시설들이 설치 · 운영되고 있다. 지방자치단체가 건립하는 청소년수련시설은 주로 생활권수련시설로 행정구역별로 1개소씩 건립하는 것을 목표로 하고 있다. 「청소년활동 진흥법」에 따르면 지방자치단체는 시 · 군 · 구에 청소년수련관 1개소 이상 설치 · 운영해야 하며, 읍 · 면 · 동에는 청소년문화의집을 1개소씩 설치하여야 할 의무를 지닌다.

4) 민간의 청소년수련시설 설치

「청소년활동 진흥법」 제11조 제3항에는 수련시설을 설치 · 운영하려는 개인 · 법인 또는 단체는 특별자치시장 · 특별자치도지사 · 시장 · 군수 · 구청장의 허가를 받아야 하며 허가받은 사항 중 대규모의 부지 변경, 건축 연면적의 증감 등 대통령령으로 정하는 중요 사항을 변경하려는 경우에도 허가받아야 함을 명시하고 있다. 또한 제4항에서는 국가 또는 지방자치단체는 제3항에 따른 허가를 받아 수련시설을 설치 · 운영하는 자에게 예산의 범위에서 그 설치 및 운영에 필요한 경비의 일부를 보조할 수 있다고 명시하고 있다.

5) 수련시설 설립 사전 검토

「청소년활동 진흥법」에 따르면 국가 및 지방자치단체가 수련시설을 설치하려고 할 경우, 입지 조건이나 내부 구조, 설계 사항 등 건립의 타당성에 관한 내용을 포함한 기본계획을 수립하여 수련시설 건립심의위원회의 심의를 받은 후 시행해야 한다. 수련시설 건립심의위원회의 위원은 5인 이상 10인 이내로 구성하며, 위원 중 청소년 및 청소년전문가의 참여 비율을 각각 5분의 1 이상으로 해야 한다. 또한 생활공간 주변에서 손쉽게 청소년활동을 할 수 있도록 하기 위하여 주택단지 안에 청소년수련시설 설치를 의무화하였고, 이에 따라 주택건설사업 계획 또는 대지조성사업 계획의 승인을 얻어 사업을 시행하는 자는 3,000호를 초과하여 주택을 건립하는 경우 기본계획에 수련시설을 포함하도록 하고 있다.

6) 청소년활동시설의 현황

청소년활동시설은 1992년 이전에는 150여 개에 불과하였지만 매년 지속적으로 증가하여 2020년 12월 기준 799개의 시설이 설치 · 운영되고 있다. 공공과 민간으로 나누어 살펴본 활동시설의 현황은 〈표 4-10〉과 같다.

〈표 4-10〉 청소년활동시설 현황

구분	총계	수련관	문화의집	수련원	야영장	유스호스텔	특화시설
계	799	191	294	159	32	108	15
공공	601	190	290	62	18	27	14
민간	198	1	4	97	14	81	1

출처: 여성가족부(2020a).

청소년활동시설은 경기도, 강원도, 경남, 서울, 경북 순으로 많이 분포하고 있다. 청소년활동시설의 지역별 현황은 〈표 4-11〉과 같다.

〈표 4-11〉 시 · 도별 청소년활동시설현황

구분	총계	수련관	문화의집	수련원	야영장	유스호스텔	특화시설
계	799	191	294	159	32	108	15
서울	67	32	19	3	0	4	9
부산	22	8	9	3	1	1	0
대구	17	5	6	2	0	2	2
인천	22	8	6	3	0	5	0
광주	15	5	8	1	0	0	1
대전	15	4	8	2	0	1	0
울산	11	3	7	1	0	0	0
세종	4	1	3	0	0	0	0
경기	157	37	65	32	8	14	1
강원	77	16	32	15	3	10	1
충북	43	6	15	17	1	4	0
충남	50	11	20	13	3	8	0
전북	55	11	20	13	3	7	1
전남	56	8	23	12	5	8	0
경북	61	15	17	13	2	14	0
경남	77	18	17	25	4	13	0
제주	50	3	24	4	2	17	0

출처: 여성가족부(2020a).

5 청소년활동시설의 문제점과 개선방안

1) 청소년활동시설의 문제점

현재 각 지역에 청소년활동시설이 설치되어 있고 설치된 기관들의 여건이 점차 좋아지고 있으며, 각 시설에서 운영되는 프로그램들도 양질의 것들로 구성되고 있다. 그럼에도 불구하고 여전히 청소년활동시설에는 개선되어야 할 문제들이 있으며 이를 구체적으로 제시하면 다음과 같다(이영수, 2016).

첫째, 청소년활동시설의 인지도가 낮다. 이는 청소년활동시설이 다른 시설들에 비해서 가시성이 낮은 것에서 나타난 결과로 볼 수 있다. 청소년활동시설은 아직 설치되어 있는 곳이 턱없이 부족하고, 대부분의 시설이 규모가 작으며, 눈에 띄지 않는 곳에 위치하고 있는 경우가 많다. 또한 학교연계 프로그램의 부족으로 청소년들의 접촉 또는 이용가능성이 낮다. 그리고 짧은 역사성으로 인해 청소년은 물론 학부모 및 교사를 포함한 일반인 모두에게도 상당히 생소한 시설로 인식되고 있다.

둘째, 청소년활동시설이 부족하다. 청소년시설의 양적 증가에도 불구하고 전체 청소년의 수요를 감당하기에는 턱없이 부족한 실정이다. 특히 2000년대부터는 청소년수련시설이 제대로 설치되지 않고 있으며 설치 개수도 현저히 감소하고 있는 추세이다. 또한 시설의 설치에 있어서도 예산 확보나 부지 확보 등의 이유로 청소년들이 접근하기 어려운 지역에 설치되는 경우가 종종 발생되고 있다.

셋째, 청소년활동시설의 운영여건이 열악하다. 청소년활동시설은 국가적으로 시행되고 있는 제도임에도 불구하고 시설의 운영여건은 매우 열악한 상황에 있다. 이러한 재정적 어려움은 최근에 발생한 것이 아니라 청소년수련시설이 정책적으로 시작될 때부터 나타났던 문제이다. 1990년대 청소년 기관이 학교에 비해서 대부분 소규모이며,

관리 · 운영에 드는 제한 비용을 자체적으로 조달해야 하는 어려움이 있음이 보고되었다. 그러나 이는 2000년대가 되어서도 해결되지 못하고 오히려 더 악화되고 있는 실정이다. 최근 지방자치단체의 재정적 어려움과 중앙정부 지원사업의 규모나 지원방식이 갖는 한계로 인하여 대부분의 시설은 보조금보다는 자체 수익사업을 통해 부족한 재원을 마련하고 있는 실정이다. 그로 인해 청소년 사업보다는 수입 창출이 용이한 성인이나 유아 대상의 수익사업에 치중하는 결과가 나타나고 있다.

넷째, 청소년수련시설의 구분과 기준이 모호하여 역할과 정체성의 혼란이 발생하고 있다. 청소년수련시설이 제도적으로 마련된 이후, 청소년 관련법과 제도 등의 정비를 통해 현재와 같은 명칭과 개념이 확정되었다. 그러나 현재 제시되고 있는 시설의 유형과 실제 현장에서 적용되고 있는 구분에 있어 심각한 차이가 발생하고 있다. 가장 대표적으로 「청소년활동 진흥법」상 청소년수련관과 청소년문화의집은 "다양한, 종합"과 "간단한"이라는 용어를 통해 모호하게 구분되어 있지만 실제적인 활동의 차이는 없다고 할 수 있다. 또한 청소년수련원과 청소년수련관은 "숙박"의 여부로 구분이 되지만 일부 지방에 있는 청소년수련관은 관련법이 개정된 이후에도 여전히 "숙박"시설을 함께 운영하고 있다. 유스호스텔은 "여행 청소년의 활동 지원을 주된 기능"으로 하고 있지만 청소년수련원에서 제공하는 활동과의 차이는 뚜렷하게 구분되지 않는다.

2) 청소년활동시설의 개선방안

청소년활동시설의 운영목적의 효과적인 달성을 위하여 개선해야 할 영역은 시설의 인지도를 높이고, 청소년활동시설의 유형과 명칭의 설명을 분명히 하며, 지도자의 전문성 강화 및 서비스 내용을 전문화하는 것으로 구분할 수 있다(김형주, 김정주, 김인규, 2015). 이에 대한 구체적인 내용은 다음과 같다.

첫째, 청소년시설에 대한 인지도 제고를 위해 시설의 가시성과 접근성을 높여야 한다. 특히 청소년들이 쉽게 이용할 수 있는 "청소년문화의집"의 경우 지금보다 훨씬 많은 시설이 제공되어야 한다. 또한 학교연계 프로그램의 활성화를 위한 보다 적극적인 노력은 물론, 학교를 통한 시설 홍보 및 학부모 대상의 홍보가 필요하다. 야외시설이 없는 청소년수련관이나 청소년문화의집의 경우 학교나 지역사회 시설을 이용한 이동식 야외체육 프로그램 등의 운영을 고려해 보는 것이 좋을 것이다.

둘째, 현재 법률상의 6개의 청소년활동시설 유형의 명칭과 그에 대한 설명을 개정할 필요가 있다. 우선 법률상의 청소년수련관이나 청소년문화의집 등은 청소년수련시설의 종류를 나타내는 것으로 개별 청소년수련시설들의 명칭에 꼭 청소년수련관이나 문화의집 등의 명칭을 붙여야 되는 것은 아니다. 그럼에도 불구하고 명칭이 개선되어야 하는 것은 "수련"이라는 용어는 학교단체 수련활동에서 사용되는 이미지를 갖고 있기 때문이다. 그로 인해 수련은 현재 수련관에서 이루어지는 문화활동 · 동아리활동 · 참여활동 · 교류활동 등 다양한 청소년활동이 이루어지는 시설을 지칭하는 용어로 부적절하다고 할 수 있다. 따라서 시설종류를 설명하는 데 있어서 "수련"이라는 단어를 정비하고, 청소년수련관과 청소년문화의집은 현재 기능상의 차이보다는 시설 규모의 차이이므로 청소년수련관과 청소년문화의집의 시설설치 규모를 제시하는 것이 필요하다.

셋째, 청소년지도자의 전문성 확보를 통한 위상정립이 필요하다. 청소년수련시설의 실질적인 전문성은 청소년지도사가 수행하는 업무의 난이도나 업무특성화가 청소년지도사 자격증을 가진 사람만이 수행할 수 있는 것으로 사회적으로 인정받는가를 검토해 볼 필요가 있다. 강사를 채용하여 프로그램을 운영하는 코디네이터 역할을 중심으로 업무를 규정하거나 청소년의 특성을 잘 이해하고 지도할 수 있다는 청소년지도자가 갖추어야 할 기본소양 정도를 청소년지도사의 전문성으로 설정한다면 타 분야의 업무 수행방식과 크게 다르지 않다. 따라서 청소년수련시설에서 이루어지는 청소년활동의 형태를 분석하고 이를 바탕으로 청소년지도사의 전문영역을 설정할 필요가 있다. 이와 더불어 각 청소년수련시설별로 청소년활동의 영역을 전문화·특성화하고 이에 맞추어 종사자의 전문성을 심화시켜 개발하는 것은 중요한 대안이 될 것이다.

넷째, 청소년활동시설의 서비스 내용에서 전문화가 이루어져야 한다. 현재는 청소년활동시설마다 운영하는 사업이 비슷할 뿐만 아니라, 교육정책이나 사회 환경의 변화에 따라 외부압력을 크게 받는다. 특히 교육정책에서 창의적 체험활동이나 자유학기제 등과 같은 변화가 있을 때마다 청소년활동시설은 이에 대응하도록 내·외부적인 압력에 직면한다. 청소년활동시설별로 서비스 내용을 전문화하고 이에 맞는 시설과 인력의 전문성을 갖추게 된다면 그것으로 시설의 전문성을 확보하게 된다. 더욱이 시설의 특성화가 잘 되어 있는 경우에는 외부적인 변화에도 대응하기 쉽고, 불필요한 외부압력도 줄일 수 있다. 결과적으로 청소년활동시설의 고유 정체성을 유지하면서 외부환경의 변화에 효과적으로 대응할 수 있게 된다. 따라서 각 시설별 목적에 적합한 전문화를 위해 노력해야 할 필요가 있을 것이다.

Chapter 05

청소년단체 · 기관의 이해

1 청소년단체

청소년기관은 청소년시설과 청소년단체를 포함하는 개념이다. 청소년단체는 「청소년기본법」 제3조에서 청소년육성을 주된 목적으로 설립된 법인이나 대통령령으로 정하는 단체를 말한다고 정의하고 있다. 청소년육성을 위해 정부 및 개인은 청소년단체를 구성하여 운영할 법적 근거를 나타내고 있으며, 현재 운영 중인 청소년단체는 2021년 한국청소년단체협의회에 가입한 단체를 기준으로 61개이다. 그러나 실제 미가입된 단체를 포함하지 않았으므로 전국적으로 청소년단체의 수는 더욱 많을 것으로 예상된다. 「청소년기본법 시행령」 제2조에 따라 "대통령령으로 정하는 단체"란 「청소년기본법」 제3조 제3호부터 제5호까지의 규정에 따른 청소년활동, 청소년복지 또는 청소년보호를 주요 사업으로 하는 단체로서 여성가족부장관이 인정하는 단체를 말하며, 이는 첫째, 정관의 설립목적 또는 목적사업에 청소년활동, 청소년복지, 청소년보호를 주요 사업으로 하고 청소년관련 활동실적이 있는 비영리 법인이거나 둘째, 청소년활동, 청소년복지, 청소년보호를 주요사업으로 하는 단체로서 「비영리민간단체지원법」에 따라 등록된 단체, 셋째, 청소년학과 · 교육학과 등 청소년 관련 학과가 개설되어 있고 청소년활동 실적이 있는 대학(학교법인을 포함한다)을 말한다(「청소년기본법」 제2조). 청소년단체는 「청소년기본법」 제28조에 의거하여 학교교육과 서로 보완할 수 있는 청소년활동을 통해 청소년의 기량과 품성 함양하고, 청소년복지 증진을 통한 청소년의 삶의 질 향상, 유해환경으로부터 청소년을 보호하기 위한 청소년보호 업무를 수행하기 위하여 최선의 노력을 하여야 한다.

그러나 청소년단체는 청소년만을 대상으로 청소년업무와 관련한 활동을 하는 순수 청소년단체와 청소년업무가 원래 목적은 아니지만, 설립목적을 효과적으로 달성하기 위하여 기능의 일부 또는 부수적으로 청소년활동을 실시하는 유관사회단체로 구분할 수 있다. 따라서 청소년단체는 사회단체, 봉사단체, 복지단체, 부녀단체, 종교단체, 이념단체 등 여러 가지 유형으로 나타난다(신홍기, 2011).

한편, 우리나라와 달리 미국의 경우 500여 개의 주요 청소년단체를 분류한 것을 보면 18가지로 크게 구분하고 있음을 알 수 있다(Erickson, 1998). 청소년단체들이 취미 · 교과목 및 학생친교 단체, 생애교육 및 직업훈련 단체, 스포츠 단체, 정치 단체, 전인적 인격개발 단체, 사회복지 지역개발 단체, 종교적 단체, 자연보호 및 인도주의 교육 단체, 학교 및 지역사회봉사 단체, 자립 · 자조 단체, 유해물질 오남용방지 · 예방 단체, 제대군인 및 군사애국 단체, 인종 · 민족의식 계승 단체 및 기타 청소년 공제조합과 농 · 축산 관계 단체 등 각 영역별로 다양한 형태로 활동하고 있다.

청소년들이 청소년단체활동을 통해 갖는 의미는 사회적 영역과 개인적 영역으로 구분하여 이해할 수 있다(김민, 2005; 임영식, 문성호, 정경은, 2008). 먼저 사회적 영역으로는 학교교육하의 상호보완적 기능을 가지는 동시에 전인발달을 위한 교육적 장면으로 기능한다는 것, 지역사회의 적극적인 참여를 위한 통로로서 활용될 수 있다는 점, 청소년 스스로가 자신의 문화를 형성하고 발전시키는 건강한 문화창조의 장으로 기능할 수 있다는 점, 그리고 청소년을 대상으로 평생학습의 실현에 기여할 수 있으며, 다양한 청소년체험활동의 수행주체이며 장면으로 활용할 수 있다는 점 등을 지적할 수 있다.

다음으로 개인적 영역으로는 청소년개인의 자아정체감의 형성과 정립에 긍정적 도움이 된다는 점, 다양한 체험학습과 체험활동의 기회를 갖게 된다는 점, 청소년들에게 집단활동에 대한 가치를 학습하고 공동체의식을 함양하도록 해 준다는 점, 활동과정 내에서 민주적 의사수렴과 결정과정을 직접 또는 간접적으로 경함하게 하여, 참여 청소년들이 훌륭한 민주시민으로 성장하도록 도움을 준다는 점, 그리고 청소년들은 단체활동을 통해 다양한 사람들과 만나고 교제할 수 있으며, 구체적인 대인관계와 기술훈련을 습득하게 된다는 점 등을 생각할 수 있다.

청소년단체활동의 의미는 지역과 국가 등 환경적 측면에서도 볼 수 있는데, 사회구성원으로서 사회에서 필요한 문제요인을 극복하고 이를 개선함으로써 건강하고 밝은 사회구성에 기여하는 힘을 획득하게 한다는 것이다. 국가나 국제사회가 필요한 정책적 과제를 구현하고 이를 실현함으로써 세대 간 통합적 관점에서 필요한 사회개선의 과제를 이행해 나가는 데 기여할 수 있다. 이에 따른 주요 환경요소로는 청소년의 우호적 환경조성, 환경보존에 대한 책임감, 국가발전에 대한 공통과제(인터넷, 게임, 폭력, 비행, 음주, 흡연, 성문제 등)의 개선, 그리고 인권, 권리, 평화 등 다자간 국제적 관심주제의 표현 등을 지적하고 있다(신홍기, 2011).

2 청소년활동지원기관

1) 한국청소년활동진흥원

한국청소년활동진흥원은 「청소년활동 진흥법」 제6조에 근거하여, ① 청소년활동, 청소년복지, 청소년보호에 관한 종합적 안내 및 서비스 제공, ② 청소년육성에 필요한 정보 등의 종합적 관리 및 제공, ③ 청소년수련활동 인증위원회 등 청소년수련활동 인증제도의 운영, ④ 청소년 자원봉사활동의 활성화, ⑤ 청소년활동 프로그램의 개발과 보급, ⑥ 국가가 설치하는 수련시설의 유지·관리 및 운영업무의 수탁, ⑦ 국가 및 지방자치단체가 개발한 주요 청소년수련거리의 시범운영, ⑧ 청소년활동시설이 실시하는 국제교류 및 협력사업에 대한 지원, ⑨ 청소년지도자의 연수, ⑩ 수련시설 종합 안전·위생점검에 대한 지원, ⑪ 수련시설의 안전에 관한 컨설팅 및 홍보, ⑫ 그 밖에 여성가족부장관이 지정하거나 활동진흥원의 목적을 수행하기 위하여 필요한 사업을 수행하기 위하여 2010년, 한국청소년수련원과 한국청소년진흥센터를 통합하여 설립되었다.

한국청소년활동진흥원이 청소년활동 진흥을 위해 추진하는 사업으로는, 첫째, 청소년역량 증진, 둘째, 청소년안전 확보, 셋째, 청소년참여 확산, 넷째, 국제활동 활성화, 다섯째, 정책사업 지원으로 구분할 수 있다.

〈표 5-1〉 한국청소년활동진흥원 사업

구분	내용
청소년 역량 증진	• 시범수련활동(학교단체, 가족 등) 운영, 프로그램 개발 및 민간 보급 • 취약 · 위기청소년 균형성장 지원(장애, 저소득가정, 다문화, 학교부적응, 북한이탈 등) • 전국 청소년지도자 지도역량 증진 및 국가자격(청소년지도사, 1~3급) 관리
청소년 안전 확보	• 「수련활동인증제」를 통해 국가 차원의 청소년활동 품질 및 안전 검증 • 「청소년활동정보시스템」을 통해 안전하고 신뢰할 수 있는 활동정보 제공 • 전국 청소년수련시설 종합 안전 · 위생점검 및 안전컨설팅 지원 • 청소년활동 종사자 안전의식 강화를 위한 안전교육 운영
청소년 참여 확산	• 「청소년자원봉사 포털사이트(Dovol)」를 통해 자원봉사 가능 기관과 프로그램을 안내하고 봉사참여 기록을 관리 제공 • 청소년정책을 제안하는 「청소년특별회의」 운영 지원
국제 활동 활성화	• 국가간 교류, 해외자원봉사단 및 국제회의 행사 파견 등 다양한 국제교류활동을 통한 청소년의 글로벌 역량 함양 • 「국제청소년성취포상제」 한국사무국으로서 지역 중심의 활동 참여 지원
정책 사업 지원	• 취약계층 방과 후 돌봄서비스인 「방과후아카데미」 지원단 운영 • 청소년활동 「사전신고제」 교육 · 홍보 및 신고정보 공개 • 지방청소년활동진흥센터 운영지원(종합평가, 운영매뉴얼 보급 등)

출처: 한국청소년활동진흥원 홈페이지(https://www.kywa.or.kr, 2021.11.03.)

2) 청소년활동진흥센터

청소년활동진흥센터는 「청소년활동 진흥법」 제7조에 따라 해당 지역의 청소년활동의 진흥을 목적으로 설치 및 운영되고 있다. 1996년부터 1999년까지 16개 시 · 도에 청소년자원봉사센터가 단계적으로 설치되었고 2004년, 「청소년활동 진흥법」이 제정됨에 따라 2006년에는 청소년자원봉사센터를 지방청소년활동지원센터로 개편, 2007년에 지방청소년활동진흥센터로 명칭을 변경하였다. 2014년에는 세종특별자치시청소년활동진흥센터가 설치되어 2021년 현재 17개 시 · 도에 청소년활동진흥센터가 운영되고 있다.

청소년활동진흥센터는 지역의 청소년활동을 진흥하기 위하여 설립된 지역 내 청소년활동 중추 기관으로서, 지역 내 청소년 관련 시설, 단체와의 협력을 통해 다양한 정보제공 및 국가 정책사업을 추진하고 있다. 「청소년활동 진흥법」 제7조에서 규정한 "○○시(도)청소년활동진흥센터" 명칭을 사용하여 독립된 기관 형태로 운영되며, 시·도는 센터가 지역의 청소년활동정책수행기관으로서의 기능과 위상을 강화할 수 있도록 조례 제정 등을 지원한다. 청소년활동진흥센터는 지역의 청소년활동 지원기관으로서, 지자체 지정위탁(공모포함)사업을 제외한 지역 내 청소년시설, 청소년단체 등과 경쟁하는 (공모)사업 등에 신청하는 것을 지양하여야 하고, 청소년활동 업무를 담당하도록 확보된 인력[1)]은 타 기관과 겸직하거나 법인 업무 등 타 업무를 중복 수행할 수 없도록 하고 있다.

청소년활동진흥센터는 「청소년활동 진흥법」 제7조 제2항에 규정된 사업을 중심으로 지역의 특성화된 청소년활동을 운영하며, 주요 업무 영역으로 청소년활동 현장 역량증진 지원, 청소년 정책개발 및 실행지원, 청소년 정보자원 관리 및 서비스, 청소년활동 정책수행 인프라 관리로 구분할 수 있다. 첫째, 청소년활동 현장 역량증진 지원은 지역 내 청소년활동 관련 조직 및 지도자들의 역량증진을 위하여 교육, 컨설팅, 사업지원 등을 제공하는 업무이다. 둘째, 청소년 정책개발 및 실행 지원은 국가 및 지방자치단체의 청소년 관련 제도와 정책 개발을 지원하고, 수립된 정책의 실행을 지원하는 업무이다. 셋째, 청소년 정보자원 관리 및 서비스는 지역 내 청소년과 관련된 정보자료를 조사·분석·수집·관리하여 수요자의 요구에 맞게 서비스를 제공하는 업무이다. 넷째, 청소년활동 정책수행 인프라 관리는 센터의 조직과 인력의 전문성을 제고하고, 유관기관 간의 네트워크를 구축·운영하여 청소년활동 기반을 조성하는 업무이다.

1) 운영 정원: 정규직 10명 이상 확보(센터장 1명, 팀장 3명, 팀원 6명 이상), 세종센터는 정규직 5명 이상 확보.

〈표 5-2〉 청소년활동진흥센터의 운영 사업(「청소년활동 진흥법」 제7조 제2항)

1. 지역 청소년활동의 요구에 관한 조사
2. 지역 청소년 자원봉사활동의 활성화
3. 청소년수련활동 인증제도의 지원
4. 인증받은 청소년수련활동의 홍보와 지원
5. 청소년활동 프로그램의 개발과 보급
6. 청소년활동에 대한 교육과 홍보
7. 제9조의2에 따른 숙박형 등 청소년수련활동 계획의 신고에 대한 지원
8. 제9조의4에 따른 정보공개에 대한 지원
9. 그 밖에 청소년활동을 위하여 필요한 사업

3 청소년복지기관

1) 한국청소년상담복지개발원

한국청소년상담복지개발원은 「청소년복지지원법」 제22조에 따라 청소년복지 관련 정책 수립을 지원하고 사업을 효율적이고 체계적으로 수행하기 위해 설립되었다. 1993년에 재단법인 청소년대화의광장으로 개원을 하였고, 1999년에는 한국청소년상담원으로, 2012년에 한국청소년상담복지개발원으로 명칭을 변경하였다.

한국청소년상담복지개발원은 전국의 청소년상담복지센터, 학교밖청소년지원센터(청소년지원센터 꿈드림), 청소년복지시설(청소년쉼터, 청소년자립지원관, 청소년회복지원시설)을 총괄하는 중추 기관으로서 청소년의 건강한 성장과 행복한 꿈의 실현을 위해 다양한 상담복지사업을 수행하고 있다. 주요 업무는 「청소년복지지원법」 제22조에 근거하여, ① 청소년 상담 및 복지와 관련된 정책의 연구, ② 청소년 상담 · 복지

사업의 개발 및 운영 · 지원, ③, 청소년 상담기법의 개발 및 상담자료의 제작 · 보급, ④ 청소년 상담 · 복지 인력의 양성 및 교육, ⑤ 청소년 상담 · 복지 관련 기관 간의 연계 및 지원, ⑥ 청소년상담복지센터, 청소년복지시설 및 「학교 밖 청소년 지원에 관한 법률」 제12조에 따른 학교 밖 청소년 지원센터에 대한 지도 및 지원, ⑦ 청소년 가족에 대한 상담 · 교육, ⑧ 통합정보시스템의 운영, ⑨ 그 밖에 청소년상담원의 목적을 수행하기 위하여 필요한 부수사업 등으로 이루어진다.

한국청소년상담복지개발원의 주요사업은, 첫째, 청소년안전망 운영사업으로 지역주민, 기관, 단체 등 지역 내 활용가능한 자원의 연계를 통해 지역사회청소년통합지원체계(청소년안전망)를 구축하여 위기상황에 처한 청소년들을 발견하고 통합적인 상담복지 서비스를 제공한다. 청소년 가출, 폭력 등과 같은 위기문제나 심리정서적 문제로 도움이 필요한 경우, 언제든지 지역 내 청소년상담복지센터를 통해 위기개입, 긴급구조, 일시보호 등 다양한 청소년안전망 서비스를 제공받을 수 있다.

둘째, 학교 밖 청소년의 학업복귀나 사회진입을 도와 건강한 사회구성원으로 성장할 수 있도록 지원하는 학교밖청소년지원사업이다. 이는 교육지원, 직업체험 및 취업지원, 자립지원, 건강증진 지원, 특성화 프로그램 제공, 멘토링 프로그램 제공 등으로 이루어진다.

셋째, 체계적인 대상자 발굴과 맞춤형 서비스 제공을 통하여 해마다 증가하는 청소년의 인터넷 · 스마트폰 과의존을 예방하고 치유하기 위한 청소년 인터넷 · 스마트폰 과의존 예방 · 해소사업이다. 학령전환기 청소년(초4, 중1, 고1)을 대상으로 K척도(청소년 인터넷중독 자가진단척도) · S척도(청소년 스마트폰중독 자가진단척도)를 활용한 인터넷 · 스마트폰 이용습관 진단조사를 통해 인터넷 · 스마트폰 과의존 청소년을 조기에 발굴하고 위험수준별 개인상담, 집단상담, 부모교육 및 치료협력병원 연계를 통한 치료비 지원, 치유캠프 등의 서비스를 제공한다.

넷째, 청소년폭력예방 지원사업은 공감 · 배려의 청소년문화 확산을 위해 솔리언또래상담 프로그램을 개발하여 보급한다.

다섯째, 청소년상담복지 적용 연구를 수행하여 정부정책에 반영하고, 관련 프로그램을 개발하여 전국 청소년상담복지센터를 비롯한 청소년상담복지기관에 보급하는 적용연구 및 프로그램 개발사업이다.

여섯째, 청소년 문제 예방 및 지원을 위한 전문 인력인 청소년상담사를 양성하는 자격연수와 청소년상담사의 전문성 향상을 지원하는 보수교육을 실시하는 청소년상담사 자격연수 · 보수교육 사업이다.

일곱째, 전국 청소년상담복지센터 및 청소년상담복지 유관기관 종사자들의 청소년 위기문제 대응능력 및 상담복지역량 강화를 위해 실시하는 직무연수사업이다.

여덟째, 한국청소년상담복지개발원에서 개발한 솔리언또래상담, 올틴품성계발, 인성교육, 이음부모교육, 자살예방교육 프로그램 보급을 위해 전문지도자 및 지도자를 양성하는 전문연수사업이다.

아홉째, 다양한 호소문제 유형별로 심리검사, 개인상담, 집단상담, 사이버상담, 전문클리닉 서비스를 제공하는 전문상담사업을 실시한다.

열째, 권리의 주체자이자 의무자인 청소년들이 자신의 권리를 지키고 타인의 권리를 존중해 주며 희망 속에 살아갈 수 있도록 권리교육 프로그램을 개발 · 보급하고 교육인력을 양성하는 청소년 권리교육 사업을 운영한다.

마지막으로 한국청소년상담복지개발원은 청소년복지시설 운영 지원 사업을 통해 청소년복지시설(청소년쉼터 · 청소년자립지원관 · 청소년회복지원시설) 종사자 역량강화 교육, 서비스 품질관리, 가출 예방 및 인식개선 홍보 사업을 통해 가정 밖 청소년의 가정복귀 및 사회진출을 위한 체계적인 서비스를 지원한다.

2) 청소년상담복지센터

청소년상담복지센터는 청소년 상담과 긴급구조, 자립, 의료지원 등 통합지원 서비스를 제공하여 청소년의 건강한 성장과 복지증진을 도모하기 위하여 「청소년복지지원법」 제29조, 제42조의 2에 따라 전국 238개의 센터가 설치 및 운영되고 있다. 이는 전국의 17개 시 · 도에 각 1개씩 센터가 설치되었으며, 시 · 군 · 구 센터가 미운영 되고 있는 곳은 14곳이다(여성가족부, 2021b).

센터의 장을 중심으로 개별 업무 수행을 위한 복수의 전담 조직을 설치 · 운영할 수 있으며, 「청소년복지지원법 시행령」 제4조에 따라 청소년상담복지센터 내 필수연계기관의 실무자로 구성된 '실행위원회'를 두어 관련 기관 간 협력사항 등에 관한 실무사항을 협의하여야 한다.

3) 학교밖청소년지원센터

학교밖청소년지원센터는 2007년 학업중단 청소년 지원프로그램 운영을 시작으로 2013년 11월, 교육부와 공동으로 학업중단 예방 및 학교 밖 청소년 지원방안을 마련하였다. 이후 「학교 밖 청소년 지원에 관한 법률」이 제정(2014.5.28.) 및 시행(2015.5.29.) 되고 관계부처 합동 학교 밖 청소년 지원 종합대책을 마련(2015.5월, 2016.6월)함으로써 2020년 기준 219개소의 학교밖청소년지원센터가 지정 및 운영되고 있다.

학교밖청소년지원센터는 「학교 밖 청소년 지원에 관한 법률」에 근거하여 학교 밖 청소년[2)]을 대상으로 그들의 개인적 특성과 수요를 고려한 상담지원, 교육지원, 직업체

2) 학교 밖 청소년: 첫째, 초·중학교 입학 후 3개월 이상 결석하거나 취학의무를 유예한 청소년이거나, 둘째, 고등학교에서 제적·퇴학처분을 받거나 자퇴한 청소년, 셋째, 고등학교에 진학하지 아니한 청소년을 말하며, 학업중단숙려대상 청소년을 포함한다.

험 및 취업지원, 자립지원 등 학교 밖 청소년이 건강한 사회구성원으로 성장할 수 있도록 지원한다. 시 · 도 학교밖청소년지원센터는 시 · 군 · 구센터에 대한 관리 · 지원 업무를 수행하며, 학교 밖 청소년 지원사업이 광역지자체 특성에 부합하게 운영될 수 있도록 허브기능 및 역할을 하고, 시 · 군 · 구 학교밖청소년지원센터는 학교 밖 청소년을 대상으로 직접 사업을 수행하며 학교 밖 청소년 발굴과 상담 · 교육 · 직업체험 및 취업 · 자립 등을 지원한다.

4 청소년복지시설

「청소년복지지원법」 제31조에서는 청소년복지시설의 종류를 청소년자립지원관, 청소년쉼터, 청소년치료재활센터, 청소년회복지원시설로 구분하고 있다.

1) 청소년자립지원관

청소년자립지원관은 「청소년복지지원법」 제31조, 제32조, 제33조에 따라 일정기간 시설의 지원을 받았음에도 가정 · 학교 · 사회로 복귀하여 생활할 수 없는 청소년이 자립하여 생활할 수 있는 능력과 여건을 갖추도록 지원하기 위함을 목적으로 한다. 즉, 청소년자립지원관은 자립준비청소년이 안정적으로 자립생활을 영위할 수 있도록, 해당시설의 자원, 지역 공공서비스 및 민간자원 등을 활용하여 일상생활, 학업, 취업 지원 및 주거지원 (연계)서비스를 제공하는 청소년복지시설이다. 2012년에 「청소년복지지원법」이 전면 개정됨에 따라 청소년 복지 시설의 한 유형으로 법적 근거가 마련되었다(「청소년복지지원법」 제31조). 2018년부터 서울, 인천, 경기 지역에 총 4개소가 운영되어 2021년 현재는 서울, 부산, 대구, 인천, 경기, 충남 지역에 총 10개소가 운영되고 있다.

〈표 5-3〉 청소년자립지원관 현황 (기준: 2021년 10월)

지역	기관명	생활관 운영여부
서울	서울시립청소년자립지원관	운영
	관악들꽃청소년자립지원관	–
부산	부산시청소년자립지원관	운영
대구	대구광역시청소년자립지원관	–
인천	인천광역시청소년자립지원관 별바라기	운영
	인천광역시청소년자립지원관 행복자리	운영
경기	경기북부청소년자립지원관	–
	경기남부청소년자립지원관	–
	성남시청소년자립지원관	–
충남	천안청소년자립지원관	운영

청소년자립지원관은 「청소년복지지원법 시행령」 제17조(청소년복지지시시설의 설치 등)에 따라 청소년 숙식공간(생활관) 운영 여부를 기준하여 세 가지로 구분한다. 첫째, 생활형은 숙박형 생활시설로 숙박 등 생활지원과 자립지원프로그램을 지원한다. 독립 주거생활이 사실상 곤란한 청소년(경계선 지능 청소년 등)만을 대상으로 하는 경우 등 특별한 사유가 있지 않다면 생활관 입소기간은 최소화하고, 독립 주거생활을 할 수 있도록 추진한다. 둘째, 이용형은 비숙박형 이용시설로 숙박 지원 없이 자립지원프로그램을 제공한다. 즉, 자립준비청소년이 독립된 주거에서 생활하면서 시설 서비스를 이용하도록 한다. 셋째, 혼합형은 생활형과 이용형의 혼합 형태로 독립주거 청소년 지

원을 위주로 하며 생활관 운영을 병행하는 형태이다. 즉, 자립준비청소년이 독립된 주거에서 생활하면서 시설 서비스를 이용하는 데, 필요시 일정기간 생활관을 이용할 수 있다. 생활관 입소는 사례심의위원회에서 결정하며, 최초 3개월 이내, 추가 1회에 한하여 3개월 연장이 가능하다. 단, 경계선 지능 청소년이나 미성년자 등으로서 독립생활이 곤란하다고 인정되는 경우는 생활관 이용기간의 제한을 두지 않을 수도 있다.

〈표 5-4〉 청소년자립지원관의 유형

구분	지원내용	생활관 이용
생활형	[생활관 운영] + 자립지원서비스	생활관 입소기간은 최소화하고, 독립 주거생활을 할 수 있도록 조치
이용형	[주거연계] + 자립지원서비스	–
혼합형	[주거연계+생활관 운영] + 자립지원서비스	생활관 입소는 사례심의위원회에서 결정(최초 3개월 이내, 추가 3개월 연장 가능(1회)) • 경계선 지능 청소년, 미성년자 등으로서 독립생활이 곤란하다고 인정되는 경우는 생활관 이용기간의 제한을 두지 않을 수 있음

2) 청소년쉼터

청소년쉼터는 가출청소년에 대하여 가정 · 학교 · 사회로 복귀하여 생활할 수 있도록 일정기간 보호하면서 상담 · 주거 · 학업 · 자립 등을 지원하는 시설(「청소년복지지원법」 제31조 제1호)로 가출 등 위기청소년의 조기 발견을 통한 범죄 및 비행예방, 생활보호(의 · 식 · 주), 정서적 지지 및 심리상담, 의료지원, 학업복귀, 취업지원 등 맞춤형 자립지원서비스 제공을 통해 신속한 가정복귀와 사회진출을 지원하고자 한다. 즉, ① 가출청소년에게(대상)[3] ② 일시적으로(보호기간) ③ 생활지원, 보호(서비스), ④ 사례

관리, ⑤ 가정 · 사회로의 복귀(단기목표), ⑥ 학업 및 자립을 지원하기 위한(중장기목표) ⑦ 청소년복지시설(청소년시설 유형)을 의미한다.

청소년쉼터는 보호기간에 따라 일시쉼터와 단기쉼터, 중장기쉼터로 구분할 수 있다. 첫째, 일시쉼터는 가출 · 거리배회 · 노숙 청소년을 대상으로 24시간에서 7일 이내로 일시보호 한다. 일시쉼터는 가출청소년을 조기구조 및 발견하고 단기 청소년쉼터와 연계하며 먹거리 등 기본적인 서비스와 의료서비스, 거리상담 서비스 등을 지원한다. 둘째, 단기쉼터는 가출청소년을 대상으로 3개월 이내 단기보호를 하는데, 3개월씩 2회에 한하여 연장이 가능하므로 최장 9개월까지 보호할 수 있다. 단기쉼터에서는 가출청소년의 의 · 식 · 주, 의료 등 보호서비스, 문제해결을 위한 상담 · 치료 및 예방활동을 지원하고, 일시 · 중장기 청소년 쉼터와 연계하는 기능을 한다. 셋째, 중장기쉼터는 자립의지가 있는 가출청소년을 대상으로 하며, 가정복귀가 어렵거나 특별히 장기간 보호가 필요한 경우 학업 · 자립 지원 등 특화된 서비스를 제공한다. 보호기간은 3년 이내로 1회 1년에 한하여 연장이 가능하며, 최장 4년까지 가능하다.

1992년 최초로 서울 YMCA에서 청소년쉼터를 설치 및 지원하였으며, 1996년 이후 광역시를 중심으로 확대되기 시작하였다. 국가는 전국 총 133개소 쉼터의 운영을 지원 중이며, 가출청소년의 조기발굴 · 긴급구조 및 초기개입으로 신속한 가정 및 사회복귀를 돕는 거리상담 전문인력 및 야간 시간대 청소년의 연계 의뢰 및 자해 등 응급상황에 신속히 대처하기 위한 야간보호상담원을 배치 · 지원하고 있다(여성가족부, 2020a).

3) 청소년쉼터 입소대상: 「청소년보호법」 제2조 제1호에서 정한 만 19세 미만 청소년을 우선 보호하되 만 19세 이상 24세 이하의 청소년에 대해서는 청소년안전망 또는 유관기관에 연계 등 적절한 지원 방안을 강구하도록 한다.

〈표 5-5〉 청소년쉼터의 종류

구분	일시쉼터	단기쉼터	중장기쉼터
보호기간	24시간 ~ 7일 이내 일시보호	3개월 이내 단기보호 • 3개월씩 2회에 한하여 연장가능(최장 9개월)	3년 이내 중장기 보호 • 1회 1년에 한하여 연장가능(최장 4년)
이용대상	가출 · 거리배회 · 노숙 청소년	가출청소년	자립의지가 있는 가출청소년
핵심기능	일시보호 및 거리상담지원(아웃리치)	심리 · 정서 상담지원 사례관리를 통한 연계	심리 · 정서 상담지원, 학업지원, 사회복귀를 위한 자립지원
기능	• 위기개입상담, 진로지도, 적성검사 등 상담서비스 제공 • 가출청소년 조기구조 · 발견, 단기 청소년쉼터와 연계 • 먹거리, 음료수 등 기본 적인 서비스제공 등 • 의료서비스 지원 및 연계	• 가출청소년 문제해결을 위한 상담 · 치료 및 예방 활동 • 의식주, 의료 등 보호 서비스 제공 • 일시 · 중장기 청소년 쉼터와 연계 • 가정 및 사회복귀 대상 청소년 분류, 연계서비스 • 저연령 청소년(13세 이하)은 아동복지시설, 아동보호전문 기관 등에 연계 권장	• 가정복귀가 어렵거나 특별히 장기간 보호가 필요한 위기청소년을 대상으로 학업 · 자립 지원 등 특화된 서비스 제공 • 저연령 청소년(13세 이하)은 아동복지시설, 아동보호 전문 기관 등에 연계 권장
위치	이동형(차량), 고정형(청소년유동지역 및 주요도심)	주요도심별	주택가
지향점	가출예방, 조기발견, 초기개입 및 보호	보호, 가정 및 사회복귀	자립지원
비고	숙소, 화장실의 경우 필히 남 · 여용 분리 운영	반드시 남 · 여용 쉼터를 분리 운영하여야 함	

출처: 여성가족부(2021b: 172).

〈표 5-6〉 쉼터 유형별 운영모형

유형	이용대상	목적	서비스 요소	활동내용	산출	성과
일시쉼터	거리위기청소년 (가족이나 사회와 유대가 없거나 약하여 거리에 노출된 청소년) ① 노숙청소년 ② 배회청소년 ③ 가출, 귀가 반복 위기 청소년	청소년을 거리의 위험으로부터 보호한다	현장 지원	• 음식제공 • 위생서비스 • 의복제공 • 의료서비스 • 휴식제공	• 음식제공 건수 • 위생서비스 건수 • 피복제공 건수 • 의료서비스 건수 • 휴식제공서비스 건수	• 보호인원 • 귀가인원 • 대안생활 시설 연계 인원 • 만족도(%)
		청소년 가출 및 가출의 장기화를 예방한다	조기 개입	• 사회성 향상 지원 • 정서지원 • 거리아웃리치 (상담)	• 사회성향상지원 건수 • 정서지원 건수 • 거리아웃리치(상담) 건수	
		청소년을 사회체계와 연결한다	연계 활동	• 서비스 정보 제공 • 지역사회 서비스연계 • 귀가지원 • 지역사회교육	• 서비스정보제공 건수 • 지역사회서비스연계 건수 • 귀가지원 건수 • 지역사회교육 건수	
단기쉼터	가출청소년(가정이 청소년을 보호하고 양육하는 기능이 일시적 혹은 장기적으로 상실되어 안전한 보호에 대한 욕구가 있는 청소년) ① 갈등가정 청소년 ② 해체가정 청소년	청소년을 안전하게 보호한다	보호	• 의식주 • 의료지원 • 법적지원 • 문화여가활동 • 생활지도 • 정서지원	• 의식주 건수 • 의료지원 건수 • 법적지원 건수 • 문화여가활동 횟수 (인원) • 생활지도 건수 • 정서지원 건수	• 보호인원 • 만족도
		청소년이 가정에 복귀하도록 돕는다	가정 복귀 지원	• 가족지원 • 귀가지원 • 가족상담	• 가족지원 건수 • 귀가지원 건수(인원) • 가족상담 건수	• 가정복귀 인원 • 사후관리 실적
		청소년이 사회에 복귀하도록 돕는다	사회 복귀 지원	• 정보제공 • 사회적응지원 • 교육지원 • 직업지원 • 대안생활지원 • 진로상담	• 정보제공 • 사회적응지원 건수 (인원수) • 교육지원 건수 • 직업지원 건수 • 대안생활지원 건수 • 진로상담 건수	• 가정복귀 인원 • 사후관리 실적

유형	이용대상	목적	서비스 요소	활동내용	산출	성과
중장기쉼터	자립지원이 필요한 갈 곳 없는 청소년	청소년을 안전하게 보호한다	보호	• 생활지원 • 건강지원 • 상담지원 • 활동지원	• 의식주지원 건수 • 의료지원 건수 • 개인 · 집단상담 건수 • 청소년활동 참여 건수	• 보호인원 • 만족도
		청소년이 자립할 수 있도록 돕는다	자립지원	• 학업지원 • 직업지원	• 교육지원 건수 • 자립지원 건수	• 학업취득 인원 • 취업인원
		청소년이 가정 · 사회에 복귀하도록 돕는다	가정 · 사회복귀지원	• 가정 · 사회 적응 지원	• 사후관리 건수	• 가정 · 사회 복귀 인원

출처: 여성가족부(2021b: 252-257).

3) 청소년치료재활센터

청소년치료재활센터는 정서 · 행동에 어려움을 겪는 청소년에게 상담 · 치료 · 보호 · 교육 등 종합적 · 전문적 기숙형 치료재활 서비스를 제공하여 청소년의 일상생활 영위 및 건강한 성장 지원을 목적으로 한다. 이를 위해 「청소년복지지원법」 제31조(청소년복지시설의 종류) 및 제32조(청소년복지시설의 설치), 「청소년보호법」 제35조(청소년 보호 · 재활센터의 설치 · 운영)를 근거로 하여 한국청소년상담복지개발원은 청소년치료재활센터 2개소(국립중앙청소년디딤센터, 국립대구청소년디딤센터)를 위탁운영하고 있다.

청소년치료재활센터는 단기과정(4박 5일)과 장기과정(1~4개월)의 프로그램을 연중 운영하고 있으며, 선정기준과 절차에 따라 대상자를 선정한다. 단기과정은 학교생활에 어려움을 겪는 중 · 고교 관심군 청소년으로, 학생정서 · 행동특성 검사상 관심군으로 우울 · 불안 등 위기청소년에 해당하는 자를 대상으로 한다. 이를 위해 전국 중 · 고교를 대상으로 공문을 발송하여 모집하고 학교 또는 유관기관별 정서 · 행동특성 검사결과 관리대상 비율(35%), 학업유예 및 중단 비율(30%), 기초생활수급자 · 차상위계층 · 한부모가족지원대상자 비율(25%), 캠프 참가이력(10%)을 기준으로 선정한다. 단기 치료 · 재활과정은 개인 · 집단상담, 심리검사, 치료활동을 실시하며 관계증진 및 생활공동체 활동, 24시간 멘토 생활 밀착형 서비스를 제공한다. 또한 지역사회, 유관기관 등과 연계한 찾아가는 힐링캠프를 실시하고 멘토 역량개발 및 체계적 운영을 위한 멘토아카데미를 운영하고 있으며, 사후관리 강화를 위해 온라인 사후관리도 상시 운영한다.

장기과정은 우울증, 불안장애, 품행장애, 주의력결핍과잉행동장애(ADHD) 등으로 정서 · 행동에 어려움 겪는 만 9~18세 청소년을 대상으로 4주, 10주, 12주 과정의 프로그램을 운영한다. 생활밀착형 개인 · 집단상담, 긴급 위기개입 및 수시상담, 집단상담 및 치료를 실시하고 심리검사, 정신의학적 상담(정신과 전문의 진료) 및 약물복용을 지도하며, 학업중단 예방을 위한 대안교육 및 검정고시반을 운영한다. 또한 다양한 문화 · 사회참여 · 자연 · 스포츠 등 체험활동 및 생활공동체 활동을 지원하고 가족 내 관계회복 및 상호 간 지지체계 형성을 위한 특별프로그램을 운영하며 사후에도 치료효과 유지를 위한 관리를 지원한다. 대상 청소년들이 장기 치료 · 재활과정 프로그램에 참여하기 위해서는 서류스크리닝과 서류심사, 면접스크리닝, 입 · 퇴교 판정위원회의 최종 선정까지 총 4단계의 절차를 거쳐야 한다.

〈표 5-7〉 장기과정 참가자 선정 절차

구분	내용	기준
1단계 (서류 스크리닝)	의뢰소견서와 진단서, 심리검사 결과보고서 등 서류스크리닝	• 제출서류 – 필수: 의뢰소견서, 개인정보수집 이용동의서 – 해당: 정신의학 진료 소견서 및 진단서, 심리검사 결과보고서, 처방전
2단계 (서류심사)	서류스크리닝 결과를 토대로 입 · 퇴교 판정위원회 서면개최하여 면접대상자 선정	• 입교정원 60명의 2배수 120명을 면접대상자로 선정하며, 면접포기 등 자연탈락률 20%를 고려하여 최대 144명까지 면접 실시
3단계 (면접 스크리닝)	의뢰 청소년, 보호자 대상으로 면접 질문지를 통한 면접스크리닝 (행동관찰, 의뢰사유, 인지적 발달상황, 신체 및 정신건강, 가족사항 등)	• 심리검사: YSR, K-CBCL • 심각한 정신의학적 문제가 있을 경우 의료기관으로 연계 • 제출서류: 참가비 면제 증빙서류
4단계 (최종선정)	면접스크리닝 결과 및 전반적 내용을 고려하여 입 · 퇴교 판정위원회 정기 회의를 개최하여 최종 선정	• 판정위원(10~12명 이내) – 소아 · 청소년 정신의학분야, 임상 · 심리상담분야, 교육 · 복지분야 등 • 적응기간 내 결원 발생 시 후보자 중 적합대상자 충원

출처: 여성가족부(2021b).

4) 청소년회복지원시설

청소년회복지원시설이란 「소년법」 처분(제1호 '보호자 감호위탁')을 받은 청소년을 감호위탁 기간 동안 보호하면서 상담 · 주거 · 학업 · 자립 등을 지원하는 시설을 말한다(「청소년복지지원법」 제31조 제4호, 「소년법」 제32조 제1항 제1호). 즉, ① 법원 소년부 판사가 ② 소년법 처분(제1호 '보호자 감호위탁') 청소년을 ③ 보호자를 대신하여 소년을 보호할 수 있는 자(신병인수 위탁보호위원)에게 ④ 감호위탁 기간 동안(6개월, 연장가능) ⑤ 보호(5~10명)하면서 상담 · 주거 · 학업 · 자립 등을 지원하는 ⑥ 청소년복지시설을 의미한다. 또한 정원(시설기준, 최소 5인 이상 10인 이하) 미만의 보호 청소년을 위탁보호하는 경우에는 시설로 다루지 않는다.

청소년회복지원시설은 「청소년복지지원법」 제31조(청소년복지시설의 종류) 제4호(청소년회복지원시설), 제32조(청소년복지시설의 설치), 제33조(휴업 · 폐업 등의 신고), 제34조(청소년복지 시설 종사자), 제35조(시설개선, 사업정지, 폐쇄 등), 제37조(비밀누설의 금지), 제40조(예산의 보조)와 「청소년복지지원법 시행령」 제16조(청소년복지시설의 보험 가입), 제17조(청소년 복지시설의 설치 등), 「청소년복지지원법 시행규칙」 제16조(청소년복지시설의 설치 신고 등), 제17조 (휴업 · 폐업 등의 신고), 제18조(청소년복지시설 종사자의 자격 및 배치기준), 「청소년기본법」 제49조(청소년복지의 향상), 「사회복지사업법」 제2조(정의), 「소년심판 규칙」 제33조(위탁보호위원 위촉 등)에 근거하여 운영되며, 법원의 결정에 따라 보호 청소년들에게 부모를 대신하여 훈육 및 생활을 지원한다.

〈표 5-8〉 청소년회복지원시설 운영

국가 또는 지자체 외의 자(개인 등)	국가 및 지방자치단체
❶ (법원) 위탁보호위원 위촉 ❷ (위탁보호위원) 시장 · 군수 · 구청장에게 청소년복지시설(청소년회복지원시설) 신고 ❸ (시장 · 군수 · 구청장) 신고증 교부 ❹ (시설장) 관할 법원에 신고증 사본 통지 ❺ 시설 운영 ❻ (소년 법원) 해촉하는 위탁보호위원 관할 시장 · 군수 · 구청장에게 통지 ❼ (시설장-위탁보호위원) 관할 시장 · 군수 · 구청장에게 폐업신고서 제출	❶ 시설 설치 ❷ 직영(시설장 임명), 위탁(위탁단체 선정 및 시설장 임명) ❸ (시설장) 시장 · 군수 · 구청장에게 청소년 복지시설(청소년회복지원시설) 신고 ❹ (시장 · 군수 · 구청장) 신고증 교부 ❺ 법원에 '위탁보호위원' 신청 ❻ (법원) 위탁보호위원 위촉 ❼ 시설운영

출처: 여성가족부(2021b: 390).

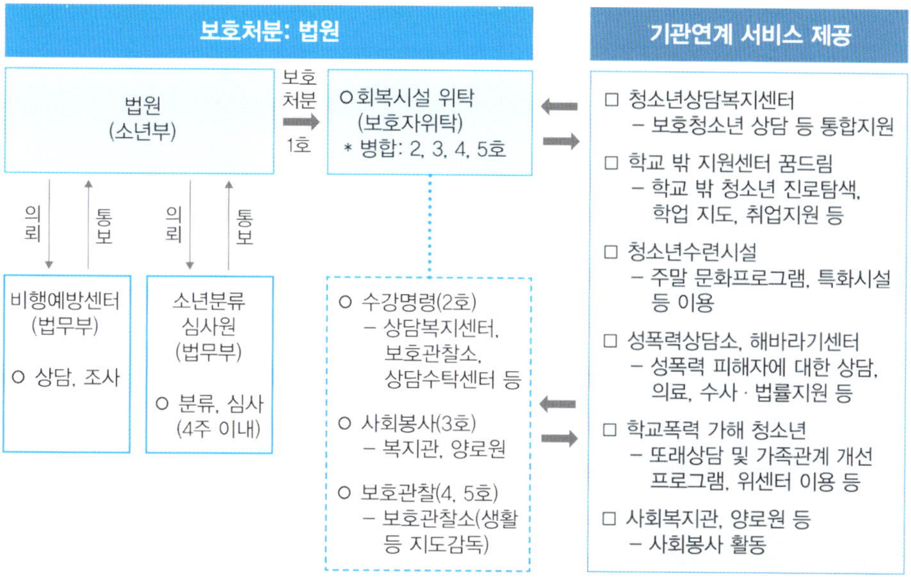

[그림 5-1] 청소년회복지원시설 운영 흐름도

출처: 여성가족부(2021b: 390).

Chapter 06

청소년 프로그램 개발과 평가

1 청소년 프로그램 개발의 이해

1) 청소년 프로그램의 개념

프로그램(program)은 희랍어 prographein(포고, 선언)을 어원으로 최근에는 진행 계획이나 순서, 진행차례나 진행목록, 문제해결을 위한 처리 방법과 순서를 기술하여 컴퓨터에 주어지는 일련의 명령문 집합체로 다양하게 사용되고 있다. 이러한 프로그램은 일상에서 쉽게 접할 수 있는 개념이지만 프로그램 자체가 가지는 의미는 형식과 내용에 따라 조금씩 다른 의미로 사용된다. 청소년활동 현장에서도 프로그램이란 용어는 상황에 따라 '수련거리', '사업', '행사', '활동' 등 다양한 의미로 사용되지만 일반적으로 '프로그램'이라는 용어를 많이 사용하고 있다(진은설 외, 2019).

이처럼 프로그램은 다양한 의미를 가지고 여러 방면에서 사용되고 있으므로 명확한 개념을 이해하기 위해 일상적, 교육적, 통합적 차원에서 다양하게 알아보고자 하며 구체적인 내용은 다음과 같다(한국청소년개발원, 2005).

첫째, 일상적 차원에서 프로그램은 단순히 앞으로 진행될 절차, 사건, 순서, 활동만을 강조한다. 대표적인 예로, 방송프로그램, 행사프로그램 등을 들 수 있다. 이처럼 프로그램은 앞으로 행할 활동을 순서대로 나열해 놓은 계획서와 거의 같은 의미로 쓰는 경우가 많다. 간단하게는 행사의 식순도 프로그램이 될 수 있으며, 발표내용을 순서대로 나열한 것도 프로그램이 될 수 있다. 더 복잡하게는 어떤 활동을 시간과 장소에 따라 내용과 방법까지 밝혀 한눈에 볼 수 있도록 제작해 놓은 것을 프로그램이라고 한다. 또한 일정한 목적을 가진 비정규적인 활동이나 행사를 프로그램이라 한다.

둘째, 교육적 차원에서 프로그램은 학습자가 배우고 습득해야 할 것을 외부에서 전문가가 사전에 계획하여 마련한 체계화된 교육내용을 강조하는 경향이 있다. 즉, 프로그램은 단순히 시간 순서에 따라 진행될 사건이나 활동만을 뜻하지 않고, 학습자의 참여와 실존적 가치를 인정하는 그 이상의 의미가 함축되어 있다. 일정한 목표를 향해 학습자의 행동이 변화하도록 사전에 체계화시켜 놓은 교육내용(지식, 정보, 기술, 교과)을 강조한다.

셋째, 통합적 의미에서 프로그램은 교육내용, 교육방법, 교육활동, 교육매체가 하나로 통합된 교육적 실체로 규정된다. 학습내용(지식, 정보, 대상, 원리 등)을 포함하는 것은 물론이고 학습목적과 목표, 대상, 활동 및 학습과정, 활동 및 학습방법, 장소, 시기, 학습자 조직, 매체 등의 모든 요소들이 유기적인 네트워크를 형성하고 있는 하나의 시스템으로 간주한다.

이처럼 프로그램은 활동 내용이나 활동 순서만으로 국한되는 것이 아니라, 일정의 활동을 구체적으로 실현하기 위해 필요한 모든 활동을 의미하는 포괄적인 개념이라고 할 수 있다. 따라서 프로그램은 어떤 목적을 달성하기 위해 선택된 활동에 관해서 누가, 무엇을, 어떻게, 왜, 언제, 어디서, 그리고 누구와 행할 것인가를 종합적으로 묶어서 구체적으로 제시해 주는 활동지침이라고 볼 수 있다. 이러한 맥락에서 청소년 프로그램은 청소년의 건전한 육성을 목적으로 실시하는 다양한 청소년활동을 보다 효과적이고, 효율적으로 실현시키기 위해 필요한 활동들의 집합이라고 볼 수 있다. 따라서 청소년 프로그램은 청소년활동을 구체화하기 위해 필요한 활동내용과 함께 관련된 자원, 조건 등의 제반 여건을 종합적으로 연결하여 단계적으로 자세히 편성해 놓은 것을 의미한다(한국청소년개발원, 1997).

즉, 청소년 프로그램은 청소년활동을 실현시키는 데 필요한 모든 활동들을 체계적으로 연결하여 종합적으로 자세히 제시한 것으로 목표, 계획, 설계, 수단과 방법, 창안된 행위, 정돈된 준비, 도식화 등을 포함하고 있는 광범위하고 포괄적인 개념이다. 이는 청소년들의 요구반영과 자발적인 참여를 전제로 청소년들이 실생활 속에서 직접 의미 있는 활동을 경험하게 하여, 보다 나은 전인적 성장·발달을 조성하고자 하는 것에 목표를 두고 있다. 그러므로 청소년 프로그램은 이론보다 생활을, 지식보다 행동을, 미래의 준비보다 현실 생활의 적응을, 지도사보다 청소년 중심의 활동을 중시하는 프로그램이다(권일남 외, 2016).

2) 청소년 프로그램의 유형

청소년 프로그램은 청소년 스스로가 필요로 하는 욕구와 사회적 요구에 의해서 개발되어 왔기 때문에 다양한 형태와 목적을 가진 프로그램들이 존재한다. 따라서 청소년 프로그램의 유형은 어떤 일정한 기준에 의해 명확하게 구분되기 어렵다. 현재까지 개발된 프로그램들을 중심으로 그 유형을 구분하면 개발 주체, 구조화 정도, 구성범위, 체험활동 유형에 따라 분류할 수 있다(유진이, 2021).

(1) 개발 주체에 따른 유형

개발 주체에 따른 청소년 프로그램의 유형은 국가 및 사회적 수준, 청소년 기관 수준, 청소년 지도사 수준으로 구분된다.

국가 및 사회적 수준의 청소년 프로그램은 청소년정책의 활성화를 위하여 정책적으로 개발·보급하는 프로그램을 의미한다. 현재 정부의 청소년정책을 담당하는 여성가족부 또는 청소년을 대상으로 프로그램 개발에 참여하는 각 국가기구 및 지방자치단체 등의 주도 아래 개발된 프로그램을 말한다. 그 예로, 대표적인 프로그램은 청소년수련활동인증제에 의한 프로그램으로 이는 국가가 청소년활동의 공공성과 신뢰성을 인증하는 프로그램이다. 이러한 프로그램을 통해 국가는 청소년활동 정책의 실효성을 높이고 양질의 청소년활동 참여기회를 제공하고 있다.

청소년 기관 수준의 청소년 프로그램은 청소년 관련 단체나 시설 등 청소년기관에서 독자적으로 개발하는 사업적인 성격을 가진 프로그램을 의미한다. 청소년 기관 수준의 프로그램은 각 청소년단체나 시설 등에서 기관의 목적 및 목표를 달성하기 위한 수단으로 개발되고 운영되는 다양한 청소년 프로그램을 말한다.

청소년지도사 수준의 프로그램은 지도사가 단위활동을 전개하는 데 필요한 세부적인 활동계획을 수립하는 것을 말한다. 여기에는 프로그램 일시, 장소, 대상, 세부내용, 인적·물적 자원 등 모든 요소가 기재되어 누구든지 프로그램을 진행할 수 있도록 구체적으로 명시해야 한다.

(2) 프로그램 구조화 정도에 따른 유형

청소년 프로그램은 목적 달성을 위한 구체적인 활동을 정하여 구조화된 상태로 운영된다. 이때 구조화된 정도에 따라 프로그램의 유형이 구분될 수 있다.

구조화된 청소년 프로그램은 목적과 목표가 분명하며 그것을 토대로 내용을 계획한다. 그리고 참여대상 및 장소선정, 과정과 방법, 프로그램 운영시기, 예산과 평가 그리고 피드백 등의 정보가 자세히 제시되어 있어야 한다. 다시 말해, 구조화된 프로그램은 누구든지 진행할 수 있도록 구체적으로 명시되어 있는 청소년 프로그램이라고 할 수 있다. 국가 및 사회적 수준의 프로그램이나 기관 수준의 프로그램에서 개발된 프로그램은 구조화되어 있는 경우가 보통이다.

비구조화된 프로그램은 단순한 행사진행표나 일정표 등과 같은 것을 말한다. 비구조화된 프로그램은 기본적으로 프로그램이 갖추어야 할 요소가 생략되어 있고, 운영기관이나 프로그램 실행자의 주관적 경험에 크게 의존하게 된다. 따라서 비구조화된 프로그램은 청소년 프로그램의 일부분일 뿐이며, 청소년전문가에 의해서가 아니더라도 누구나 만들 수 있다. 상담활동 등의 프로그램에서는 비구조화 프로그램이 존재하기도 하며, 비구조화 프로그램의 장점을 살린 쓰임새가 존재하지만 청소년 프로그램에서는 적절하지 않은 경우가 많다.

(3) 프로그램 구성 범위에 따른 유형

청소년 프로그램에서는 프로그램이 구성된 범위에 따라 단위, 연속, 통합, 종합프로그램으로 유형을 구분할 수 있다.

단위프로그램은 공통적으로 여러 번 반복해서 사용할 수 있도록 작성된 프로그램을 말한다. 단위프로그램은 단독적으로 사용되며, 어떤 하나의 내용을 한 번에 지도하기 위한 일회성 프로그램으로 단편적인 봉사활동 프로그램, 견학 및 답사 프로그램 등이 이에 해당된다.

연속(단계적)프로그램은 한 주제를 여러 개의 내용으로 나누어서 이를 일정한 순서에 따라 지속적으로 운영하는 프로그램으로 수영, 태권도지도, 컴퓨터지도, 그림지도, 악기연주 등을 말한다.

통합프로그램은 한 주제에서 세분화된 여러 활동이나 비슷한 성격의 활동들을 모아

한 체계 속에 적절하게 연결하여 하나의 활동으로 묶어서 구성하는 프로그램으로, 구성요소들이 서로 독립되어 있다. 통합프로그램은 청소년들의 가치관 또는 태도형성이나 사회문제 해결을 목적으로 하는 지도 영역에서 나타나며, 환경답사, 생태환경조사, 환경보호실천 등의 프로그램이 이에 해당한다.

종합프로그램은 부분별 프로그램이 각기 고유한 목표와 성격을 유지하면서 어떤 연결원칙이나 공통적인 문제, 상호관심적인 영역하에서 그 연계성을 합리적으로 조합한 총괄적인 프로그램을 말한다. 청소년수련활동, 정신건강활동, 전통문화활동, 국제교류 프로그램 등 다양한 영역의 프로그램을 일주일 동안 실시하는 것이 이에 해당한다.

(4) 체험활동에 따른 유형

청소년 프로그램은 자연체험활동이나 봉사활동, 교류활동, 문화예술활동, 과학활동, 자기계발활동, 상담활동 등 활동내용에 따라 다양하게 유형을 분류할 수 있다. 국가에서는 청소년활동 유형에 따른 분류와 관리 감독을 위해 청소년수련활동인증제를 실시하고 있다. 이러한 청소년수련활동인증 영역에서는 프로그램의 유형을 자기계발활동, 모험개척활동, 교류활동, 건강 · 보건활동, 문화예술활동, 과학정보활동, 봉사 · 지역활동, 환경보전활동, 직업체험활동으로 구분하고 있다.

3) 청소년 프로그램 개발의 성격과 특성

(1) 청소년 프로그램 개발의 성격

청소년 프로그램의 개발은 학교 교육과의 차별성, 목표, 활동주체, 내용 등의 영역에서 다른 분야와는 다른 특수성을 가진다. 이러한 내용들을 고려하여 청소년 프로그램이 가지는 독특한 성격을 서술하면 다음과 같다(마상욱, 2018).

청소년 프로그램은 대안적 교육의 성격을 지니고 있다. 청소년 프로그램은 사회의 요구와 변화에 대응하기 위하여 청소년 단체와 기관이 개발하는 것이다. 따라서 청소년활동은 학교교육의 결핍을 채우기 위한 내용을 담고 있으며, 학교의 인지중심 교육과 방법의 경직성으로 일어날 수 있는 문제를 보완할 수 있도록 돕는다. 뿐만 아니라 청소년 프로그램에서는 학교교육에서 제공하기 어려운 새로운 내용이나 활동을 제공할 수 있다. 이처럼 청소년 프로그램은 청소년들의 다양한 요구를 충족시키고, 다양한 수준의 성취감을 맛볼 수 있도록 만들어진다.

청소년 프로그램은 성적과 같은 인지적인 부분의 역량 개발보다는 눈에 보이지 않는 잠재역량을 개발하는 것을 주된 목적으로 한다. 따라서 청소년 프로그램의 목적은 자아정체성, 자신감, 리더십, 인간친화능력을 높이는 것에 두는 경우가 많다. 이를 위해 세밀하게 측정 가능한 목표를 세우고 활동을 만들어 운영하며 그 결과를 평가하게 된다. 청소년 프로그램은 눈에 보이지 않는 잠재적인 역량을 개발한다는 특성으로 낮게 평가되는 경향이 있어 프로그램 개발 시 효과를 검증하기 위해 노력해야 한다.

청소년 프로그램 개발은 공동의 작업으로 이루어진다. 청소년 프로그램은 지도사 혼자만의 힘으로 기획하기는 어려우며 청소년 기관의 총체적인 경험과 자원을 동원하여 개발된다. 이러한 프로그램 개발의 성격상 청소년지도사는 협동해서 작업을 할 수밖에 없으며, 기관의 지도사가 프로그램 개발에 어떠한 형태로든 참여해야 한다.

청소년 프로그램은 종합 학문적인 성격을 갖는다. 청소년 프로그램은 청소년의 요구와 결핍에 기초하기 때문에 다양한 영역의 프로그램이 만들어진다. 그러나 청소년지도사가 모든 영역에 전문가가 될 수 없으므로 다른 영역의 전문가들의 도움을 받아야 한다. 특히 변화에 민감한 청소년들의 특징으로 인해 다른 영역에서의 프로그램 개발에서보다 청소년 프로그램은 종합적인 작업이라고 할 수 있다.

(2) 청소년 프로그램 개발의 특성

청소년 프로그램 개발은 개발주체, 내용 및 방법, 시간적 관점, 지도사의 역할에서 다른 영역과는 차별된 특성을 보인다(김진호 외, 2019).

첫째, 청소년 프로그램 개발은 누구나 수행할 수 있지만 주로 청소년 단체나 기관에 의해 주도되고 있다. 학교와는 달리 청소년활동 단체나 기관은 규모가 작을 뿐 아니라, 투입할 프로그램의 모든 내용에 대하여 의사결정하기 때문에 사회의 변화에 능동적으로 대응하는 역동적인 프로그램 개발이 가능하다. 이와 함께 프로그램 개발 자체가 청소년 단체나 기관의 사회적 역할이 되기도 한다.

둘째, 청소년 프로그램 개발에서는 내용, 주제, 방법이 다양하게 구성된다. 청소년 프로그램 개발은 청소년 개인의 요구와 국가나 사회적인 요구를 충족시켜야 하므로 광범위한 영역과 주제에 걸쳐 프로그램 개발이 이루어지고 있다. 뿐만 아니라 프로그램 개발 접근전략이나 프로그램 실천방법에 있어서도 청소년들의 적극적인 참여와 흥미를 유도하기 위해 최첨단의 다양한 기술과 기법을 적용해야 한다.

셋째, 청소년 프로그램 개발은 현재와 미래를 동시에 지향한다. 학교교육과정이 청소년들의 현재의 삶에 큰 관심을 가지지 않는 것에 비하여 청소년 프로그램 개발은 현재의 삶, 지금의 문제해결에 도움이 되어야 하며, 동시에 미래의 삶에서 필요로 하는 지식과 정보, 기술, 태도 함양 등을 담고 있어야 한다.

넷째, 프로그램 개발에서 청소년지도사의 역할이 크다. 학교교육 현장에서 교사의 역할은 국가에서 개발된 교육과정을 전달하는 역할을 수행하는 데 중점을 둔다. 반면 청소년지도사는 청소년활동에 대한 요구를 토대로 프로그램의 내용을 선정하고 조직한다. 이러한 측면에서 청소년 프로그램 개발은 청소년지도사 활동역량이 미치는 영향이 크다.

2 청소년 프로그램 개발이론과 모형

1) 청소년 프로그램의 개발이론

패러다임(paradigm)은 어떤 한 시대의 사람들의 견해나 사고를 지배하고 있는 이론적 틀이나 개념의 집합체로 볼 수 있다(김진호 외, 2019). 청소년 프로그램 개발에서 패러다임은 청소년지도사가 청소년 프로그램을 개발하기 위해서 가지고 있는 이론적 틀이나 개념의 집합체, 인식의 틀이라 할 수 있다. 패러다임은 실증주의 패러다임, 구성주의 패러다임, 비판주의 패러다임으로 구분할 수 있다(권일남 외, 2016; 한국청소년개발원, 2005).

실증주의(positivism) 패러다임에서 프로그램은 청소년의 외부 세계에 존재하는 새로운 지식과 정보, 그리고 기술 등을 청소년에게 전달하거나 가르칠 수 있도록 하는 도구적이고 공학적인 성격으로 규정된다. 그러한 입장에서 프로그램 개발이란 청소년지도사와 청소년 사이의 수단적인 메커니즘을 효과적으로 만들어 가기 위해 프로그램 개발의 절차를 강조하고, 이러한 의도와 목표에 의해 내용을 결정하는 목표수단모델의 성격이 강하다. 이때 청소년지도사는 청소년을 가르치는 통제자로서 주어진 내용을 효과적으로 전달하는 사람으로 간주한다.

이러한 관점은 학교교육에서 교사와 학생의 관계에서 볼 수 있듯이 청소년지도사와 청소년이 가르치고 배우고 익히는 교수-학습 행위로서 관계가 형성되고 있음을 전제한다. 이러한 관점은 목적달성을 위한 체계적이고 합리적인 프로그램 개발을 가능하게 하지만 청소년 프로그램 개발을 특권층의 고유한 영역으로 지나치게 집중화시켜 청소년과 청소년지도사의 사고를 하향식으로 고착시키고, 프로그램의 평가과정이 의도된 행동변화에만 관심을 기울이고 있어 프로그램의 잠재적 성과를 등한시하는 경향이 있다.

구성주의 패러다임은 실제적-해석적(practical-interpretive) 패러다임이라 하며, 이러한 관점에서 지식이란 인간의 감각적 혹은 지각적 경험으로부터 구성되며, 학습이란 그러한 구성적 과정을 통해 지식에 대한 내적 표상을 형성시켜 나가는 과정으로 규정한다. 따라서 청소년을 의미를 창조해 가는 주체적인 존재, 실존적 존재로 간주함으로써 청소년 지도의 과정을 청소년지도사와 청소년이 함께 '의미를 창출하는 상호작용의 과정'으로 규정한다. 그러므로 청소년은 프로그램 속에서 체험하는 다양한 교육적 경험을 통해 지속적인 반성적 숙고과정(reflective process)을 거치게 되고, 청소년 지도사와 청소년은 서로 의미를 창출하고 공유하는 상호작용의 주체이며, 프로그램의 실질적인 주인공이다.

이러한 측면에서 프로그램의 개발은 청소년 지도사와 청소년 중심의 프로그램 개발을 강조한다. 즉, 프로그램을 직접 운영하는 청소년 지도사에게 보다 많은 권한과 책임을 부여한다. 또한 청소년 프로그램 개발과정에 참여하는 사람들 상호 간의 '합의'와 '의사소통'을 강조하는 집단적 의사결정과정을 중시함으로써, 하나의 프로그램이 구성되는 과정에 관련 있는 많은 사람들의 이해와 관심사가 협상과 통합의 과정을 거쳐 이루어지는 순환적 합의제 모형이라 할 수 있다.

비판주의(criticvism) 패러다임은 비판적 또는 해방적 패러다임이라 하며, 더 넓은 사회에서 이데올로기적, 사회경제적 힘들로부터 발생되는 인간의 억압 상태를 해방시키는 데 관심을 기울인다. 이러한 억압 상태는 교육적 성장을 방해하므로 이러한 요인들을 밝혀내고, 극복하기 위해 교육을 필요로 하는 것으로 본다. 즉, 교육이 개인의 진정한 해방을 목적으로 하므로 교육을 '의식화'과정으로 간주하여 학습자의 적극적 참여와 임파워먼트를 부각시킨다. 프로그램의 내용은 청소년의 반성(reflection)과 행위(action)의 상호작용으로 설명되는 비판적 실천행위(praxis)이고, 프로그램의 개발형태는 대화모형(dialogical model)의 형태를 갖는다.

대화모형은 청소년지도사와 청소년 간의 '대화'에 기초하고 있으며 청소년의 참여가 부각된다. 대화과정은 행위와 반성의 상호작용으로 이루어진다. 인간의 지식이 사회적 구성물이라는 점을 전제하여, 청소년들은 청소년지도사와의 상호작용에서 동등한 권리와 존재가치를 지닌 청소년지도의 주체로서 스스로 지식의 구성 과정에 참여하고(행위), 이것의 갈등적 의미를 비판적으로 검토한다(반성). 결국 비판주의 패러다임에서 청소년은 단순히 학습경험 선택의 폭넓은 기회를 부여받거나 성인의 의존으로부터 벗어나 자신 스스로 학습경험에 대한 통제력을 갖게 된다.

2) 청소년 프로그램의 개발 모델

패러다임이 거시적 관점에서 청소년지도 계획을 바라본다면, 모델은 미시적인 관점에서 보다 구체적으로 청소년지도 계획 및 프로그램 개발을 설명한다. 프로그램의 개발의 접근방법과 관련되는 개발 모델은 전통적 합리주의적 접근, 자연주의적 접근, 체제적 접근, 비판적 실천 접근 등으로 나누어 볼 수 있다(유진이, 2021; 한국청소년개발원, 2005).

전통적 합리주의적 접근은 청소년지도의 효능성과 효율성을 증진하기 위해 프로그램 개발의 실천적 절차에 초점을 두는 이론으로 가장 오래되고 지배적인 프로그램 개발의 접근방법 중 하나이다. 이 접근방법은 수단–목적 접근방법으로서 목적과 목표를 구체화시키고, 내용과 활동은 목표에 일치하도록 계열화시키며, 지도성과는 목적과 목표에 관하여 평가된다는 입장을 취한다. 이러한 전통적 합리주의적 접근은 프로그램 개발 절차의 합리성과 실천성을 강조하며, 프로그램 개발 과정에서 지도목표 설정이 중요한 관심사가 되고 프로그램 내용이 지도목표 달성의 수단에 불과하다는 관점에서 개발 절차를 밟아 가는 특성을 보인다.

자연주의적 접근은 모든 참여자의 신중한 숙의적, 실제적 추론의 역동적 과정에 의한 경험의 공유를 통해 합의된 결정에 도달하는 순환적-합의모델로서 특징을 가진다. 이러한 자연주의적 모델은 청소년 지도 목표를 프로그램 개발에 우선되는 원리로 받아들이지 않고 청소년 지도 목표가 프로그램 개발의 출발점도 아니며 단지 더 나은 프로그램을 만들도록 해 주는 하나의 방법으로 간주한다. 그러므로 자연주의적 접근의 프로그램 개발자들은 지도목표를 정리하지 않고 그들이 공유하는 내용, 청소년, 청소년 지도사, 그리고 사회에 대한 일련의 믿음과 이미지를 출발점으로 삼는다. 이처럼 자연주의적 접근에서는 지도목표를 설정하는 것보다 실제 학습과정에서 지도할 지도 내용에 더 관심을 보이며, 교육목표에 의한 학습자의 행동 결과보다 교육내용을 통해 나타난 학습자의 행동자체에 관심을 가진다.

체제적 접근은 청소년 기관을 하나의 사회체제로 간주하고 학습자, 청소년 기관 및 조직체, 환경 등과의 상호작용을 통해 프로그램을 개발한다. 체제적 접근은 프로그램 개발을 하나의 체제로 간주하고 그 과정이 순환적인 통합적인 단계로 이루어져야 함을 강조한다. 따라서 프로그램 개발과정이 단순히 지도 목표설정이나 프로그램 내용선정 및 조직 차원에서 보지 않고 그 기관의 모든 자원을 고려한 총체적인 차원에서 이루어져야 함을 강조한다.

비판적 실천 접근에서는 청소년을 지역사회의 생활인으로 바라본다. 이는 폐쇄된 공간이나 제한적인 장소에서 청소년을 교육하는 것에 한정하지 않고, 청소년들이 생활하고 있는 지역사회 속에서 청소년 지도과정을 적용할 수 있도록 돕는다. 비판적 실천 접근에서는 프로그램 개발을 총체적인 과정으로 이해하며, 프로그램을 통한 변화의 대상을 개인학습자뿐만 아니라 사회적 구조까지 포함시키고, 프로그램 개발과정을 변증법적인 놀이와 귀납적인 방법에서 접근하고 있다. 이러한 접근에서 프로그램 개발의 핵심적인 요소는 바로 청소년 지도사 자신에 의한 현장 실천 연구이다. 그리고 프로그램 내용은 사회적 구성물이며, 학습자는 행위를 통하여 지식의 구성에 능동적으로 참여한다. 따라서 지식을 구성하고 선정하는 정당화의 과정이 대화 과정의 초점을 이룬다. 또한 프로그램 평가행위는 이러한 정당화의 과정에 포함되며 교육실천가에 대한 외부 평가라는 통제에서 벗어나 청소년 지도사와 청소년이 주체적인 평가 권한을 갖는다.

3 청소년 프로그램 개발 과정

1) 프로그램 기획

프로그램 기획이란 프로그램 개발에서 무엇을 할 것인가?, 프로그램을 왜 개발해야 하는가?, 프로그램 개발을 통해서 얻을 혁신적인 결과물이 무엇인가? 프로그램을 어떻게 진행할 것인가? 등과 관련된 문제를 체계적이고 논리적으로 해결해 가는 과정이라고 할 수 있다(김진화, 2005). 청소년 프로그램의 기획은 미래지향적인 측면에서, 연속적인 과정으로, 의사결정을 촉진하는 방향에서, 목표지향적으로, 수단과 목적을 연결하며, 행동지향적인 특징을 고려하여 이루어져야 한다(마상욱, 2018). 이러한 특징을 기반하여 이루어지는 프로그램 기획의 구체적인 과정은 〈표 6-1〉과 같다.

〈표 6-1〉 프로그램 기획의 과정과 목적

구분	목적
1. 경계설정	프로그램 행동 범위 · 한계 확인
2. 문제분석	사회적 조건확인 및 프로그램 전략수립
3. 요구사정	문제 확산 정도에 측정된 행동 목표 확인

구분	목적
4. 목적 · 목표 규정	프로그램의 문제해결과 연계 및 프로그램 결과 평가의 목표 설정
5. 우선순위 설정	프로그램의 의사결정에 가치 부여 및 자원 배분
6. 대안 확인	프로그램 결과의 효율성과 효과성 극대화 및 프로그램 활동과의 연계
7. 대안 선정	최적 프로그램 해결방안 확인과 자원배분 수행
8. 자원 결정 및 목표 설정	프로그램 수준 확인 및 자원 배분
9. 실행	프로그램 목표 실현 보장
10. 평가	목표 성취 결정 및 성공 실패의 원인 결정

출처: 한국청소년개발원(2005).

2) 프로그램 설계

프로그램 설계란 프로그램 기획 단계에서 확인된 교육적 요구와 필요를 기초로 프로그램 내용과 방법을 선정하고, 조직화하는 과정을 말하며 다음과 같은 절차를 거친다(유진이, 2021). 먼저, 청소년 기관이나 단체가 추구하는 이념에 맞춰 구체적인 프로그램의 목표를 설정하고, 목표 달성을 위한 프로그램 내용을 선정하며, 그 내용을 효과적으로 전달할 수 있는 방법을 선택한다. 마지막으로, 프로그램의 목표 달성 정도를 측정하기 위한 평가 방법과 내용을 결정한다.

설계의 이러한 과정은 다음의 질문을 기반으로 하여 주요 개요를 도출할 수 있다. 해당 청소년 기관 및 단체가 추구하는 목표는 무엇인가? 목표 달성을 위해 제공할 수 있는 프로그램은 무엇이며, 이를 어떻게 조직할 것인가? 조직된 프로그램의 내용들은 어떤 방법을 통해 효과적으로 전달될 수 있는가? 프로그램 목표의 달성여부는 어떻게 평가될 수 있는가? 이러한 질문들을 바탕으로 할 때 프로그램 목표 설정, 프로그램 내용선정과 조직, 프로그램 방법 선정, 프로그램 평가가 이루어진다(권일남 외, 2016).

이상의 질문을 기반하여 프로그램 설계를 위한 일련의 과정을 거치면 프로그램의 지도안을 만들 수 있는데, 프로그램의 설계 및 지도안의 작성 시에는 다음의 사항을 유의해야 한다(마상욱, 2018).

첫째, 프로그램의 설계에 있어 계획된 프로그램은 참가자들의 요구를 만족시켜 줄 수 있는 중요한 수단이 됨을 숙지하여야 한다.

둘째, 프로그램의 실시방법을 다양하게 활용하면 할수록 상황 변화에 유동적으로 대처하기 위한 방안을 미리 마련해 두어야 한다.

셋째, 프로그램 설계 시 참가자의 자주성을 존중하는 전개를 위하여 청소년들이 의견을 개진할 수 있는 시간을 편성해 두어야 한다.

넷째, 프로그램은 어느 정도의 긴장감을 조성하도록 하는 것도 중요하지만 지나친 긴장을 조성하거나 바쁘게 편성하는 것은 좋지 못하다.

다섯째, 프로그램은 구체적인 활동을 통하여 이루어지는 것이기 때문에, 프로그램을 설계하거나 그 프로그램 지도안을 작성할 경우에는 무엇 때문에 프로그램 활동을 계획하고 실시하는가 등과 같은 의문으로부터 출발하는 자세가 필요하다.

3) 프로그램 마케팅

청소년 프로그램의 마케팅이란 청소년 시설 및 단체가 프로그램에 많은 청소년들의 참여를 유도하기 위해 취해지는 여러 가지 조치들을 포괄적으로 지칭하는 개념이다(송병국, 2007). 즉, 홍보, 진흥, 광고 등을 통해 청소년 프로그램을 잠재적인 고객들에게 알리고 그들의 참여를 적극적으로 유도하고 촉진시키는 방법에 대해 연구하고, 분석하며, 판단하는 포괄적인 개념을 말한다(김진호 외, 2019).

이러한 프로그램 마케팅은 기관의 성격에 따라 구분될 수 있는데 청소년 기관은 비영리 기관으로 일반 영리기관과 다른 마케팅 절차에 따라 이루어진다. 비영리 마케팅의 절차는 사명의 성립, 기회 및 위협의 분석, 조직의 감정과 약점 분석, 마케팅 목표의 설정, 마케팅 전략의 형성, 실행계획 형성과 실행, 피드백과 통제의 과정을 거치는데 이를 청소년 프로그램에 적용하면 다음과 같다(유진이, 2021).

첫째, 청소년 기관 및 단체는 고유의 이념과 목적을 통해 어떤 가치를 실현함으로써 청소년들을 위하는 공익에 이바지하고자 한다. 이는 청소년 기관 및 단체의 성격에 따라 다양해질 수 있으며 해당 기관 및 단체의 고유한 사명이라고 할 수 있다.

둘째, 기회 및 위협의 분석은 청소년 기관 및 단체를 둘러싼 외부의 거시적 환경에 관한 분석을 의미한다.

셋째, 조직의 강점과 약점분석은 청소년 기관 및 단체 내부의 환경, 즉 관리와 인적 · 물적 자원 등의 장 · 단점을 분석하는 것이다.

넷째, 마케팅 목표설정은 분석을 토대로 청소년 기관 및 단체의 성장률, 청소년 프로그램 참여 증가율, 청소년 프로그램 만족도 증가율 등과 같이 도달해야 할 목표를 양적인 수치로 정하는 것을 말한다.

다섯째, 마케팅 전략 형성은 청소년 기관 및 단체 그리고 청소년 프로그램의 목표를 달성하기 위해 청소년 중에 표적 집단을 선정하고 방법을 정하는 과정이다.

4) 프로그램 실행 및 운영

청소년 프로그램의 실행이란 청소년활동 프로그램을 지원 · 촉진 · 안내하고, 환경을 조성하여 의도한 프로그램 목표를 달성해 나가는 과정이다. 이 점에서 프로그램 실행은 프로그램 개발의 가장 핵심적인 과정으로서 프로그램을 매개로 지도사와 청소년이 만나는 접점이자 프로그램의 매력성, 효과성, 효율성을 결정짓는 중요한 과정이다(김진호 외, 2019). 일반적으로 청소년 프로그램의 실행 과정은 도입, 전개, 정리과정으로 구분되며 각 단계별 특징은 다음과 같다(마상욱, 2018; 유진이, 2021).

(1) 도입단계

도입단계는 청소년들이 프로그램에 적극적으로 참여할 수 있도록 흥미를 유발하는 시간이다. 이를 위해 오리엔테이션을 실시하여 프로그램의 내용과 그 의미를 부여할 필요가 있다. 또한 참가자들의 서먹서먹한 관계를 개선하기 위해서 레크리에이션과 같은 프로그램을 통해 친밀감을 형성한다. 이러한 친밀성은 청소년기의 특징을 고려하였을 때 또래집단의 긍정적인 상호작용을 위해 꼭 필요한 시간이라고 할 수 있다.

(2) 전개단계

전개단계는 구체적인 활동을 해 나가는 실행단계의 중심 부분이다. 전개단계에서는 청소년이 프로그램 목표를 달성하기 위해 자기 주도적으로 과제를 해결해 나가는 과정으로 가장 많은 활동이 이루어진다. 목표를 달성하기 위한 과제유형, 활동내용, 활동방법, 활용자료 등이 혼합되어 구현되는 과정이며 지도사, 강사, 운영요원, 자원봉사자, 참여한 동료 청소년들이 자신의 역할을 숙지하고 활동을 해 나간다. 이러한 과정은 진행과정에 따라 계획을 수정하기도 하고, 청소년의 반응, 아이디어, 건의사항 등을 능동적이고 긍정적으로 수렴하면서 변화를 주기도 한다.

(3) 정리단계

정리단계에서는 지도사 및 강사와 참여한 청소년 모두가 활동을 정리하여 발표하고, 평가하는 과정을 통해 프로그램 내용을 내면화하고, 어떤 것들이 개선되어야 하는지 논의해야 한다. 프로그램에 참가한 구성원들은 함께 정리하고, 평가하면서 개인적으로 배우고 느꼈던 것들을 나누고, 지지하고, 피드백하면서 더 많은 것을 배우게 되고, 주체적으로 더 나은 프로그램을 만들기 위해 반성하고 제언하게 된다. 정리단계의 기법으로는 평가를 위한 토론, 간단한 개방형 질문을 통한 평가, 평가지 작성 등이 있다. 이때 청소년 지도사나 강사는 촉진자, 안내자, 조성자로서 청소년들이 자기 주도적으로 정리활동을 할 수 있도록 돕는다.

5) 프로그램 평가

일반적으로 평가는 가치를 부여하고, 비평을 가하는 것을 의미한다. 이러한 의미에서 청소년 프로그램 평가는 청소년활동과 관련된 제반 요소 중에서 청소년활동의 의도, 청소년활동의 내용, 청소년활동 참여자, 청소년활동 운영을 평가의 주 대상으로 삼아 그 가치를 판단하고, 성과를 감정하고, 목표 · 내용 · 활동 · 산출물 · 비용 등에 관한 정보를 제공하려는 일련의 절차를 말한다(국가청소년위원회, 2007).

청소년 프로그램 평가의 절차는 평가의 세부목표 설정, 평가영역 결정, 평가도구의 제작 및 선정, 프로그램 평가의 실시, 평가결과의 처리와 분석, 프로그램 평가의 활용 순으로 진행된다(마상욱, 2018).

평가의 세부목표 단계는 프로그램 평가를 실시하게 된 배경과 동기를 확인하고, 프로그램 평가를 왜 실시하게 되었는가를 명확히 하여 프로그램 평가의 목적과 의도를 선정하는 단계이다. 프로그램 평가의 목표는 해당 프로그램의 목표가 달성되었는지 또는 목표달성을 위해 얼마나 효율적으로 프로그램이 진행되었는가를 측정하는 데 있다.

평가영역 결정단계에서는 프로그램 의도에 맞게 프로그램 평가의 영역과 대상을 선정한다. 평가 영역에서는 프로그램 목표도달 평가, 프로그램 내용 평가, 프로그램 운영

평가, 참여자 반응 평가로 구분된다.

평가도구 제작 및 선정 단계에서는 목표 달성 여부를 확인하기 위해 효과를 측정할 수 있는 전문적인 척도나 도구를 사용한다. 프로그램 평가도구는 적절한 도구를 직접 제작하거나 기존에 개발된 척도를 사용한다. 도구의 유형으로는 의견조사형, 반응조사형, 표준화 평가척도 등이 활용된다.

프로그램 평가실시 단계에서는 평가 목표를 달성하기 위한 평가 내용 및 도구를 제작한 후에 정해진 방법에 따라 평가를 실시한다. 평가를 실시하는 방법은 시험, 설문응답, 심사분석, 관찰, 집단협의 등이 있다.

평가결과의 처리와 분석 단계에서는 데이터 편집(editing), 부호 붙이기(coding), 표 만들기(tabulating), 통계분석(computing)의 과업을 수행한다. 즉, 수집 자료를 검토 및 수정하고, 수집한 자료를 숫자 등으로 부호화하며, 범주별로 평가된 점수를 해석하기 위해 내용을 집계하며, 평가 목표에 따라 백분율, 빈도분포, 집중경향, 상관관계 등을 분석한다.

프로그램 평가의 활용 단계에서는 평가결과를 어떻게 활용하는지에 대한 내용을 다룬다. 평가자료는 프로그램 개정이나 마케팅에 활용될 수 있다. 청소년 지도사는 프로그램 평가를 통해 얻은 자료를 가지고 프로그램의 운용이 계속되어야 하는가를 판단하고, 이해관계자들에게 효과적으로 보고해야 한다.

4 청소년 프로그램 사례

청소년 프로그램의 동향을 파악하기 위하여 참여, 활동, 보호분야별로 우수한 프로그램의 개요를 정리하여 특성을 알아보고자 하며 자세한 내용은 다음과 같다(한국청소년활동진흥원, 2020).

1) 참여분야

(1) 필 환경시대 청소년의 기후행동: 지구온도 -1.5℃, 기후행동 +1.5℃

이 프로그램은 기후변화에 따른 위기가 지속됨에 따라 청소년의 주도적인 기후행동 실천을 통해 일반 청소년과 지역주민이 함께 기후행동을 실천할 수 있는 문화 조성프로그램이다. 주요 내용은 청소년 대상 기후행동 실천교육, 폐자원 수거 및 폐자원을 활용한 메이커 활동, 기후환경 관련 온라인 카드 뉴스 배포 등으로 구성되어 있다. 해당 프로그램은 시립보라매청소년센터에서 운영하였으며 대면과 비대면을 함께 진행하여 383명이 참여하였다.

(2) 야! 심찬 시장(우리들의 가슴 벅찬 시장)

이 프로그램은 지역 전통시장 활성화를 위해 지역사회와 함께 정책을 마련하여 관계자에게 제안하는 활동프로그램이다. 주요 내용은 모범 전통시장 탐방을 통한 사전조사, 시장의 역사와 유래 확인, 전통시장 활성화 정책마련 등으로 구성되어 있으며, 이 프로그램은 전주청소년문화의집에서 운영하였고 총 228명의 인원이 참여하였다.

(3) 청소년 스타트업 프로젝트 창업을 do-dream(두드림)

이 프로그램은 청소년들이 스타트업과 접목시켜 창의적인 아이디어를 바탕으로 캐릭터와 굿즈를 제작하고 온라인을 활용하여 실제 창업을 진행하고 결과를 지역 내 취약계층청소년들에게 환원하는 프로그램이다. 주요 내용으로는 취약계층 현황조사, 스타트업 및 어피니티 디자인 교육, 캐릭터 및 디자인 굿즈 제작, 온라인 창업 등으로 구성된다. 본 프로그램은 구립망원청소년문화센터에서 운영하였으며 총 305명이 참여하였다.

2) 활동분야

(1) 성 · 리 · 학(성평등을 이해하고 배우다)

성 · 리 · 학 프로그램은 성평등 의식을 바탕으로 청소년들이 평등한 꿈을 꿀 수 있도록, 청소년 주도형 프로젝트를 통해 지역사회 청소년과 시민들에게 성평등 의식을 제고하는 프로그램이다. 프로그램은 성평등 전문가 특강 및 직업 체험, 성평등 캠페인 운영, 성평등 의식 활동집 제작을 주요 내용으로 한다. 이 프로그램은 의정부청소년수련관에서 운영하였으며 총 120명의 인원이 참여하였다.

(2) a-ha! 꿈을 디자인하는 "희망코칭스쿨"

이 프로그램은 멘토코칭 활동을 통하여, 진로 탐색과 자기효능감을 키우고 학교생활 부적응 해소 및 건강한 사회인으로 성장을 지원하는 프로그램이다. 주요 내용은 멘토코칭활동, 그룹 코칭, 유튜브 크리에이터 이론 및 실습활동, 진로적성 검사 및 심리검사, 자존감 및 사회성 관계 향상 지원활동, 진로탐색 활동으로 구성되어 있다. 이 프로그램은 사단법인 희망키움넷에서 운영하였으며 총 460명이 참여하였다.

(3) 크리에이터×힙합 dream collaboration: 나, 그리고 우리들의 스토리

이 프로그램은 크리에이터와 힙합에 관심 있는 청소년들을 대상으로 전문가들과 멘토링 및 자작곡 프로듀싱 활동을 통해 문화예술 창조의 주역으로 성장시키는 프로그램이다. 이 프로그램의 주요 내용은 힙합 역량 및 작사·작곡 이론 및 실습, 크리에이터 역량 및 미디어 이론 및 실습, 크리에이터×힙합 관계형성 교류 활동 등으로 구분된다. 이 프로그램은 시립마포청소년센터에서 운영하였으며 총 676명이 참여했다.

3) 보호분야

(1) 안녕하세you?(너희 동네 청소년 유해환경은 괜찮니?)

이 프로그램은 서울시 강동, 송파지역이 지역 내 청소년 유해환경 모니터링, 개선활동, 캠페인 등을 운영하여 청소년 유해환경을 개선하는 청소년유해환경감시단 활동 프로그램이다. 프로그램은 청소년유해환경감시단 사전교육, 청소년 유해환경 온·오프라인 모니터링, 청소년 유해환경 개선활동, 청소년 유해환경 온·오프라인 캠페인, 청소년유해환경감시단 활동보고를 주요 내용으로 한다. 이 프로그램은 서울시립청소년이동쉼터에서 운영하였으며 총 163명의 인원이 참여하였다.

Chapter 07

청소년활동과 전문인력

1 청소년활동과 전문인력의 중요성

1) 전문성과 전문직 정체성

청소년 전문인력이란 청소년활동을 조장하고 촉진하는 데 기여하는 핵심적 구성요소로서 전문성을 가진 전문직 종사자라는 의미를 전제하고 있다. 여기에서 전문직이란 프로페셔널리즘(professionalism), 즉 전문직성, 전문가주의, 전문직업주의 등의 용어와 같이 사용되고 있는 것으로, 어떤 분야에 대한 일을 하기 위해서 필요한 전문지식과 기술의 기능이라고 말할 수 있는 전문성을 가지며 전문직이란 그러한 전문지식을 가진 자만이 할 수 있는 직무를 말하는 것으로 볼 수 있다(이정호, 1987). 즉, 전문성은 보편적으로 한 집단의 구성원들이 공유하면서 특정한 사회적 필요를 충족시키기 위해 사용하는 가치, 기술, 기능, 지식 및 신념의 체계이며 이러한 지식과 기술을 가진 사람이 할 수 있는 직무를 전문직이라고 한다(어대훈, 2004). 전문직에 대한 체계적인 연구를 진행한 홀(Hall, 1975)은 전문직이 특별한 훈련에 의해 주된 기준이 얻어지고, 사회에 대한 봉사를 수행하기 위한 수단이며, 일반인들은 이용할 수 없는 지적인 기술(intellectual technique)을 갖고 있다고 보았다.

전통적으로 전문직으로 인식되고 개념적으로 부합하는 직업은 주로 의사와 변호사, 교수 등에 한정되어 있다고 볼 수 있지만, 최근에는 지식을 서비스하는 직업까지 포함하는 것으로 전문직의 의미가 확대되고 있는 경향이다(Fincham, 2006; 김민지, 2017 재인용). 지식서비스와 관련된 직업이 급증하고 그에 따른 전문성이 요구됨에 따라 많은 사람들이 고등교육을 받는 등 훈련 기간이 장기화되었으며, 실제로 한국표준직업분류에서는 전문직을 전문가 및 관련 종사자로 보아, 과학, 정보통신, 공학전문가 및 기술직은 물론, 보건사회복지, 종교, 교육, 법률, 행정, 경영금융 및 문화예술스포츠 전문가 및 관련직까지 직업군이 다양하게 분류되어 있음을 알 수 있다(통계청, 2017).

전문인력은 또한 전문직 정체성(professional identity)이란 용어와도 직접적으로 관련된다. 연구의 주제나 분야에 따라 다르게 정의되고 있는 전문직 정체성은 다른 직업 집단으로부터 자신을 차별화시키는 것과 관련된 주관적인 자기 개념으로 규정되기도 하지만, 전문직업인으로서 가지는 태도와 신념을 의미하기도 한다(허재경, 신영주, 2015). 청소년 전문인력의 전문직 정체성은 전문직과 관련 이론적 접근을 통해 이해할 수 있다. 김진화(2000)는 전문직 관련 이론 중에서 비전문직이 전문직으로 이행되는 과정에 관심을 기울이고 있는 과정적 접근(the process approach), 전문직의 사회적 기능이 무엇인가를 파악하는 데 비중을 두고 있는 사회과제적 접근(the social assignment approach), 전문직의 특성에 초점을 맞추고 있는 구조적 접근(the structure approach) 및 특성이론의 관점에서 청소년지도사의 전문성을 조명한 바 있다.

첫째, 과정적 접근으로 보면, 청소년 전문인력은 전문직으로 이행되는 양상을 보이고 있다는 것을 강조한다. 우리나라에서 청소년활동과 관련한 전문인력을 청소년지도사라고 규정하는데, 그 초기 단계는 청소년을 위한 자원봉사 차원에서 뜻 있는 많은 성인들이 관여하게 되었고, 차츰 사회적 운동으로 전개되어 오다가, 전문인력의 필요성이 제기되면서 국가에서 공적인 전문자격검정제도를 도입하여 인력을 양성하고 배출함으로써 전문화의 길로 들어섰다고 볼 수 있다는 것이다.

둘째, 사회과제적 접근에서 조명하면, 청소년활동은 전문성을 필요로 한다는 점과 관련된다. 어느 사회나 국가든 청소년이 국가발전의 중요 요소라는 사실을 공감하고 대부분의 국가들은 청소년정책(youth policy)을 수립·추진하고 있다. 우리나라의 경우도 청소년들을 위한 다양한 노력들이 학교는 물론, 가정, 지역사회, 관련 단체 및 조직 등에 의해 급속히 증대되고 있다. 청소년들에 대한 체계적이며 자율적인 활동의 원리와 방법들이 요청되고 있다는 것이다.

셋째, 특성이론을 바탕으로 구조적으로 접근하면, 전문직의 특성에 관심의 초점이 맞추어진다. 전문직의 특성은 크게 보면 일의 난해성, 자율성, 윤리적 책임성으로 요약할 수 있다(허병기, 1994; 김진화, 2000 재인용). 청소년 전문인력은 인생의 발달단계에서 가장 중요한 시기로 간주되고 있는 청소년기에 일정한 영향력을 행사하는 매우 중요한 책임을 맡고 있으며, 청소년을 지도하는 실천행위 자체가 매우 어려운 일로, 전문적인 지식과 독특한 기술들을 필요로 한다. 또한 청소년지도사는 청소년과 함께 하며, 청소년을 지원하는 과정에서 자신의 전문적인 지식과 기술을 발휘하는 동시에 자율성을 강조하면서 자신들의 행동에 대해 책임을 분명히 하는 특성을 갖는다.

2) 전문성의 의미와 청소년 전문인력의 유형

전문성은 청소년 전문인력들이 유능하게 수행해야 하는 역할과 과업수행 능력과 관련이 있다. 청소년 전문인력과 관련한 용어는 국가에 따라, 청소년기관과 조직에 따라 다양하게 사용되고 있는데, 서구 선진국의 경우 대체로 "유스 워커(Youth Worker)," "유스 리이더(Youth Leader)" 및 "커뮤니티 유스 워크(Community Youth Worker)" 등으로 불리면서 그 정의 또한 포괄적인 것에서부터 구체적인 것에 이르기까지 매우 다양하게 나타나고 있다(김윤나, 2018).

실제로, 청소년업무는 국제적으로 다양하며, 국가별로 일관된 체계를 갖고 있다고 볼 수는 없다. 만약에 일관적인 것이 존재한다면, 그 업무에 대한 책임을 갖는다는 점이다. 일부 국가에서는, 교육의 일부로 이해되고 있으며, 다른 지역에서는 사회사업 또는 사회복지로, 그리고 또 다른 지역에서는 여가, 문화 또는 스포츠로 이해되고 있다. 자선 단체, 지역 정부, 지방정부 부서 또는 교회 등을 통해 수행되고 있으며, 학문적 관련성도 지역에 따라서는 심리학이 그 구성적 학문이 되고, 또 다른 곳은 사회학이 되고, 다른 인문학의 분야들이 되기도 한다. 토대가 되는 담론은 긍정적 청소년개발, 사회적 교육학, 인권, 무형식 교육, 긍정 심리학, 급진 여성주의 또는 비판 교육학 등이 포함된다. 때로 청소년업무라고 명시적으로 불리기도 하지만, 그렇지 않는 것도 종종 있다.

따라서 청소년활동을 중심으로 보면 그 다양성을 충실히 대변하는 것은 어려운 일이다. 사실 다양성은 어느 정도 청소년업무의 본질의 일부이기도 하다. 하나의 전문직이란 일련의 실천에 의해서가 아니라, 하나의 관계성에 의해 정의된다(profession is defined not by a set of practices, but by a relationship). 예를 들면, 치과의사는 치아를 고치는 사람이 아니다. 치과의사는 사람들에게 구강을 건강하게 유지하도록 확실하게 해 주는 자들과 일하는 사람이다. 이러한 전환이 갖는 함의는 실로 매우 흥미롭다. 첫째로 그것은 "전문적"이란 용어는 처음에는 하나의 상태나 하나의 지위를 서술하는 것이 아니라는 점을 의미한다. 그것은 부모나 파트너와 같은 관계적 개념인 것이다. 부모라는 것은 자녀(child)를 가질 때 성립되듯이 하나의 전문직에게도 고객(client)을 가져야만 하는 것이다. 고객이 없다면, 전문직도 없는 것이다(Parsons, 1939).

둘째, 전문직의 일반적 특징은 윤리강령, 전문협회, 법적 훈련, 승인 등과 관련된다. 이러한 장치는 하나의 전문직이 그 내적 · 외적 고결성을 보호함으로써 해당 전문직이 존재하도록 만들어진 전략인 것이다. 내적 고결성이란 측면에서 보면 전문직은 해당 직에서 개발된 친밀성이 그 목적 범위 내에서 머무르도록 방어하고 변환하도록 하는 장치들을 고안한다. 외적 고결성이란 측면에서 보면 비밀보장의 실천은 전문적 관계성의 안전이 외부 세계로 고객의 분명한 동의 없이 노출되는 것을 허용하지 않는다는 점을 확실히 해 준다.

셋째, 관계성은 하나의 대칭적 관계성이 아니며, 서비스의 관계성이다. 그것은 본질상 타인지향적(other-directed)이다(Brandeis, 1914). 전문가는 고객에게 서비스하기 위해 있으며, 그 반대는 아니다. 전문 서비스는 그 보상을 받으며, 그러한 보상의 일부는 고객으로부터 나오지만, 고객은 그러한 보상에 대한 책임은 따로 없다. 특히 이러한 전문적 관계성은 비록 경우에 따라서는 계약서를 사용하기도 하지만, 상업적이거나 계약적 관계는 아닌 특성을 갖는다(May, 1975).

미국의 경우 청소년 전문인력은 학교 밖 프로그램 직원, 또래교육 프로그램 성인지도자, 교사, 청소년기관 직원, 사회서비스 담당자, 그리고 청소년의 삶에 영향을 미치는 사업을 하는 모든 사람 등을 포함하여 매우 포괄적으로 정의하고 있다. 청소년 전문인력의 종류와 유형은 조직의 구조와 관계없이 동일한 단체 내에서도 다르고 단체의 종류별로도 다종다양하다. 실제로 청소년단체의 인력 충원은 매우 다양하게 이루어지고 있으며, 요구되는 전문성(professionalism)의 기준, 단체 내에서 성장과 발전을 위해 제공되는 기회들, 보상의 수준 등에 있어서도 각기 다른 다양한 특성을 갖고 있다. 중요한 점은 어떤 형태로든 각종 청소년기관 · 단체는 자체 프로그램을 관리하는 다양한 종류의 유급 직원을 고용하고 있다는 것이다.

영국의 경우, 비형식적 교육(Informal education)영역에서 교육적인 과정을 통해 11

세에서 25세의 청소년들이 개인적, 사회적 발달을 이룰 수 있도록 촉진하고 돕는 사람을 '유스 워크(youth worker)'로 규정한다. 이들은 청소년들에게 긍정적인 기술과 태도를 심어 주는 것뿐만 아니라 작게는 지역사회, 더 나아가서는 사회에도 발언권과 영향력을 행사할 수 있도록 촉진하는 등 청소년활동에 있어서 넓은 영역을 다루고 있다. 청소년활동에 있어 가장 중요한 일은 청소년과 '유스 워커(youth worker)'의 지지적 관계 형성으로 볼 수 있다(National Youth Agency, 2018).

2 청소년 전문인력의 역할과 직무

1) 청소년 전문인력의 역할

청소년활동의 성패는 청소년지도자에 달려 있다고 해도 과언이 아니다. 특히 야외활동의 경우 전문인력은 많은 책임감을 갖고 광범위한 서비스를 전달하여 항상 밀접한 인간 상호작용의 환경에서 많은 과업을 달성하고 지적으로 우수한 결과를 산출해 낼 것이 기대된다. 프로그램은 그것을 전달하는 사람에 따라 효과적일 수도 있고 그렇지 않을 수도 있기 때문이다. 따라서 청소년지도자를 선발 · 고용 · 훈련 · 지도 감독하는 것에는 그에 필요한 최소한의 자격요건이 있다.

미국의 경우, 특히 청소년활동지도자에게는 성숙과 판단의 두 가지 자질이 중요하게 평가된다. 이는 객관적인 측정은 할 수 없지만 대체로 교육수준과 인정가능한 경력 및 연령 등을 고려한다. 유자격 지도자가 되기 위해서는 연령요건은 필수적이지만 그것이 반드시 단일한 기준으로 사용되는 것은 아니다. 영국의 경우에도 유스 워커, 즉 전문적 청소년지도자(professional youth worker)는 청소년활동(Youth work) 분야에서 적어도 대학수준 이상의 고등교육을 받아야 하는 것으로 명시하고 있다. 학사학위 취득 전의 경우 'youth support worker'로 구분되는데 전문 청소년지도(professional youth worker)를 보조하는 업무를 한다. 청소년 관련 기관에 취업 시에는 보통 National Youth Agency로부터 인정받은 자격(Qualification)이 필요한데, 여기서 자격(Qualification)은 학위(학 · 석사)취득 시 National Youth Agency로부터 자동적으로 인정되는 전문청소년 지도자(Professional youth worker)자격을 말한다. 그러나, National Youth Agency가 모든 청소년 지도자들을 등록해서 관리하는 국가 기관은 아니기 때문에 청소년지도자로서의 취업 여부는 해당 기관 고용주의 결정에 달려 있다고 볼 수 있다(윤자은, 2018).

우리나라의 청소년지도사 관련 제도는 1991년 한국청소년기본계획이 수립된 후, 도입되었으며 여러 차례의 변화를 거치면서 현재의 청소년지도사 배출로 이어지고 있다. 예를 들면, 1993년 시행에 따른 관련 제도는 사전연수제도, 양성기관 지정 등의 특성을 갖고 있으며, 1999년 개정에 따른 관련 제도는 1993년에 있었던 사전연구제도의 폐지로 이어졌으며, 2급과 3급에서 13개 전문선택 영역을 추가하여 전문성을 강화하고자 노력하였다. 2005년 개정 이후 관련 제도는 다시 2급, 3급 전문선택 영역을 폐지하고 대학에서의 시험과목 이수자에 대한 필수과목 면제, 시험과목 조정, 응시자격 강화 등이 이루어졌고, 2010년 개정에서 자격제도에 대한 위탁기관을 변경하였으며, 여성가족부, 한국산업인력공단, 한국청소년활동진흥원 3개 기관의 업무 분담 등의 내용으로 관련 제도가 변화되어 온 것이다(최창욱 외, 2019). 청소년상담사는 상담분야의 최초 국가자격으로 2003년부터 매년 시행되고 있으며, 2011년부터 필기시험 업무가 한국청소년상담원에서 한국산업인력공단으로 이관되었다. 이후 2014년부터는 응시자격 서류심사 및 면접업무도 한국산업인력공단으로 이관되었으며 한국청소년상담복지개발원은 자격연수 및 보수교육을 운영한다.

청소년지도자의 역할에 대해서는 많은 논의가 이루어져 왔다. 청소년 전문인력으로서의 청소년지도자는 청소년의 건강한 성장과 발달을 지원할 뿐만 아니라 청소년이 사회구성원으로 영향력을 행사할 수 있도록 도와주는 역할을 수행한다. 「청소년기본법」에서는 청소년의 복지증진과 수련활동 지원, 교류 진흥, 사회여건과 환경을 청소년에게 유익하게 조성함으로써 청소년의 균형 있는 성장을 돕는 것을 청소년지도자가 다루어야 하는 역할로 제시하고 있다. 최윤진 등(1992)은 청소년지도자의 역할로 전문가의 역할, 촉진자의 역할, 비판적 분석가의 역할, 예술가의 역할을 제시한 바 있으며, 함병수(1996)는 조직자의 역할, 정향자의 역할, 교사의 역할, 활동모델의 역할, 동반자의 역할, 정신적 지주자의 역할, 환경 조성자의 역할, 가정, 학교 사회와의 교량자 역할 등으로 제시하였다. 최근 최창욱 등(2019)은 청소년지도자의 역할을 청소년복지증진 및 도모, 청소년수련활동 지원, 청소년교류 촉진, 청소년을 위한 환경 조성, 청소년 개발 및 교육 등으로 분류하였다.

버터스와 뉴웰(Butters & Newell, 1978)은 청소년업무의 목적이 시기에 따라 변화해 왔으며, 이러한 변화 속에서 청소년업무에 참여하는 청소년과 청소년지도자의 역할 또한 함께 바뀌어 왔다고 본다. 과거 1870년~1919년에는 청소년 업무의 목적으로 인격형성을 강조하고 청소년을 "따르는 자"로 국한하여 누군가를 따라가는 대상임을 강조하던 시기로 청소년지도자도 청소년을 이끄는 "지도자"역할에 치중하게 되는 시기였다. 1919년 이후에는 세계적으로 사회적 교육의 시작이라는 중요한 변화를 겪게 되는데, 1920년~1950년 시기의 청소년지도자의 역할은 "교사", 1950년~1975년 시기에는 "촉진자"로서의 역할이 요구되어져 왔으며, 청소년은 "역할 적응"과 "자아실현"을 해야 하는 존재로서 그 역할이 강조되었다. 그러나, 1975년 이후에는 청소년을 바라보는 관점이 "사회적 교육으로부터의 탈피"라고 하는 차원으로 변화를 가지고 오면서 청소년을 교육의 대상으로서가 아닌 사회변화의 주체로서 바라보는 시각이 나타났다. 이에 따라 청소년지도자를 비롯한 청소년 전문인력의 역할에도 변화를 가져오면서 청소년업무에서는 임파워먼트를 강조하는 "사회비평가"로서의 역할과 해방을 강조하는 "활동가"로서의 역할이라는 두 가지 큰 흐름으로 나타나게 되었다(남화성, 2017).

〈표 7-1〉 청소년업무의 목적과 청소년지도자 및 청소년의 역할 변화

시기	청소년 사업의 목적	역할		중요한 변화
		청소년지도자	청소년	
1870~1919	인격형성 (character building)	지도자 (leader)	따르는 자 (follower)	사회적 교육(social education)의 시작
1920~1950	문화적 적응 (cultural adjustment)	교사 (teacher)	역할 맞춤 (role fitting)	사회적 교육으로부터의 탈피
1950~1975	개인적 개발 (personal development)	촉진자 (facilitator)	자기 실현 (self-realisation)	
1975~	임파워먼트 (empowerment) 해방 (emancipation)	사회비평가 (social critic) 활동가 (activist)	사회변화의 주체 (change agent)	

출처: Butters & Newell(1978); 남화성(2017); 최창욱 외(2019).

2) 청소년 전문인력의 직무

직무(job)란 현재 특정 작업자들이 수행하고 있는 비슷한 과업(Task)들을 묶어 놓은 것을 말하며 청소년지도자의 직무는 청소년활동 현장에서 실질적으로 맡아 수행하는 일이라고 정의할 수 있다. 청소년지도자의 직무는 프로그램을 진행하기 위한 지원업무라고 할 수 있는 '기획·관리·행정', 청소년시설과 단체를 외부에 알리고 청소년의 프로그램 참여를 높이기 위한 '홍보·마케팅·대외협력', 실제 청소년을 대상으로 '프로그램 개발·운영·평가'하는 일과 직접적인 활동지도와 관련한 '프로그램 수행·청소년

지도' 등이다(이춘화 외, 2008). 김진화(2000)는 청소년지도자의 직무를 청소년사업 기획, 프로그램 개발, 청소년프로그램 운영, 청소년 수련/상담/봉사 지도활동, 청소년 집단지도, 행정 업무 및 기관관리, 정보 및 네트워킹, 청소년유익환경 조성 및 교류촉진 등으로 제시하였다.

정부에서는 산업현장에서 직무를 수행하기 위해 요구되는 지식 · 기술 · 태도 등을 국가가 체계화하기 위한 국가직무능력표준(NCS, National Copetency Standards)을 규정하면서 청소년분야를 대분류는 사회복지 · 종교, 중분류는 상담, 소분류는 청소년지도로 분류하였으며, 세분류에서 청소년활동, 청소년상담복지를 설정하고 있다. 그리고 이에 따라 청소년지도자의 직무를 능력단위로 세부적으로 규정하고 있다. 한편, 서희정 등(2016)은 선행연구를 분석하여 프로그램 기획자, 프로그램 운영자, 교육자, 활동촉진자, 관리행정가, 변화촉진자, 네트워크 구축자, 네트워크 운영자로 청소년지도자의 세부적인 역할을 부여하고 역할에 따른 직무를 〈표 7-2〉와 같이 분류하였다.

〈표 7-2〉 청소년지도자의 역할과 직무

구분	역할	직무
청소년활동 운영	• 프로그램 기획자 • 프로그램 운영자	• 요구분석 • 프로그램 설계 및 개발
참가자와의 관계	• 교육자 • 활동촉진자	• 프로그램 운영 • 프로그램 평가
행정업무 수행	• 관리행정가 • 변화촉진자	• 청소년교육 • 청소년상담, 청소년 촉진, 참가자 조직
네트워크 실행	• 네트워크 구축자 • 네트워크 운영자	• 인적 네트워크 구축, 조직 간 협력체제 구축 • 동아리 조직과 운영

출처: 서희정 외(2016) 재구성.

3 청소년 전문인력의 자질과 가치

1) 청소년 전문인력의 자질과 태도

청소년 전문인력의 역할과 직무를 효과적으로 수행하기 위해서는 그에 합당한 자질을 갖추고 있어야 한다. 청소년 전문인력의 자질은 인간적 자질과 전문적 자질의 두 가지 측면에서 고려해 볼 수 있다. 인간적인 자질은 청소년 지도 시 사용되는 지식과 기술이 제대로 효과를 발휘할 수 있도록 도와주는 역할을 하는 것이다. 전문적인 자질은 청소년 지도자가 자신의 맡은 바 역할을 충실히 수행하는 데 도움이 되는 지식과 기술을 의미하고, 특히 청소년 전문인력의 역할과 밀접한 관련을 갖는다. 청소년 지도자가 해야 할 일이 무엇이냐에 따라 그것을 효과적으로 수행하도록 하는 지식과 기술은 달라질 수 있기 때문이다.

청소년 전문인력의 인간적인 자질은 어느 역할을 수행하든지 간에 필수적인 것이라고 할 수 있는 것이며, 가장 대표적으로는 인격적 품성을 들 수 있다. 그러나 전문적 자질에 대해서는 비교적 활발하게 논의되고 있지만, 인간적인 자질에 대해서는 그렇지 못한 실정이다. 그러나, 청소년활동에 종사하는 전문인력의 경우 가장 중요한 역할과 기능은 청소년들과 함께하는 친밀감을 형성하는 것이라는 점에서 보면, 권위 있는 전문가를 전제하는 전통적인 전문가주의(professionalism)로 이해하는 것은 현실과 맞지 않는 점이 있다. 청소년활동과 관련한 전문인력의 역할은 청소년들의 친구이며 안내자에 가깝기 때문이다(Banks, 1999). 청소년활동은 기존 제도교육의 한계와 문제점으로 지적되는 청소년과 함께하는 상황에서의 형식성 및 경직성, 타율성, 집단중심성 등을 극복할 수 있도록 다양성, 개별성, 창의성 등이 기본 전제가 되는 것이어야 한다.

이런 점에서 강대근(1981)은 청소년 전문인력의 자질을 성격(personality)과 기술

(skill)로 제시한 바 있으며, 특히 청소년활동과 관련하여 갖추어야 하는 지도자의 대표적인 품성으로 인간에 대한 신뢰, 민주주의에 대한 확신 및 민주적 품성, 사회적 책임과 정의에 대한 사명감 등을 중요한 것으로 제시하였다. 최윤진(1995)의 경우 이를 품성(personality)과 능력(ability)으로 자질을 구분하고 능력을 다시 지식과 기술로 나누어 제시하였다. 청소년활동을 위해서는 적절한 품성을 갖추고 필요한 지식과 기술을 습득하여 능력을 겸비한 제반 자질을 갖추는 것을 중요한 과제로 본 것이다.

또한, 한국청소년정책연구원(2015)은 청소년 전문인력의 자질을 자기이해, 전문지식, 전문기술의 세 가지 측면으로 강조하고 있다. 첫째, 청소년지도자는 자기 자신의 정체성, 목표, 동기, 요구, 제한, 장점 및 단점, 가치관, 문제 등에 대해 자각하는 것이 필요하다. 둘째, 청소년 발달 특징, 청소년 심리, 청소년 정책, 청소년문화 등 청소년지도에 필요한 전문지식을 구비해야 한다. 셋째, 청소년지도자는 조정 및 통합의 기술, 인간관계 기술, 실무적 기술 등을 습득할 필요가 있다는 것이다. 이러한 논의는 청소년활동이 갖는 특성에 근거하여 청소년 전문인력의 역할에 대해 논의한 것으로 특히, 청소년활동과 관련한 지도자들이 지향하는 가치나 신념을 담고 있다.

따라서, 청소년 전문인력은 기계적인 전문기술을 습득하는 데만 급급할 것이 아니라 진심으로 청소년을 사랑하고, 그들의 내적인 발전에 세심한 관심을 기울이며, 돕는 일에서 보람을 느끼고 더 효과적으로 돕기 위해서는 본인이 먼저 변화의 고통을 감수하려는 의지를 가질 필요가 있다. 김삼화(2016)는 청소년 지도자들이 청소년들을 돕기 위하여 어떠한 기법과 이론으로 접근하든 기본적으로 갖춰야 할 자세로 긍정적 관심, 공감능력, 이해심, 돕고자 하는 의지, 진정성, 그리고 긍정적인 삶의 태도 등을 강조하고 있다.

첫째, 긍정적인 관심은 청소년들의 장점을 알아 주고 아낌없이 칭찬해 주는 행위로 표현이 된다. 어른들의 진심 어린 칭찬은 청소년들로 하여금 근거가 있는 자신감을 가지게 하고 존중받고 수용받는 경험을 하게 한다.

둘째, 공감이란, 나의 경험과 감정과 상관없이 상대방의 경험과 감정을 있는 그대로 정확하게 이해하고 반영해 주는 의사소통방식이다. 청소년지도자들은 동감과 동정심으로 청소년들을 도울 수 있지만, 그러나 조금 더 전문적인 도움을 제공하려면 훈련을 통하여 공감능력을 발휘하는 것이 훨씬 더 많은 효과를 볼 수 있다.

셋째, 이해심은 상대방의 신념, 생각, 감정, 의도를 있는 그대로 알아주는 심리적인 과정과 관련된다. 이해는 한 사람의 경험에 대한 존중이 전제가 되어야 하고 인내심 있게 경청하는 노력이 필수이다. 그러나, 사람을 제대로 이해하려면 훈련된 대화의 기술이 있어야 한다.

넷째, 돕고자 하는 의지를 가지면 청소년들에게 자연스럽게 관심을 갖게 되고 상대방에게 집중하게 된다. 그러나, 돕는 행동은 열정으로만 할 수 있는 일이 아니다. 효과적으로 돕기 위해서는 청소년의 정상적인 발달을 이해해야 하고, 그들의 눈높이에 맞춰서 대화를 해야 하며, 그들이 선호하는 방식을 사용해야 하고, 자신의 자원을 돕는 일에 모으게 된다.

다섯째, 진정성의 경험은 '참 자기'를 획득할 수 있는 중요한 방법이다. 진정성이 있어야 자기에게 더욱 정직해지고, 타인을 신뢰할 수 있으며 자기가 무엇을 원하는지, 원하는 것을 얻으려면 무엇을 해야 하는지를 잘 알 수 있다.

여섯째, 긍정적인 삶의 태도는 일에 임하는 태도에서 보여 줄 수 있다. 긍정적인 삶의 태도를 가진 자는 현재의 지식에 만족하지 않는다. 끊임없이 새로운 것을 배우고 때로는 현재의 지식을 기꺼이 버릴 수 있는 의지와 용기도 있다.

청소년 전문인력의 이러한 기본적 자질과 태도는 물론 청소년들과의 내면적 소통에 더 많은 관심을 갖는 청소년상담사들에게는 더욱 중요한 것이다. 청소년상담사는 상담자가 갖추어야 하는 일반적인 자질과 함께 청소년기의 발달적 특성을 이해하여 발달적으로 어떤 변화가 일어나고, 어떤 문제에 부딪히며, 문제해결능력은 어느 정도인지 파악할 수 있는 전문적인 자질도 함께 갖추어야 한다. 청소년들이 주로 호소하는 문제를 해결하기 위한 전문적인 상담 이론과 상담기법을 익혀 서로 어떻게 다르고 어떤 효과가 있는지 정확히 알아야 하는 것이다. 청소년상담사는 사례문제에 따라 적절한 상담이론을 적용하고 상담기법을 사용할 수 있어야 하며 청소년심리검사자로서의 전문성, 상담 프로그램 개발과 운영, 연구능력, 행정능력 또한 갖추어야 하는 전문적인 능력을 필요로 하는 전문직이기 때문이다.

2) 청소년 전문인력의 가치와 윤리

청소년 전문인력은 청소년활동의 현장에서, 청소년들과의 만남의 모든 과정 속에서 가능한 자신의 가치에 반하지 않는 윤리적인 방식으로 전문 직업인으로서 행동할 필요가 있다. 청소년 전문인력은 청소년에게 직·간접적으로 영향을 미치는 위치에 있다는 점에서 전문직으로서 스스로 윤리적 기준과 가치를 가지고 청소년과의 올바른 관계정립을 위해 노력하여야 하는 것이다. 전문인력 중에서도 청소년상담사는 2008년에 제정된 윤리강령에 따라 비밀보장문제, 성적인 관계에 대한 갈등, 상담자 자격의 문제점 등과 같은 다양한 문제에 대해서 발생하는 심리적 딜레마를 해결하며 직무를 수행하고 있지만, 청소년지도사의 경우에는 청소년활동과 관련한 전문인력의 윤리교육, 현장의 윤리적 요소나 의식에 대한 공인된 기준을 정립하지 못하고 있는 실정이다.

청소년지도자의 윤리의식은 윤리적 이슈나 윤리적 딜레마에 대한 지침을 제공하는데 이때 윤리적 기준의 바탕이 되는 것이 가치이다. 가치는 어떤 행동이 좋고 어떤 행동이 나쁜지를, 어떤 신념이 적절한지를 결정하는 기준이 된다. 가치는 어떤 구체적인 행동양식이나 최종의 존재상태가 다른 행동양식이나 최종의 존재상태보다 개인적으로나 사회적으로 바람직하다고 믿는 지속적인 신념이다. 메글리노와 래블린(Meglino & Ravlin, 1998)에 따르면 이론가들은 가치를 두 가지 방식으로 개념화해 왔는데 하나는 어떤 사물이나 결과물이 다른 사물이나 결과물과의 상호작용을 통해서 스스로 얻게 되는 고유의 가치이며 다른 하나는 인간에 의해서 획득된 가치로서, 이는 다시 목적적 가치(terminal value)와 도구적 가치(instrumental value)로 구분된다. 목적적 가치는 개인이 추구하는 최종의 존재상태(end-state of existence)에 대한 가치이며, 도구적 가치는 정직함이나 선행과 같은 행동양식에 대한 가치이다(신중환, 2014 재인용).

한편, 청소년분야와 관련하여, 로버츠(Roberts, 2009: 2)는 청소년활동에 있어서 '가치'와 '사실'을 구별할 필요가 있다고 주장한다. '무엇'과 '무엇이 되어야 한다'는 것의 차이는 청소년을 대상으로 한 모든 서비스에서 항상 부딪치게 되는 실제적 차이들이다. '무엇이 되어야 한다'를 판단하는 것은 나쁘고 잘못된 것으로부터 선량하고 옳은 것을 구별해 내는 것이다. 이와 달리 사실이란 가치와는 다른 범주에서 이해될 수 있다. 여기서 사실이란 청소년들이 지역사회 안에서 성장하면서 그들의 가족, 학교, 시장, 일터의 영향을 받는 것을 의미한다. 사회과학자들은 이런 사실들의 상호작용을 세밀히 분석하여 이해할 수 있게 돕는다. 또한 청소년활동은 이런 사실에 개입하여 가치를 표현해 내는 것이다. 가치란 청소년들이 처한 현재의 사회적 상태를 재생산하는 것이 아니라 청소년들의 성장이 이루어지도록 돕는 것이다.

청소년 발달을 위한 청소년지도에 종사하는 전문가에게 요구되는 가치를 살펴보면 브로디(Broady, 1998)는 '필수적인 수준의 가치'와 '중요 수준의 가치'로 구분하여 제시하였다. 필수적인 수준의 가치는 존경, 정직, 긍정적 청소년 발달, 청소년과 일할 때 윤리, 비밀성, 책임, 편견 없는 접근, 지속적인 평생학습 등이며 중요 수준의 가치는 자기효능, 제도적인 틀(철학, 가치, 사명, 문화), 청소년 권리, 자기성찰, 청소년 자원봉사주의, 공유, 옹호, 지역사회 자원봉사주의, 성인 자원봉사주의 등이다.

영국과 웨일즈의 경우 청소년과 지역사회 사업에서 강조하는 기초적인 가치로, ① 기본적인 인권에 대한 존중 - 예를 들어 정의, 자유, ② 자기결정에 관한 개인과 권리에 대한 존중, ③ 사회 내 서로 다른 문화와 종교에 대한 존중, ④ 임파워먼트와 참여 민주주의에 대한 헌신, ⑤ 협력적인 업무 관계와 집합적인 행동, ⑥ 젊은이와 성인들이 그들의 동의에 기반하여 하는 모든 관계와 활동들에 대한 승인 등을 제시하고 있다(Banks, 1999).

한편 청소년 전문인력의 역할에서 중요한 한 가지는 전문직으로서의 윤리 문제이다. 청소년지도자의 윤리는 전문적 실천에서 행동의 기준과 규범을 정하는 것이다. 로웬버그와 돌고프(Loewenberg & Dolgoff, 1988)는 윤리란 어떤 행동이 도덕적으로 옳은가 그른가와 같은 질문과 관련되며, 좋고 나쁨을 구분할 수 있는 기준이라 언급하였다. 윤리는 행위규범의 총체로서 사회 안에서 사람과 사람의 관계를 규정하는 규범, 옳고 그른 것에 관한 자율규범이지만 청소년을 지도하는 전문직에 적용될 때는 실천적 행동 강령이 된다. 따라서 청소년지도자의 윤리는 청소년활동과 관련하여 스스로 지켜야 할 것으로 기대되는 사회규범을 의미하며 이에 윤리적 태도는 단순히 개인 문제가 아닌 청소년, 가정, 지역사회, 사회 전반에 영향을 미치는 파급효과가 있음을 기억해야 할 것이다(윤나랑, 2020).

영국 NYA(National Youth Agency)에서는 청소년업무의 윤리적 수행 원리를 윤리적 원리와 전문적 원리로 구분하여 제시하고 있다(NYA, 2004). 첫째, 윤리적 원리에는, ① 청소년을 존중하고, 개인으로서 가치를 인정하고 부정적 차별을 하지 않기, ② 청소년 스스로 결정하고 선택하는 권리를 존중하고 촉진하기, ③ 청소년의 복지와 안전을 촉진하고 보장하기, 동시에 도전적인 교육활동을 통한 학습을 허용하기, ④ 차별을 없애고, 차이와 다양성을 존중함으로써 사회에서 청소년을 위한 사회정의 구현에 기여하기 등이 포함된다.

둘째, 전문적 원리에는, ① 개인적 생활과 전문가 생활의 경계를 인정하고, 적절한 전문적 거리를 가지고 돌봄과 청소년과의 지지적 관계와의 균형을 맞출 필요를 인식하기, ② 청소년, 그들의 부모나 후견인, 친구, 재정 후원자, 광범위한 사회 및 사업에 적절한 이해를 가진 다른 사람들에 대해 책임성을 가질 필요를 인정하기(이런 책임성은 서로 갈등 관계에 있을 수도 있다), ③ 직무를 수행하는 데 필요한 기술과 역량을 개발하고 유지하기, ④ 이런 원리를 논의, 평가하고 지지하는 고용기관의 조건에 맞춰 사업하기 등이 제시되고 있다.

사실, 청소년업무에서, 윤리강령에 대한 관심은 1970년대 후반 이래로 주요 의제로 대두되어 왔다. 비록 전문직에 대한 윤리강령의 영향이 지구적으로 다양하지만, 일부 관할에서는, 강력하고 창조적으로 대중과의 관계성과 다른 전문직과의 관계성을 매개하거나 실천을 명료화하고 형태를 갖추는 데에 사용되었다. 윤리강령이 없는 국가들도 많이 있지만, 전체적으로는 윤리강령을 제정하는 방향으로 나아가고 있음을 알 수 있다. 1978년 영국에서는 Brunel University의 Regional Consultative Training Unit에서 그 문제에 대한 논의문을 발행했다(Banks, 1999). 호주의 청소년지도자 그룹은 1977년 제1회 청소년 전국청소년컨퍼런스에서 Jasper 선언(청소년업무의 사회적 · 정치적 윤리에 대한 성명서)의 초안을 만들었으며, 그러한 관심은 1991년 윤리강령에 관한 주요한 전국 컨퍼런스를 촉진하는 진전을 보게 하였다(Quixley & Doostkhah, 2007). 마사 매팅리(Martha Mattingly)는 캐나다와 미국에서의 다양한 이니시어티브들을 보고하였다. 뉴질랜드는 좀 늦었지만, 1995년에 전국적 토의를 거쳐 1997년에 지역수준에서 윤리강령을 개발하였으며, 2008년에는 전국적인 초안을 개발했다(National Youth Workers Network Aoteoroa, 2008). 그 밖에, 몰타, 남아프리카, 핀란드, 아일랜드와 같은 여타 국가들에서도 청소년지도자들을 중심으로 윤리강령을 제정하기 위한 유사한 행보를 하고 있다.

이러한 흐름에 따라 주요 국가에서의 청소년 전문인력의 윤리강령의 핵심가치들을 살펴보면 다음과 같다. 첫째, 호주의 경우, ① 청소년의 역량강화(권한부여), ② 청소년의 참여, ③ 청소년을 위한 사회 정의, ④ 청소년의 안전, ⑤ 청소년의 존엄성과 가치에 대한 존중, ⑥ 청소년의 삶과 연결성(가족, 지역사회), ⑦ 긍정적인 건강과 웰빙, ⑧ 긍정적인 변화와 건강한 발전 등으로 나타난다.

둘째, 뉴질랜드의 경우, ① 긍정적 관계 강화, ② 양질의 관계증진, ③ 동료에 대한 존중과 비판적 태도, ④ 재미, 역동성 및 창의력 증진, ⑤ 청소년의 가치 평가, ⑥ 광범위한 접근 방식 장려(청소년의 고유 정체성을 개발, 청소년의 변화와 적응을 도움), ⑦ 청소년의 정체성 개발 등이 핵심가치가 되고 있다.

셋째, 북아메리카는, ① 자신에 대한 책임, ② 대상자에 대한 책임, ③ 기관장/기관에 대한 책임, ④ 직업에 대한 책임, ⑤ 사회에 대한 책임 등이다.

넷째, 영국의 NYA(National Youth Agency) 윤리규정과 실행원칙의 내용은, ① 청소년들을 존중하라, ② 청소년의 선택을 촉진하라, ③ 청소년의 복지와 안전을 보장하라, ④ 청소년을 위한 사회적 정의를 찾아라, ⑤ 청소년지도에서 전문가로서의 경계를 유지하라, ⑥ 청소년지도에 책임을 져라, ⑦ 청소년지도에서 유능감을 획득하라, ⑧ 청소년지도에서 윤리적 실행을 촉진하라 등으로 나타난다(Roberts, 2013: 161).

4 청소년 전문인력의 역량과 경력개발

1) 청소년 전문인력의 역량

청소년업무는 다양한 장에서 여러 가지 목표 집단을 대상으로 이루어지기 때문에 청소년 전문인력은 종사하는 현장과 맥락에 따라 각기 다른 역량을 필요로 한다. 청소년활동과 관련한 주요한 기관·시설인 청소년수련관이나 청소년센터와 같은 곳에서 근무하는 경우는 관리 책임이 따를 수도 있으며, 시간제 인력이나 전문 강사를 채용하고 지원하는 직무를 맡아 할 수도 있다. 그리고 법적 요구조건, 재원 마련 및 지역사회와의 협력 등에 대응하는 것을 포함하여 인적, 물적 자원의 관리와 연계된 일련의 행정업무를 수행해야 할 필요도 있는 것이다.

역량이란 일반적으로 조직이 추구하는 가치나 비전을 달성할 수 있도록 직무를 수행하며 우수한 성과를 실현할 수 있도록 하는 개인의 특성을 말한다. 보야치스(Boyatzis, 1982)는 어떤 역할을 수행함에 있어 성공적인 결과를 가져오는 그 개인이 가지고 있는 내재적 특성을 역량이라고 하였다(한정수, 2016 재인용). 또한, 직무역량은 일련의 구체적인 작업의 형태로 제시된 직무를 성공적으로 수행하기 위해 요구되는 능력이며 직무지식, 개인능력, 태도의 총체로써 조직의 직무수행과정에서 뛰어난 성과를 창출하는 사람들만이 갖고 있는 우수한 지식, 기술, 태도를 의미하는 것으로 단기적 특성이 아니라 비교적 장기간 지속되는 행동을 말한다(엄명용, 2006). 직무역량은 직업에서 요구되는 수준의 표준에 맞도록 직무를 수행할 수 있는 능력이며 특정 직군에 직업적 책임과 역할을 수행하기 위해 필요한 지식, 기능, 태도라고 할 수 있다(최수진, 2006).

청소년 전문인력과 관련한 역량에 대한 관심은 청소년지도사와 청소년상담사와 관련한 일부 연구들에서 구체적으로 제시되고 있다. 우선, 청소년지도사의 활동역량을 포괄적으로 검토 및 구조화한 연구에서는 청소년지도사에게 요구되는 활동역량을 '청소년활동 설계역량', '청소년활동 실행역량', '행정업무 수행역량', '팀워크 역량', '전문성 개발 역량' 및 '태도' 등 6개로 밝히고 있다(서희정, 2018). 또한 청소년상담사 역량을 도출한 연구에서는 6개 역량군(상담, 일반, 교육, 행정, 경영, 연구)과 21개 역량(상담지식, 상담전략 및 기술, 사례관리, 위기관리, 심리검사, 청소년이해, 의사소통, 윤리, 자기관리, 일반교육연수, 상담자교육 및 슈퍼비전, 행정실무, 재무관리, 리더십, 팔로우십, 고객만족, 마케팅, 네트워크 구축 및 활용, 연구 설계 및 수행, 연구보고서 작성 및 평가)이 제시되고 있다(조수연 외, 2013).

그러나, 청소년활동과 관련한 청소년업무는 다양한 장소, 공간 및 시간에서 이루어지며, 여러 가지 다른 이유로 개입하기 때문에 정치적 운동에서부터 거리활동, 스포츠나 청소년이 자유롭게 출입할 수 있는 값싼 카페 운영에 이르기까지 매우 광범위한 영역의 업무를 맡아 할 수 있다.

특정 직무를 수행하기 위해 요구되는 능력을 국가적 차원에서 표준화한 국가직무능력표준(NCS)을 통해 청소년활동에 대한 표준직무가 개발되었다. 2016년도에 수정 · 보완된 NCS에 따르면, 청소년활동이란 청소년사업을 기획하고 홍보하며, 청소년 프로그램을 개발하고 적용하며 평가하는 일련의 과정을 말하는 것으로, 자원관리, 인증관리, 행정관리, 네트워크관리, 정보관리 등을 통하여 이를 효율적으로 지원하는 일이고, 청소년상담복지란 청소년의 행복과 균형있는 성장을 위하여 청소년과 그 주변인을 대상으로 전문적 상담서비스, 보호 및 위기개입, 지역사회 연계망 운영, 교육과 예방활동을 통합적으로 수행하는 일로 정의하고 있다(www.ncs.go.kr).

한편, 급속한 사회적 변화와 그 파급효과를 예상하기 어려운 4차 산업혁명 시대에는 변화된 환경에 적응하고 생존하기 위해 시대적 요구에 맞는 미래 핵심역량을 갖출 필요성이 제기되고 있어 주목된다. 특히, OECD(2003)가 1997년부터 2003년까지 7년간 진행한 DeSeCo(Definition and Selection of Competencies) 프로젝트는 12개 국가의 정치, 사회, 경제, 교육 등 여러 분야의 전문가들의 의견을 수렴하여 미래사회에 개인이 갖춰야 할 3대 핵심역량을 규정하였다.

첫째, 상호작용을 위한 도구활용(Using tools interactively)역량이다. 이는 도구를 상호작용적으로 활용하는 능력이며 복잡하고 다양한 사회적, 물리적 환경 속에서 목표달성을 위해 도구를 효과적으로 사용할 수 있는 능력을 일컫는다. 여기에는 언어, 상징, 텍스트 등 다양한 소통 도구 활용능력, 지식과 정보를 상호작용적으로 활용하는 능력, 새로운 테크놀리지 활용능력 등이 포함된다.

둘째, 이질적 집단과의 사회적 상호작용(Interacting in heterogeneous groups)역량으로 이질적인 집단의 구성원들과 원만한 관계를 형성할 수 있는 능력이다. 다원화된 사회에서 다양한 문화적 배경을 가진 사람들과 원만하게 관계를 맺고 협력하며 갈등을 관리하고 해결할 수 있는 능력을 말한다.

셋째, 자율적 행동(Acting autonomously)역량은 자신의 삶을 자주적으로 관리할 수 있는 능력으로 주도적으로 자신의 생애를 계획하고 관리하며 책임이나 권익에 대해 인식함으로써 사회 속에서 자율적으로 행동할 수 있는 능력을 뜻한다. 사회·경제적 규범 등 주변환경을 고려하면서 행동하고 판단하는 능력, 자신의 인생계획 프로젝트를 구상하고 실현하는 능력, 자신의 권리와 필요 등을 옹호하고 주장하는 능력 등이 이 영역에 포함된다(이경호 외, 2014).

사회변화의 흐름 속에서 미래의 청소년지도자에게 필요할 것으로 예측되는 핵심역량으로 '문제예측역량', '문제해결역량', '행복추구역량', '신기술 활용역량', '자기권리 추구역량', '신기술로 제작하는 역량', '자기주도적 학습역량', '정보통신역량', '진로개척역량', '융합역량', '창의역량'을 도출하였다(최창욱 외, 2019).

〈표 7-3〉 청소년지도자의 미래 핵심역량

핵심역량	역량에 대한 정의
문제예측역량	많은 변화가 발생할 미래 문제를 새로운 시각으로 바라볼 수 있는 역량
문제해결역량	많은 변화가 발생할 미래의 문제에 대한 유용한 해결책을 제시할 수 있는 역량
행복추구역량	청소년지도자로서 자기 행복의 의미를 찾아 행복한 삶을 추구할 수 있는 역량
신기술 활용역량	청소년사업의 운영에 있어서 다양한 사회적·물리적 환경에서 목표 달성을 위하여 새로운 테크놀로지를 활용할 수 있는 역량
자기권리 추구역량	청소년지도자로서 자기 자신과 청소년의 권리와 필요를 주장할 수 있는 역량
신기술로 제작하는 역량	청소년사업의 운영에 있어서 프로토타입(시제품) 생성 도구(예:3D 프린터)를 유용하게 사용할 수 있는 역량
자기주도적 학습역량	청소년과 청소년정책, 청소년사업과 관련하여 자신의 학습기회를 확장하고 주도적으로 탐구해 가는 역량
정보통신역량	청소년사업의 운영에 있어 IT, 정보통신, 네트워킹 시스템을 적용하고 활용하는 역량

핵심역량	역량에 대한 정의
진로개척역량	청소년과 관련하여 기존에 없는 직업이나 새로운 직종을 개척하여 추구할 수 있는 역량
융합역량	청소년과 관련된 다양한 전문 분야의 지식, 기술, 경험을 융합적으로 활용할 수 있는 역량
창의역량	청소년과 관련된 다양한 전문 분야의 지식, 기술, 경험을 토대로 새로운 것을 창출할 수 있는 역량

출처: 최창욱 외(2019) 재구성.

2) 청소년 전문인력의 경력개발

청소년 전문인력은 전문성을 확보하고 자신의 가치 증대, 성장욕구 충족 등을 위해 경력개발을 원한다. 청소년지도자가 처한 환경에 대해 원하는 방향으로 의도적이고 직접적으로 영향을 미칠 수 있다면 청소년지도자 스스로 필요한 경력을 갖추는 데 있어서도 보다 적극적인 행동을 취할 수 있을 것이다. 경력개발을 추구하는 개인의 주도적 특질은 경력환경의 변화에 반응하여 스스로 지속적인 학습과 발전을 이루는 동력이 되며 이러한 주도적인 선택과 의지를 바탕으로 이루어진 개인의 경력 산출물은 청소년지도자에게 높은 만족도를 준다(김지석, 오석영, 2017).

청소년 전문인력은 체계적인 선발과정과 교육을 통해 배출된 전문가집단이지만 사회변화와 청소년의 다양한 욕구에 대응하여 직무수행에 요구되는 새로운 지식과 기술을 학습함으로써 청소년지도자의 전문적인 역량을 지속적으로 계발하고 관리할 필요가 있다. 이러한 전문인력의 경력개발은 개인적 차원에서는 자기개발을 통한 경력욕구가 충족되어 심리적 만족을 얻음으로써 전문성의 향상에 기여한다(이은수, 2007). 또한 청소년지도자의 전문성 향상은 직무에 대한 학습과 교육, 조직적인 훈련 등 꾸준한 자기개발 노력으로 전문적 지식을 배우고 기술을 연마하여 이를 청소년지도 현장에

접목하고 직무를 우수하게 수행하는 능력을 유지하고 발전시키는 것이다.

경력개발을 위해 직무관리체계를 강화하여 직무순환과 직무이동이 경력개발계획과 연동되도록 하고 이와 함께 직무분석과 평가에 관한 지식과 기술도 강화할 필요가 있다. 청소년지도자가 경력계획에 따라 자기개발노력에 최선을 다하고 조직은 경력개발의 환경적 요인들을 충족시킬 때 청소년지도자의 전문적 지식과 기술은 윤리와 가치에 힘입어 전문성 향상이라는 결과를 얻게 된다. 이런 점에서 청소년지도자의 직무전문성을 향상시키는 보수교육은 청소년분야의 중요한 인적자원개발활동이다. 「청소년기본법」 제24조 2항은 청소년시설, 청소년단체 등에서 각각 그 업무에 종사하는 청소년지도사의 자질향상을 위하여 정기적으로 보수교육을 받아야 하는 것으로 규정하고 있다.

경력개발은 인력계획과 인적자원평가, 교육훈련, 인사고과와 인적자원 정보시스템 등 여러 기능과의 밀접한 상호연관 관계를 맺고 서로 지원하는 종합적 시스템 속에서 이루어져야 한다(구본장 외, 2013). 근무하는 직장에서 수직적 상승인 승진이나 수평적 이동인 직무순환의 가능성이 낮고 직무에 대한 책임감이 더 이상 증가하지 않을 것이라고 인지하게 되면 업무에 대한 만족도 수준이 낮아지고 직무에 대한 불안정을 느껴 조직을 떠나려는 의도가 강해지는데 개인의 성장욕구가 높을수록 그렇게 될 가능성은 커진다(김지영, 2018). 청소년지도자의 경우 승진시기가 정례화되어 있지 않고 평가시스템 또한 잘 되어 있지 않으며 직무 간 인사교류가 이루어지지 않는다든지 인사관리가 공정하게 이루어지지 않는 것으로 인식하고 있다. 경력정체 현상이 상대적으로 높은 조직은 직무 간 이동이나 승진이 제한적이며, 경력개발의 기회가 적은 조직으로 비교적 작은 규모에 인적 구성이 전문직 직무 중심으로 구성되어 있는 경향이 있다(백선희, 2011).

청소년지도자들은 또한 근무여건, 급여 등 실질적 지원체계에 대한 어려움을 겪고 있다. 보수(pay)라고 하는 것은 근무조건의 우월성을 나타내 주는 대표적인 외재적 조직보상으로서 근로자의 근무의욕을 고취시키며, 직무만족을 높이고 이직의도를 억제하는 핵심적 요인이지만 활동시설에 근무하는 청소년지도자들은 시간 외 근무를 자주 하고 있으며 현재 받고 있는 임금에 불만족한 것으로 나타난다(박소영, 2012). 업무량, 실적스트레스, 청소년지도스트레스, 고용 불안정성, 업무만족도와 근무시간 등 청소년지도자의 이직욕구를 높이는 요인들은 다양하다. 주 5일 근무제가 제대로 운영되지 않고 업무와 관련한 문제로 스트레스를 많이 경험한다든지(박소영, 2013), 근로환경, 직업의 안정성, 복지후생 등 처우와 근무환경이 미흡하여 시설에서의 근무 연수가 평균적으로 4년 안팎인 것으로 나타나는 것 등은 모두 청소년지도자의 좋지 않은 근무여건 상황들을 보여 주는 예라고 할 수 있다(맹영임, 길은배, 전명기, 2010).

청소년지도자에 대한 충분한 임금 보장, 학비를 비롯한 경제적 지원, 사기진작 등은 청소년지도자의 역량강화와 관련이 있다. 청소년지도자의 불안전한 고용상태와 열악한 임금 형태를 개선하여 청소년지도자가 열정을 가지고 사회제도적 차원의 격려와 지지 속에서 헌신하게 한다면 능력을 갖춘 청소년지도자가 이직할 가능성은 낮아질 것이다(박선영, 2011). 또한 청소년 기관 내에서 경력개발을 위한 제도가 체계적으로 이루어지고, 이를 위한 훈련 및 학습지원, 상사지원 등의 기회가 많이 제공되는 경우 청소년지도자들의 전문성 함양은 직업적 사명감으로 이어져 근무 기관에서의 승진과 성과창출에서 한 발 더 나아가 소명의식과 성장, 의미있는 관계형성에 뿌리를 둔 진정한 실천가의 배출로 이어질 수 있을 것이다(서경민, 2010). 청소년지도자의 경력개발을 위한 보다 많은 논의와 구체적인 방안들이 활성화될 필요가 있다.

Chapter 08

청소년활동과 안전

1 청소년활동 안전 및 안전사고의 개념

안전은 건강한 삶과 행복을 위해 「헌법」[1]에도 명시되어 있는 인간의 기본적인 권리이다. 청소년 또한 대한민국의 국민으로 국가로부터 보호를 받아야 한다. 국립국어원 표준국어대사전에서 안전은 "위험이 생기거나 사고가 날 염려가 없는 상태"로 정의하고 있으며, 마랜드 등(Marland et al., 1973)은 '안전'을 인간이 행동수정을 통해 만들어진 조건이나 상태, 또는 위험가능성을 줄일 수 있도록 물리적 환경을 고안함으로써 사고를 감소시키는 것이라고 하였다. 또한 한국청소년활동진흥원에서는 청소년 안전에 대해 '9세 이상 24세 이하의 자를 대상으로 신체에 유해한 환경과 조건을 최소화하

1) 제34조 제6항. 국가는 재해를 예방하고 그 위험으로부터 국민을 보호하기 위하여 노력하여야 한다.
제36조 제3항. 모든 국민은 보건에 관하여 국가의 보호를 받는다.

거나 제거하여 활동에서 발생할 수 있는 사고에 대한 염려 없이 편안하고 온전한 상태를 유지하는 것'으로 정의하고 있다(한국청소년활동진흥원, 2016a).

이러한 안전에 위해가 발생하여 정신적, 신체적, 경제적 손상을 입을 수 있으며, 김문수와 지영섭(2021)은 청소년활동에 있어 안전사고에 대한 개념으로 청소년이 참여하는 모든 활동에 대한 안전수칙 미준수, 부주의, 안전교육 미비로 인해 청소년과 지도자, 교육 참여자의 생명과 신체에 피해가 발생하는 질병을 포함한 모든 사고라 정의하였다. 「학교안전사고예방 및 보상에 관한 법률」에서는 교육활동 중에 발생한 사고로서 학생 · 교직원 또는 교육활동 참여자의 생명 또는 신체에 피해를 주는 모든 사고 및 학교급식 등 학교장의 관리 · 감독에 속하는 업무가 직접 원인이 되어 학생 · 교직원 또는 교육활동 참여자에게 발생하는 질병으로서 대통령령으로 정하는 것을 '학교안전사고'로 정의하였다(제1장 제2조).

여기에서 질병으로서 대통령령이 정하는 것이라 함은 동법 시행령 제3조(학교장의 관리 · 감독하의 질병)에서 학교급식이나 가스 등에 의한 중독, 일사병(日射病), 이물질의 섭취 등에 의한 질병, 이물질과의 접촉에 의한 피부염, 외부 충격 및 부상이 직접적인 원인이 되어 발생한 질병으로 설명하고 있다. 청소년 시기에 발생하는 안전사고는 주로 학교, 청소년수련시설 등에서 다양하게 발생되며, 자연재난[2]이나 사회재난[3], 산업재해[4]와 달리 청소년활동의 축소와 경험 및 교육적 피해를 가져오며, 바람직한 발달을 어렵게 한다. 또한 청소년뿐만 아니라 학부모, 교사, 청소년 지도자 등 관계자 모두

2) 자연재난: 태풍, 홍수, 호우, 강풍, 해일(海溢), 대설, 한파, 낙뢰, 가뭄, 폭염, 지진, 황사(黃砂), 조류(藻類)대발생, 조수(潮水), 화산활동, 소행성 · 유성체 등 자연우주물체의 추락 · 충돌, 그 밖에 이에 준하는 자연현상으로 인하여 발생하는 재해(「재난 및 안전관리기본법」 제1장 제3조)

3) 사회재난: 화재 · 붕괴 · 폭발 · 교통사고(항공사고 및 해상사고를 포함한다) · 화생방사고 · 환경오염사고 등으로 인하여 발생하는 대통령령으로 정하는 규모 이상의 피해와 국가핵심기반의 마비, 「감염병의 예방 및 관리에 관한 법률」에 따른 감염병 또는 「가축전염병예방법」에 따른 가축전염병의 확산, 「미세먼지 저감 및 관리에 관한 특별법」에 따른 미세먼지 등으로 인한 피해(「재난 및 안전관리기본법」 제1장 제3조)

4) 산업재해: 노무를 제공하는 사람이 업무에 관계되는 건설물 · 설비 · 원재료 · 가스 · 증기 · 분진 등에 의하거나 작업 또는 그 밖의 업무로 인하여 사망 또는 부상하거나 질병에 걸리는 것(「재난 및 안전관리기본법」 제1장 제2조)

에게 피해를 주는 현상으로 이어질 수 있다.

이를 종합해 보면 청소년활동 안전사고는 9세 이상 24세 이하의 청소년이 참여하는 교육 및 수련활동 중에 발생하는 상해, 사망, 질병으로 인해 신체적, 경제적, 심리적 손실을 가져오는 사고라고 정의할 수 있다.

2 청소년활동 안전사고의 원인과 유형

1) 청소년활동 안전사고의 원인

태안 사설 해병대캠프 사고(2013.07.), 경주리조트 붕괴사고(2014.02.), 세월호침몰사고(2014.04.) 등의 참사는 청소년활동 전반에 대한 문제점을 보여 주는 것으로, 청소년활동 현장에서의 안전문제가 사회적 이슈로 제기되었다. 이후 청소년들의 현장 학습 안전에 대한 경각심과 각종 제도 및 안전교육의 강화를 위해 개선이 이루어지기도 하고 있지만, 대형 재난 사고들이 끊임없이 발생하고 있으며, 학교 방화셔터 제어판 오작동 사고(2019.09.), 제주 특성화고 실습생 사망사고(2017.11.), 여수 특성화고 실습생 사망사고(2021.09.) 등 현장학습 중 안전사고, 학교 앞 교통사고 등 여전히 크고 작은 사고들은 빈번하게 이루어지고 있다.

안전사고의 위험성은 시기와 연령에 따라 종류가 달라지는데, 유아기는 주로 낙상, 질식, 음독, 화상, 익수 등의 위험이 크지만 학령기 전에는 활동이 활발해지면서 낙상이 많아지고 학령기, 청소년기에는 다양한 환경에 의한 위험 및 가정, 학교생활에 대한 위험도 중요해지고 있다(김창현, 2019). 특히 청소년기는 호기심, 즉흥성, 정서적이나 신체적으로 다른 시기에 비해 성장이 활발하게 이루어지고 주변 환경의 영향을 많이 받음으로써 더 많은 위험에 노출되어 있어 안전사고의 위험 또한 높아진다(유은숙, 김창현, 2021).

한국청소년활동진흥원(2016a)은 청소년안전사고의 원인으로 청소년심리발달 측면에서 일곱 가지를 제시하였다. 첫째, 급속한 성장과 호르몬의 변화로 인한 신체적 변화, 둘째, 즉각적인 결과를 선호하는 인지적 변화, 셋째, 순종에서 반항으로 이어지는 심리적 변화, 넷째, 기본규칙에 저항하고 영웅숭배 의사결정 미흡으로 인한 독립성 선호, 다섯째, 동료중심의 사회성으로 친구가 우선시되고, 호기심과 위험적 행동, 여섯째, 낮은 자아상으로 동료에게 갈채를 받고자 하는 무모한 행동, 일곱째, 오토바이, 폭력, 익수 등 무모한 경쟁으로 인한 위험적인 사고를 원인으로 구분하였다.

〈표 8-1〉 청소년 안전사고의 원인

구분	내용
신체적 변화	급속한 성장, 호르몬의 급격한 변화
인지적 변화	즉각적인 결과 선호
심리적 변화	순종에서 반항으로
독립성 선호	기본규칙 저항, 영웅숭배 의사결정 미흡
동료중심의 사회성	친구중요, 호기심 증가, 위험적 행위
낮은 정체성	낮은 자아상, 동료에게 갈채, 무모한 행동
위험적인 사고	오토바이 사고, 폭력사고, 익수사고, 무모한 경쟁적으로 인한 사고

출처: 한국청소년활동진흥원(2016a: 42).

2) 청소년활동 안전사고의 유형

학교안전사고의 유형은 사고발생 장소와 시간, 사고의 형태, 사고 부위 등에 따라 분류할 수 있으며, 이는 사고와 교육활동과의 관련성, 책임소재 및 피해내용 등을 분석하는 기준이 될 수 있다. 사고발생 장소는 학교를 배경으로 발생한 사고를 교내와 교외에서 발생한 사고로 분류하는 기준이 된다. 그 외 사고발생 시간과 사고의 형태 및 사고부위별 분류는 사고와 교육활동과의 관련성을 분석하는 데 있어서 교육활동의 범위를 시간과 내용에 따라 분류하는 기준이 되며, 책임소재를 규명하여 사고 발생에 대해 누가 책임을 부담하느냐에 따라 학교안전사고를 분류하는 근거가 된다.

이와 같은 여러 유형별 분류에 따른 책임소재의 분석은 사전적 예방대책의 대상 및 방법 등 계획을 수립하는 데 주요한 고려사항이 될 수 있으며, 사후적 법적 책임의 근거를 결정하는 데 중요한 기준이 된다. 또한 피해내용은 피해자가 침해받은 구체적 법익에 따라 신체적 · 정신적 손해, 교육권 침해에 따른 손해, 명예훼손으로 인한 손해, 재산상 손해 등의 학교안전사고로 분류하는 기준이 될 수 있다(최현미, 2020).

청소년활동은 통제된 학교수업과는 달리 주로 야외에서 이루어지는 활동으로 통제 범위를 벗어나 활동하는 경우가 많기 때문에 안전사고의 위험성에 더욱 민감해야 한다. 청소년수련활동 안전종합 매뉴얼에서는 청소년활동 안전사고의 유형을 7개 영역 17개 세부영역으로 나누고 있다. 첫째, 실내활동(일반강의실, 실험실습실, 강당, 공연장, 댄스 연습실, 다목적실, 체육관), 둘째, 실외 · 야외활동(박람회, 축제, 공연, 외부연계활동, 공동체 활동, 명랑운동회, 추적활동, 숲체험, 캠핑, 모닥불 놀이, 야영), 셋째, 수상 · 수중활동(스킨스쿠버, 래프팅, 야외수영, 갯벌체험), 넷째, 동계활동(스키, 스노보드, 눈썰매, 스케이트), 다섯째, 모험활동(챌린지활동, 인공암벽, 짚라인, ATV), 여섯째, 이동형 활동(도보산행, 자전거), 일곱째, 숙박형 활동으로 해당 과정에 발생할 수 있는 청소년활동 안전사고 유형을 구분하고 각각의 안전사고 유형에 대해 위험요소를 발견, 지도자의 활동수칙, 안전관리 체크리스트를 활용하여 안전사고 예방에 지원하고 있다.

청소년활동 안전에 대한 개념과 안전사고에 대한 개념이 학문적, 법률적으로 명확한 정의가 있지 않아 청소년수련시설에 대한 사고 범주를 구분하기 어렵다. 또한 「학교안전법」에서 정의한 장소별, 형태별, 시간별, 부위별로 구분하기에는 분류의 목적이 사고 피해 발생 시 책임과 보상에 중점을 두고 있어 청소년수련시설 안전사고의 유형을 적용하기에는 한계가 있다(한국청소년활동진흥원, 2016a).

3 청소년활동 안전사고의 관련 법령과 정책

1) 청소년활동 안전 및 안전사고 관련 법령

(1) 「헌법」, 「민법」, 「국가배상법」과 청소년활동 안전사고

대한민국의 국민인 청소년은 국가로부터 보호를 받아야 함은 「헌법」에 명시되어 있다. 국가는 재해를 예방하고 그 위험으로부터 국민을 보호하기 위하여 노력하여야 하며(제34조 제6항), 모든 국민은 보건에 관하여 국가의 보호를 받는다고 하였다(제36조 제3항).

「민법」에서는 불법행위에 대해 제750조 책임무능력의 감독자 책임, 제755조 사용자의 책임, 제756조 공작물 등 점유자 혹은 소유자의 책임, 제785조 공동불법행위자의 책임, 제76조에 의거 특수불법행위를 규정하고 있다. 제750~752조는 고의나 과실 여부에 의해 손해 발생 또는 위법행위에 대해 요구하며 책임무능력자의 불법행위 성립요건은 제753조, 제754조에 명시되어있다. 그 외 일반불법행위 요건으로는 성립조건에 따라 크게 가해자의 고의 또는 과실에 의한 행위, 가해자의 책임능력, 가해행위의 위법성, 가해행위에 의한 손해의 발생으로 정리해볼 수 있다(김준호, 2013).

「국가배상법」은 공무원의 수행업무에서 법령을 위반하여 공의 혹은 과실로 인해 타인에게 손해가 발생할 경우, 국가가 배상책임이 있음을 법적으로 규정하고 있다. 「헌법」 제29조 제1항에 따라 제정된 「국가배상법」 제2조 제1항은 "국가 또는 지방자치단체는 공무원 또는 공무를 위탁받은 사인이 직무를 집행하면서 고의 또는 과실로 법령을 위반하여 타인에게 손해를 입히거나 「자동차 손해배상 보장법」에 따라 손해배상의 책임이 있는 때에는 이 법에 따라 그 손해를 배상하여야 한다"라고 규정하고 있다. 동법 동조 제2항에서도 "제1항 본문의 경우에 공무원에게 고의 또는 중대한 과실이 있으면 국가나 지방자치단체는 그 공무원에게 구상할 수 있다"라고 규정하였다(김문수, 지영섭, 2021).

(2) 학교안전 관련 법령

학교안전사고의 잠재적인 위험요인을 제거하고 안전사고 예방과 학교 구성원의 안전 관련 능력을 강화하여 안전한 교육활동의 여건을 조성하기 위한 방안으로 교육부는 2007년 「학교안전사고 예방 및 보상에 관한 법률」을 제정하였다. 또한 「학교안전사고 예방 및 보상에 관한 법률」 제28조에 의거 학교안전사고 예방사업과 학교안전공제 사업을 효율적으로 수행하기 위해 학교안전공제회중앙회를 설립하여 학교 안팎의 교육활동 중 발생하는 모든 사고에 대해 보상과 학생, 교직원, 교육활동 참여자 모두에게 안전한 교육안전망구축을 목적으로 운영하고 있다.

학교 시설에 대한 안전 관련 법률의 내용으로는 「학교안전사고 예방 및 보상에 관한 법률」 제4조(학교안전사고 예방계획의 수립 · 시행)에서 교육부장관은 3년마다 학교안전사고 예방에 관한 기본 계획을 수립 · 시행하여야 함을 명시하고 있으며, 같은 법 제6조(학교시설에 대한 안전점검)에서는 교육감 및 학교장 등은「재난 및 안전관리기본법」 제22조의 규정에 따른 교육부 소관 국가안전관리기본계획에 연 2회 이상의 학교 시설물에 안전점검을 실시하도록 하고 있다. 또한 시설물의 안전관리를 위해「재난 및 안전관리기본법」 제66조의7(국민안전의날 등)에 따라 국민의 안전의식 수준을 높이고 안전의 중요성을 강조하기 위해 수행하는 안전점검을 통해 학교시설의 건축물, 전기, 설비, 소방, 가스, 실험실습 시설물에 대한 총체적인 점검과 학교구성원들의 안전을 마련한다.

〈표 8-2〉 시설물 안전등급 기준(「시설물의 안전 및 유지관리에 관한 특별법 시행령」 제12조

안전등급	시설물의 상태
A(우수)	문제점이 없는 최상의 상태
B(양호)	보조부재에 경미한 결함이 발생하였으나 기능 발휘에는 지장이 없으며, 내구성 증진을 위하여 일부의 보수가 필요한 상태
C(보통)	주요부재에 경미한 결함 또는 보조부재에 광범위한 결함이 발생하였으나 전체적인 시설물의 안전에는 지장이 없으며, 주요부재에 내구성, 기능성 저하방지를 위한 보수가 필요하거나 보조부재에 간단한 보강이 필요한 상태
D(미흡)	주요부재에 결함이 발생하여 긴급한 보수, 보강이 필요하며 사용제한 여부를 결정하여야 하는 상태
E(불량)	주요부재에 발생한 심각한 결함으로 인하여 시설물의 안전에 위험이 있어 즉각 사용을 금지하고 보강 또는 개축을 하여야 하는 상태

학생 · 교육직원 및 교육 활동자에 대한 안전교육은「학교안전사고 예방 및 보상에 관한 법률」 제8조(학교안전교육의 실시)에 따라 학교의 장은 학생 · 교직원 및 교육활동 참여자를 대상으로 생활안전, 교통안전, 폭력예방안전교육, 약물 및 사이버 중독

예방 안전교육, 화재재난안전교육, 직업안전교육, 응급처치에 관한 교육을 실시하도록 하고 있으며, 교육 횟수 · 시간 및 강사 등은 지역 여건과 학교 실정에 따라 수행하며, 학기별로 교육감에게 보고하도록 규정하고 있다.

「학교안전교육 실시기준 등에 관한 고시」 제3조(학생 안전교육)에 학교의 장은 「학교안전사고 예방 및 보상에 관한 법률 시행규칙」 제2조 제1항에서 규정하고 있는 학교안전교육 7대 영역[5]에 해당하는 안전교육을 계획수립 및 실행하여야 하며, 「아동복지법」, 「학교폭력예방 및 대책에 관한 법률」, 「성폭력방지 및 피해자보호 등에 관한 법률」, 「성매매방지 및 피해자보호 등에 관한 법률」 등 관련 법령에서 규정하는 안전 관련 교육 및 학교 교육과정과 연계 · 통합 실시할 수 있도록 하고 있다. 또한 「학교안전교육 실시기준 등에 관한 고시」 제4조에 교직원의 안전교육은 3년마다 15시간을 이수하여야 함을 규정하였으며, 학년별 학생 안전교육의 시간과 횟수를 살펴보면 다음과 같다.

〈표 8-3〉 **학교급별 학생안전교육 시간 및 횟수** (단위: 단위활동, 차시)

구분		생활안전 교육	교통안전 교육	폭력예방 및 신변보호 교육	약물 및 사이버 중독 예방교육	재난안전 교육	직업안전 교육	응급처치 교육
교육 시간	유치원	13	10	8	10	6	2	2
	초등학교	12	11	8	10	6	2	2
	중학교	10	10	10	10	6	3	2
	고등학교	10	10	10	10	6	3	2
횟수(학기당)		2회 이상	3회 이상	2회 이상	2회 이상	2회 이상	1회 이상	1회 이상

출처: 교육부 고시 제2017-121호.

5) 학교안전교육 7대 영역: ① 일상생활에서 발생할 수 있는 안전사고 예방을 위한 생활안전교육, ② 교통수단 등으로 발생할 수 있는 안전사고 예방을 위한 교통안전교육, ③ 폭력예방 및 신변보호를 위한 안전교육, ④ 약물 및 사이버 중독 예방을 위한 안전교육, ⑤ 화재 · 재난 등의 예방 및 대비를 위한 재난안전교육, ⑥ 일터에서 발생할 수 있는 안전사고 예방을 위한 직업안전교육, ⑦ 응급처치에 관한 교육

이와 같이 교육부는 학교안전공제회중앙회를 설립하여 학교의 안전사고를 지원하는 체계를 마련하였으며, 안전사고예방 계획수립과 운영, 학교시설점검을 통한 안전한 환경 조성, 학생 · 교직원 · 교육활동자의 안전교육 의무 강화를 통해 학교안전사고를 예방하고, 안전한 학교환경 조성을 위해 제도적 · 환경적 · 교육적 노력을 기울이고 있음을 알 수 있다.

(3) 청소년활동 관련 법령

「청소년기본법」 제47조 제2항에 의거 다양한 청소년활동을 적극적으로 진흥하기 위하여 필요한 사항을 정함을 목적으로 제정된 「청소년활동 진흥법」에서는 숙박형 등 청소년수련활동 계획의 신고(제9조의2), 건강상태 확인 및 의료조치 의무 등(제9조의3), 숙박형등 청소년수련활동 관련 정보의 공개(제9조의4), 숙박형 등 청소년수련활동 관련 정보의 표시 · 고지(제9조의5), 안전교육(제18조의2), 보험가입(제25조), 청소년수련활동의 인증 절차(제36조), 인증의 사후 관리(제36조의2), 인증의 취소 등(제36조의3), 인증수련활동의 결과 통보 등(제37조), 유사명칭의 사용 금지(제38조), 청소년수련활동의 위탁 제한(제39조)을 명시하고 있다.

「청소년활동 진흥법 시행령」은 안전점검을 받아야 하는 수련시설의 범위(제10조)와 감독기관의 종합 안전 · 위생점검 절차 등(제11조), 보험가입(제13조), 인증신청 · 절차 및 방법 등(제21조), 수련활동 내용 등의 기록 및 통보(제23조)에 관한 내용을 명시하고 있으며, 「청소년활동 진흥법 시행규칙」에서는 숙박형등 청소년수련활동 계획의 신고 등(제1조의2), 건강상태 확인 방법(제1조의3), 숙박형등 청소년수련활동 정보의 공개(제1조의4), 숙박형등 청소년수련활동 관련 정보의 표시 · 고지 방법 등(제1조의5), 안전교육(제8조의3) 실시에 대하여 명시하고 있다.

2) 청소년활동 안전 관련 정책

(1) 청소년수련활동 신고제

청소년수련활동 신고제는 대표적인 청소년활동 안전정책으로 2012년 8월 사설 기관에서 주최한 국토대장정 운영 과정에서 성추행과 폭행 사고가 발생하자 국토대장정과 같은 유형의 청소년활동에 대한 안전관리 강화를 위해 도입되었다. 활동장소를 이동하면서 숙박 · 야영하는 청소년활동을 '이동 · 숙박형 청소년활동'으로 새롭게 정의하고, 소재지 관할 지방자치단체에 신고를 의무화하는 한편, 아동학대전력자, 성범죄자 등 부적합자에 대한 활동 지도를 금지하는 것을 내용으로「청소년활동 진흥법」을 개정(법률 제11837호, 2013. 5. 28. 일부개정, 2013. 11. 29. 시행)하여 청소년활동 정책영역에 처음으로 안전 관리를 위한 '신고제도'가 등장하게 되었다.

신고제도는 청소년활동 관련 안전사고 예방을 위해 '이동 · 숙박형 청소년활동 신고제도'로 도입되어 2013년 11월 관련 법령이 시행될 예정이었으나, 그해 7월 충청남도 태안에서 사설업체가 주관한 유사해병대캠프 운영 중 학생 사망사고가 발생하였고, 이동 · 숙박형 청소년활동 신고제를 포함한 개정 법령이 시행되기도 전에 다시 한번 제도 개선에 대한 논의가 진행되었다. 이러한 과정을 거쳐 2014년 7월부터는 '숙박형등 청소년수련활동 신고제도'로 신고 대상과 범위가 변경되어 운영되고 있다. 이동 · 숙박형 청소년활동 신고는 숙박을 전제로 한 활동을 신고 대상으로 하였으나, 숙박형 청소년수련활동 신고는 숙박하는 활동과 숙박을 하지 않더라도 150명 이상의 청소년이 참가하거나 수상 · 산악 · 항공 · 장기도보 활동과 같이 위험도가 높은 활동을 포함하는 경우도 신고 대상으로 포함하고 있다.(강병관, 2019).

청소년수련활동 신고제도는「청소년활동 진흥법」제9조의2에 따라 19세 미만의 청소년을 대상으로 하는 청소년수련활동 계획을 사전에 신고하도록 하고, 관련 정보를 참가자가 편리하게 확인할 수 있도록 인터넷 등에 공개하는 제도이다. 신고제도를 통해 수련활동의 신고를 준비하는 과정에서 활동 운영 전반에 관한 안전 요소를 점검하게 되고 범죄 경력자 등 결격 사유가 있는 지도자의 참여를 막을 수 있으며, 안전 보험 가입을 의무화하여 보다 안전한 수련활동을 진행할 수 있도록 하였다. 또한 신고 수리된 활동 정보를 인터넷 홈페이지 등에 공개함으로써 청소년, 학부모 등 정보가 필요한 모든 사람이 쉽게 수련활동 정보를 알 수 있도록 하여 활동 선택과 참여 결정에 도움을 주었다. 이처럼 이렇게 청소년활동 환경에 대한 현황 파악과 사전점검을 통해 청소년활동의 안전성 확보에 기여하고자 하는 것이 제도 도입의 목적이었다(여성가족부, 2020).

19세 미만의 청소년을 대상으로 숙박형 청소년수련활동 및 비숙박형 청소년수련활동을 주최하려는 자는 소재지 관할 기초자치단체에 신고 서류를 갖추어 참가자 모집 14일 전까지 신고해야 한다. 다만, 「청소년활동 진흥법」 이외의 다른 법률에서 지도·감독 등을 받는 비영리 법인 또는 비영리 단체가 운영하는 경우나 청소년이 부모 등 보호자와 함께 참여하는 경우, 종교단체가 운영하는 경우와 비숙박형 청소년수련활동 중 「청소년활동 진흥법」 제36조 제2항에 따라 인증을 받아야 하는 활동이 아닌 경우는 신고 대상에서 제외된다. 수련활동을 주최하려는 자는 참가자 모집 14일 전에 운영계획서, 주최자·운영자·보조자 명단, 세부내역서, 보험가입 사실을 증명할 수 있는 서류 등을 갖추어 주최자 소재지 관할 기초자치단체의 소관과에 신고서를 제출하여야 하며, 신고는 청소년활동 업무지원서비스를 통해 온라인으로 접수하여야 한다.

신고서가 접수되면 해당 처리기관에서 구비서류의 요건을 점검하고, 주최자 등의 결격사유를 조회한 후 신고 수리 시 신고증명서를 발급하고, 미비할 경우에는 보완을 요청하며, 보완되지 않은 경우 반려한다. 신고 수리 후 처리기관 관할 지자체에서는 신고 수리된 계획을 여성가족부에 통보하고, 계획을 검토한 여성가족부는 보완사항이 있는 경우 처리기관에 보완사항을 통보하며, 처리기관은 주최기관에 지적된 보완사항을 통보한다. 활동 주최자는 신고 수리 사항 중 안전점검, 보험가입, 수련활동 인증에 관한 사항을 모집활동 및 계약 시 인쇄물, 게시판 또는 홈페이지에 표시·고지하여야 하고, 참가자의 건강상태를 확인한 후 필요한 조치를 하여야 한다. 또한 활동을 실시하기 전에 변경사항이 발생한 경우 활동 시작 3일 전까지 그 사유와 관련 서류를 첨부하여 처리기관에 제출하여야 한다(여성가족부, 2020).

〈표 8-4〉 숙박형 등 청소년수련활동 적용 주체와 요건

<table>
<tr><th>구분</th><th colspan="2">적용 대상 요건</th></tr>
<tr><td>신고수리 주체</td><td colspan="2">• 수련활동 주최자 소재지 특별자치시 · 특별자치도 · 시 · 군 · 구(청소년정책 담당부서)</td></tr>
<tr><td>신고 주체</td><td colspan="2">• 청소년수련활동을 주최하려는 자
– 「청소년활동 진흥법」의 지도 · 감독을 받는 시설 · 기관(청소년수련시설, 청소년활동진흥원, 청소년활동진흥센터, 청소년수련시설협회 등)
– 법률에 따른 비영리 법인 또는 단체가 아닌 경우(주식회사 등 영리법인이나 영리단체)</td></tr>
<tr><td>신고 기한</td><td colspan="2">• 참가자 모집 14일 전</td></tr>
<tr><td>신고대상
참가자 연령</td><td colspan="2">• 19세 미만의 청소년(9~18세)
– 19세 미만 청소년과 다른 연령대를 포함하여 청소년수련활동으로 기획하고, 모집 예정인 경우에도 신고 대상</td></tr>
<tr><td rowspan="2">신고대상
활동범위</td><td>숙박형</td><td>• 이동숙박형, 고정숙박형 등 숙박하는 수련활동</td></tr>
<tr><td>비숙박형 중 일부</td><td>• 청소년 참가인원이 150명 이상인 수련활동
• 위험도가 높은 청소년수련활동(「청소년활동 진흥법 시행규칙」 별표 7 해당 활동)</td></tr>
</table>

출처: 여성가족부(2020: 153).

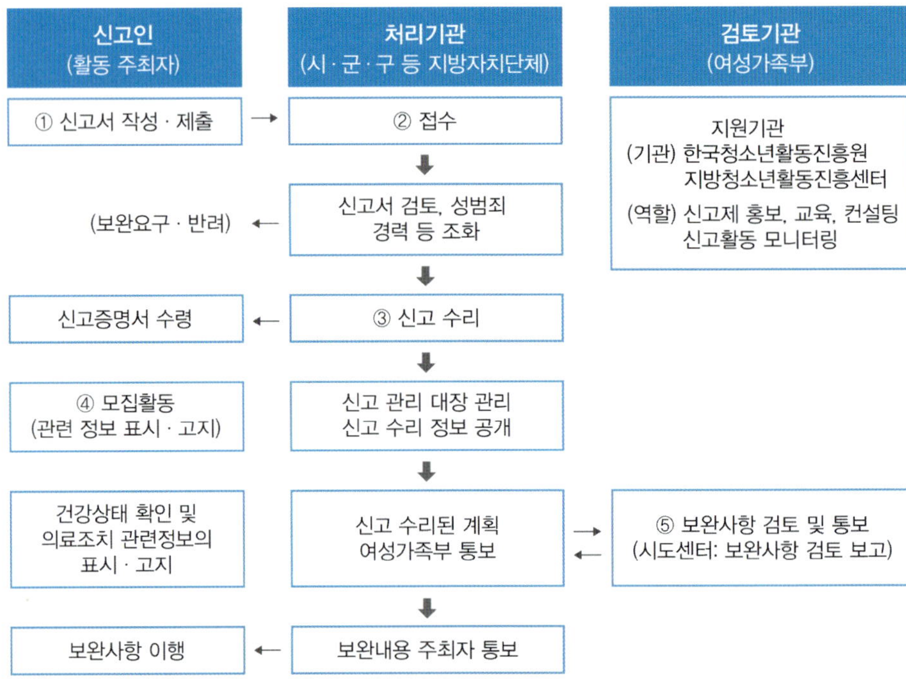

[그림 8-1] 신고 수리 절차

출처: 여성가족부(2021: 373).

현재 수련활동 신고에서 부터 신고증명서의 발급 등 신고 업무 전 과정은 여성 가족부에서 구축하고, 한국청소년활동진흥원에서 운영 중인 청소년활동정보서비스(www.youth.go.kr)를 통해 모두 온라인으로 처리되고 있다. 〈표 8-5〉에서 보는 바와 같이 신고제도 시행 이후 신고 건수는 매년 증가하고 있고, 연간 4천여 건 이상의 청소년활동이 신고 과정을 거쳐 운영되고 있다. 2020년에는 코로나19 바이러스 확산 및 방지참여에 따라 청소년수련활동의 운영중지 등으로 인하여 청소년활동이 전반적으로 감소됨에 따라 신고현황이 줄어든 현상이 나타났다.

〈표 8-5〉 연도별 청소년수련활동 신고 현황

구분	2015년	2016년	2017년	2018년	2019년	2020년
신고건수(건)	3,688	4,053	4,404	4,470	4,283	912

출처: 여성가족부(2020: 155).

(2) 청소년수련활동 인증제와 안전관리

청소년수련활동 인증제도는 「청소년활동 진흥법」 제35조, 제38조에 따라 시행된 제도로서, 청소년수련활동이 청소년의 균형 있는 성장에 기여할 수 있도록 국가 및 지방자치단체 또는 개인 · 법인 · 단체 등이 실시하고자 하는 청소년수련활동을 인증하고, 인증된 수련 활동에 참여한 청소년의 활동 기록을 유지 · 관리 · 제공하는 청소년수련활동 프로그램에 대한 국가 인증제도이다. 이는 청소년활동 프로그램에 대한 사전인증으로 양질의 활동기회 및 프로그램을 제공할 수 있게 하고, 수요자인 청소년의 욕구가 반영된 활동프로그램을 제공함으로써 '유용성', '공공성', '안정성'을 강조한다. 또한, 인증받은 활동에 참여한 청소년의 활동실적을 기록 · 관리함으로써 청소년들의 자기계발과 진로탐색에 필요한 자료로 활용될 수 있도록 지원한다(여성가족부, 2020).

청소년수련활동 신고제의 경우 2013년 도입 당시부터 청소년활동의 안전관리를 목적으로 도입된 제도인 데 반해, 청소년수련활동 인증제는 수련활동의 내용과 수준 향상을 목적으로 2004년 「청소년활동 진흥법」 제정과 함께 도입된 제도로 인증기준의 일부에 안전과 관련된 요소를 포함하고 있었지만 신고제와 같이 안전관리를 주된 목적으로 시행된 제도는 아니었다. 그러나, 2013년 태안 사설해병대캠프 사고 등으로 안전에 대한 국민의 관심이 높아지자 청소년이 150명 이상 참가하는 대규모 활동이거나 수상 · 산악 · 항공활동 등 위험도가 높은 활동에 대해서 인증을 받도록 의무화하고, 인증 시 안전 관련 전문인력을 배치하도록 하는 등 안전에 관한 사항이 대폭 강화되면서 안전관리 측면에서도 매우 중요한 제도로 자리매김하게 되었다(강병관, 2019).

청소년활동 프로그램 참가인원이 150명 이상인 경우이거나 위험도가 높은 활동[6]의 경우에는 인증을 신청하여야 하고, 단순 체험(견학)활동이나 불특정 다수를 대상으로 하는 행사나 축제, 단순 기능습득을 위한 훈련 내지 강좌, 운영시간 최소기준 미충족활동의 경우에는 인증신청대상에서 제외된다.

인증수련활동의 유형은 기본형과 숙박형, 이동형, 학교단체 숙박형으로 구분한다. 첫째, 기본형은 전체 프로그램 운영 시간이 3시간 이상으로서, 실시한 날에 끝나거나 1일 1시간 이상의 각 회기로 숙박 없이 수일에 걸쳐 이루어지는 활동을 말한다. 둘째, 숙박형은 숙박에 적합한 장소에서 일정기간 숙박하며 이루어지는 활동을 말하며, 셋째, 이동형은 활동 내용에 따라 선정된 활동장을 이동하여 숙박하며 이루어지는 활동이다. 마지막으로 학교단체 숙박형은 학교의 장이 참가를 승인한 활동으로 숙박에 적합한 장소에서 일정기간 숙박하며 이루어지는 활동을 뜻한다.

〈표 8-6〉 청소년수련활동 인증제 활동유형 구분

활동유형	내용
기본형	전체 프로그램 운영 시간이 3시간 이상으로서, 실시한 날에 끝나거나 1일 1시간 이상의 각 회기로 숙박 없이 수일에 걸쳐 이루어지는 활동
숙박형	숙박에 적합한 장소에서 일정기간 숙박하며 이루어지는 활동
이동형	활동 내용에 따라 선정된 활동장을 이동하여 숙박하며 이루어지는 활동
학교단체 숙박형	학교의 장이 참가를 승인한 활동으로 숙박에 적합한 장소에서 일정기간 숙박하며 이루어지는 활동

출처: 여성가족부(2020: 150).

6) 위험도가 높은 청소년수련활동
- 수상활동: 래프팅, 모터보트, 동력요트, 수상오토바이, 고무보트, 수중스쿠터, 호버크래프트, 수상스키, 조정, 카약, 카누, 수상자전거, 서프보드, 스킨스쿠버
- 항공활동: 패러글라이딩, 행글라이딩
- 산악활동: 클라이밍(자연암벽, 빙벽), 산악스키, 야간등산(4시간 이상의 경우만 해당)
- 장거리 걷기 활동: 10Km 이상 도보 이동
- 그 밖의 활동: 유해성 물질(발화성, 부식성, 독성 또는 환경유해성 등), 집라인(Zip-line), ATV탑승 등 사고위험이 높은 물질 · 기구 · 장비 등을 활용하여 이루어지는 청소년수련활동

현재 수련활동 인증에서부터 인증서 발급, 활동기록 관리와 발급 등 인증과 관련한 행정업무 전 과정은 청소년활동정보서비스(www.youth.go.kr)를 통해 모두 온라인으로 처리되고 있으며, 대상 기관에서 인증을 신청하면 형식요건을 검사하여 접수가 된다. 접수된 청소년활동 프로그램은 배정된 2명의 인증심사원 심사를 거쳐 인증위원회가 최종 심의를 통해 결정하게 된다. 인증 시, 청소년수련활동인증서 발급 및 프로그램 운영이 가능하고 불인증 시에는 재심사 요청 또는 인증심사자료를 보완 후에 차기 회차 인증신청을 하여야 한다(한국청소년활동진흥원, 2016b).

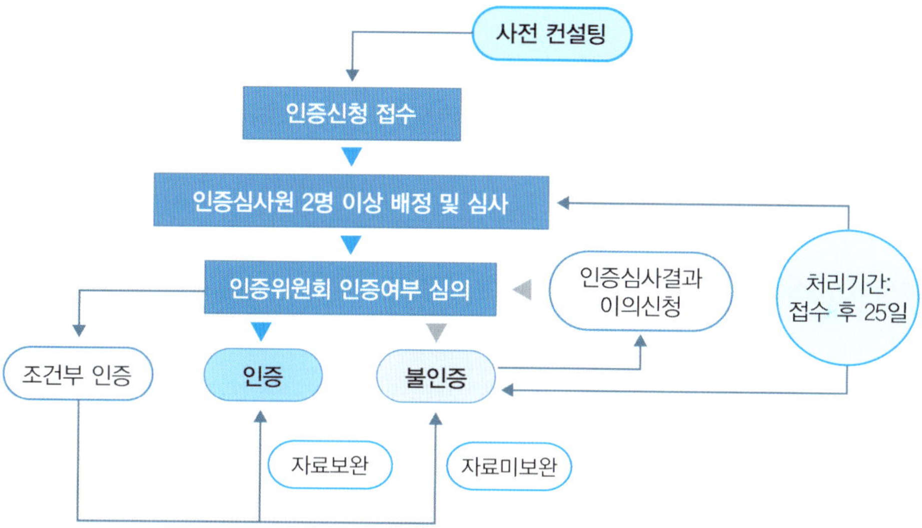

인증신청 ➜ 형식요건 검사 ➜ 인증신청 접수 ➜ 인증심사원 배정 ➜ (필요시) 제3심사원 배정, 현장방문 실시 ➜ 인증심사결과 분석 ➜ 인증위원회 심의 ➜ 의결 ➜ 인증여부 공고
➜ (불인증 시) 재심사 요청 또는 인증심사자료 보완 후 차기 회차 인증신청
(인증 시) 청소년수련활동인증서 발급 및 프로그램 운영

[그림 8-2] 신고 수리 절차

출처: 여성가족부(2016b: 14).

〈표 8-7〉 연도별 인증제 운영 현황

(단위: 건)

구분	2015년	2016년	2017년	2018년	2019년	2020년
인증신청	2,026	1,317	1,517	2,095	1,555	1,494
인증	1,301	824	764	1,299	1,056	1,110
유지	3,743	4,146	4,159	3,725	3,113	3,299
종료	527	406	764	1,733	1,652	924
철회	–	–	–	–	–	–
취소	2	–	1	–	16	–

출처: 여성가족부(2020: 150).

(3) 청소년수련활동 실시 및 위탁 제한

태안에서 발생한 사설해병대캠프 사고(2013.07.)는 유스호스텔 측이 활동프로그램과 지도자를 직접 갖추지 못한 상태에서 학교와 학생체험활동 계약을 체결하였으며, 이를 운영하기 위해 관련 부분을 소규모 여행사에 재위탁 하였고, 여행사는 다시 사설업체에 재재위탁 하여 관리가 미흡했다는 것이 사고발생의 중요한 원인으로 지목되고 있다. 이는 비용절감을 위한 무자격자를 채용하고 안전에 대한 의식부족이 인명피해로 이어졌으며, 사고 발생에 따른 책임 소재도 불분명해지는 구조적 문제점을 노출시켰다.

이와 같은 문제점 해결을 위한 대책으로 「청소년활동 진흥법」 제9조의6(숙박형등 청소년수련활동의 제한)에 의거 신고 · 등록 · 인가 · 허가를 받지 아니한 단체와 개인은 숙박형 청소년수련활동, 비숙박형 청소년수련활동 중 참가 인원이 150명 이상이거나 산악 · 항공 · 수상 · 장거리 걷기 활동 등 위험도가 높은 수련활동은 할 수 없다. 또한 수련활동을 위탁하려는 경우에는 「청소년활동 진흥법」 제39조(청소년수련활동의 위탁 제한)에 따라 신고 · 등록 · 인가 · 허가를 받은 법인 · 단체 및 개인에게만 위탁할 수 있도록 하고, 위탁 시에는 해당 수련활동의 전부 또는 활동을 대표하거나 전체 프로그램 운영시간의 50% 이상이 되는 중요프로그램은 위탁할 수 없도록 하였다.

숙박형등 청소년수련활동의 제한을 위반하여 신고 · 등록 · 인가 · 허가를 받지 아니하고 숙박형등 청소년수련활동을 실시하거나, 청소년수련활동의 위탁 제한을 위반하여 청소년수련활동을 위탁한 자는 1년 이하의 징역 또는 1천만 원 이하의 벌금을 부과하도록 벌칙으로 규정하고 있다(「청소년활동 진흥법」 제70조 제2항).

(4) 청소년수련시설 안전 · 위생점검

청소년수련시설 내 건축, 토목, 기계, 소방, 전기, 가스, 위생 등 총 7개 분야별로 안전점검 및 진단을 실시하는 '청소년수련시설 종합 안전 · 위생점검'은 안전한 수련활동 여건을 확보하기 위해 「청소년활동 진흥법」 제18조의3을 근거로 시행되고 있다. 2006년부터 '청소년수련관 · 청소년문화의집 · 청소년수련원 · 유스호스텔 · 야영장 · 특화시설'을 대상으로 시행되었으며 2014년 7월 22일부터는 「청소년활동 진흥법 시행령」 제11조에 의하여 2년 주기로 점검이 실시되고 있다.

안전점검을 실시한 후 그 결과는 특별자치시장, 특별자치도지사, 시장, 군수, 구청장에게 제출하여야 하며, 점검결과를 해당기관의 홈페이지 및 여성가족부장관이 지정한 인터넷 홈페이지에 정보를 공개하도록 하고 있다. 2018년부터는 「청소년활동 진흥법」 개정(2017. 3. 21.)에 따라 위생분야에 대한 점검이 추가되었다.

청소년수련시설 안전 · 위생점검의 전문성 강화와 공정성 확보를 위하여 각 분야별 점검은 해당 분야 전문 공공기관과 연계 협력하여 운영되고 있다. 건축, 토목, 기계 분야는 '한국시설안전공단'에서, 소방분야는 '한국소방안전원', 전기분야는 '한국전기안전공사', 가스분야는 '한국가스안전공사', 위생분야는 '식품의약품안전처'에서 각각 현장점검을 실시한다(여성가족부, 2020).

〈표 8-8〉 분야별 점검등급 구분

점검분야	등급구분	비고
건축 · 토목, 기계, 소방, 전기	A, B, C, D, E(5등급)	D, E 등급: 부적합 처리
가스, 위생	적합, 부적합(2등급)	부적합 등급: 부적합 처리

출처: 여성가족부(2021: 326).

〈표 8-9〉 청소년수련시설 안전점검 주요 내용

분야	주요 점검 내용
공통	• 분야별 자체안전점검 수행여부 확인 및 검토 • 분야별 설비 및 각종 구비서류 현황 • 시설 환경(쾌적성 등) • 비상연락망 구축 등 안전관리 계획 • 보험가입여부 확인
건축	• 설계도서 및 유지관리 대장 작성 · 비치 여부 및 실태 • 건축물 내 · 외부 균열 • 주요 부재 변형 상태(기울기, 처짐) • 콘크리트 부재 결함 상태(철근 부식 노출, 콘크리트 파손) • 철골 부재 결함 상태(철골 부식, 내화 피복 상태) • 마감재 결함 및 미끄럼 방지 상태(복도, 욕실, 계단 등) • 배수 상태(지붕, 욕실, 주방) • 증축 시 접합부 결함 상태 • 누수 여부(지붕, 외벽, 욕실, 주방, 수영장 등) • 비상구 통로 관리 상태 • 각종 안전 난간 상태 • 방화 벽체, 각종 안전 표지판 등 부착 상태 등
토목	• 석축 · 옹벽 전도 및 토사 안전성 • 담장 전도 여부 • 파고라 · 벤치 · 담장 시설 등 결함 상태 • 단지 내 포장 및 배수 상태 • 부속시설 안전 상태(천막, 각종 수련시설) 등
기계	• 냉 · 난방설비 상태 • 반송설비 상태 • 위생설비 상태

분야	주요 점검 내용
소방	• 소방관리 및 위험물 관리상태 • 소화설비, 경보설비, 피난설비 상태 • 소화활동설비 및 피난활동설비 상태 • 감지기 및 소방펌프 상태
전기	• 절연저항, 누전차단기, 개폐기, 인입구 배선, 옥내내선 상태
가스	• 용기보관실, 정압실, 압력조정기, 가스계량기 등에 대한 가스안전공사 및 공급자 점검 상태
위생	• 시설환경, 개인위생, 사용원료, 공정관리, 보관 등에 대한 위생 점검

출처: 여성가족부(2020: 269-270).

(5) 청소년수련시설 종합평가

청소년수련시설 종합평가는 「청소년활동 진흥법」 제9조의2에 의해 청소년수련시설의 운영형태를 파악하여 안전하고 적정한 수련활동을 위한 시설 및 프로그램, 조직·인력 등을 제대로 갖추어 운영하고 있는지를 평가하고 그 결과를 일반에 공개하여 수련시설 운영 전반에 대한 이용 국민의 신뢰성을 높이고, 미흡한 사항에 대해서는 운영개선을 유도하고자 하는 것이다. 2006년부터 실시된 종합평가는 2014년 7월부터 법적 의무화되었으며, 시설유형별로 홀수 해에는 청소년수련관, 청소년문화의집, 청소년특화시설에 대한 평가가 이루어지고 짝수 해에는 청소년수련원, 유스호스텔, 청소년야영장에 대한 평가가 진행된다. 여성가족부는 교육부 및 지자체에 평가결과를 통보하는 동시에 홈페이지 및 청소년활동정보서비스에 공개하고 최우수등급 시설에 대하여 인센티브를 부여한다. 교육부는 수학여행·수련활동 시 종합평가 결과를 활용하도록 하며 기초지자체에서는 개별시설에 지적사항 개선요구 및 미이행 시 시정명령을 한다.

4 청소년지도자의 안전의식과 청소년활동 안전교육

1) 청소년지도자의 안전의식

(1) 청소년지도자의 안전의식과 법률적 책임

청소년활동의 안전성을 담보하기 위해서는 지도자가 안전을 준비하고 위험에 대비하려는 태도의 적극성, 즉 안전을 의도하려는 행위의 태도와 방향성이 반드시 필요하다. 안전을 담보하려는 의식은 실제 행동의 선행(antecedent)변수이며, 행동에 대한 태도, 주관적 규범, 그리고 지각된 행동 통제력에 의해 결정된다는 특성을 가진다(Fishbein & Ajzen, 2005). 청소년지도자가 갖는 안전의식은 청소년활동 전, 후의 생활안전과 소방, 재난안전 등을 포함하여 자신이 갖고 있는 안전에 대한 의식의 상태를 의미한다. 조아미, 이진숙, 강영배(2016)는 안전의식을 안전문화나 안전분위기를 정착하기 위해 개인과 사회가 안전에 관해 갖는 지식과 태도, 습관 등으로 정의하였으며, 청소년활동에 있어 안전의식은 청소년활동의 안전을 위한 선행하는 조건이며, 개인은 청소년활동 안전에 관한 지식, 태도, 습관, 기관은 활동 안전에 관한 안전문화와 안전분위기 형성, 지역사회는 활동안전에 관한 지역 문화와 지역특성 및 지역풍토를 반영한 포괄적인 개념이라 하였다.

청소년지도자의 안전의식은 안전행동에 정적인 영향을 미친다(신태웅, 2018). 안전의식은 안전욕구의 충족을 위하여 일상적으로 발생하게 될 안전의 문제요인에 대해서 대처할 수 있도록 교육과 훈련에 의해서 형성되는 결과물이라고 할 수 있으며, 이는 안전을 지키고자 하는 인간의 본능적인 마음의 자세로 위험으로부터 안전을 유지하거나 사고를 예방하기 위해 가지는 적극적인 마인드이며, 안전한 환경을 위하여 대처하는 개인적 자세라고 할 수 있다(이경재, 2014).

청소년을 대상으로 활동을 진행하는 교육담당자에 대한 법률적 책임으로는 「민법」 제755조에 의거하여 친권자 등 법정 감독의무자를 대신하는 대리감독자의 책임으로서 안전사고에 대한 지도자의 책임을 법률적으로 명시하고 있다. 또한 안전사고에서 청소년지도자의 법적 책임에 대한 판단기준은 크게 다섯 가지 주요한 가이드라인이 있는데, 이는 미국에서 청소년활동 중 안전사고 발생 시 교사, 청소년지도자, 교육당사자의 개인적 책임을 인정하는 데 주요하게 고려되는 규정들이다.

첫째, 지도자가 사고에 대한 가능성을 예측할 수 있는지를 살펴보아야 한다. 둘째, 안전사고와 지도자의 행위 간 인과관계 여부를 판단해 보아야 한다. 셋째, 지도자의 주의의무가 제대로 이행되었는지를 살펴보아야 한다. 넷째, 주변 환경에 따라 어떻게 관리 · 감독의 적용 범위가 성립되는지를 살펴보아야 한다. 다섯째, 청소년 개인의 나이, 성별, 심리, 성숙 정도 및 건강 상태와 안전사고 간의 관계를 살펴보아야 한다. 특히 나이나 성숙 정도가 매우 어리거나 장애 여부, 신체적 결함, 정신적 질병 등이 있는 요보호청소년의 경우, 특별 관리가 필요하다고 판단됨에 따라 특별한 보호가 요구된다(최윤진, 1998; 김문수, 지영섭, 2021).

(2) 청소년수련시설 종사자 안전교육

청소년수련시설 종사자에 대한 안전교육은 「청소년활동 진흥법」 제19조(수련시설의 운영기준)에 의거하여 연 1회 이상 수련시설의 운영 · 안전 · 위생 등에 관한 교육을 실시하여야 한다. 안전교육의 내용은 「청소년활동 진흥법 시행규칙」 제8조의4에 따라, 첫째, 청소년수련활동 및 수련시설의 안전관련 법령, 둘째, 청소년수련활동 안전사고 예방 및 관리, 셋째, 수련시설의 안전점검 및 위생관리, 넷째, 그 밖에 수련시설 종사자 등의 안전관리 역량 강화 및 안전사고 예방을 위하여 필요한 사항 등으로 구성되며 이러닝, 집합교육 등으로 실시된다. 또한 종사자에 대한 교육을 실시한 후에는 그 결과에 대하여 수련시설의 운영대표자는 여성가족부장관 및 특별자치시장 · 특별자치도지사 · 시장 · 군수 · 구청장에게 제출하여야 한다.

청소년활동 안전교육 관련 업무는 한국청소년활동진흥원의 안전환경본부에서 주관하고 있으며, 안전환경본부는 수련활동 신고제 운영 지원과 인증제도 운영, 수련시설 안전점검, 수련시설 종사자 안전교육 등을 비롯하여 안전사고 대응을 위해 확대 · 강화된 안전관리 제도를 체계적 · 효율적으로 수행하고 있다. 한국청소년활동진흥원은 청소년수련시설에서의 안전사고를 예방하고 종사자들의 안전관리 역량을 강화하기 위해 온라인안전교육시스템 KOSE(http://www.youth.or.kr/kose)를 활용하여 다양한 안전교육을 운영하고 있다.

한국청소년활동진흥원 온라인안전교육시스템은 청소년활동지도자, 시설담당자, 운영대표자, 청소년, 공무원 및 시도센터 담당자 등을 대상으로 하며, 「청소년활동 진흥법 시행규칙」 제8조의4에 따른 청소년수련활동 및 수련시설의 안전관련 법령, 청소년수련활동 안전사고 예방 및 관리, 수련시설의 안전점검 및 위생관리 등의 내용을 연중상시 운영하고 있다. 또한 청소년지도활동에 필요한 안전에 관한 기본역량 함양을 위해서 의무교육을 시행하고 있으며, 안전한 청소년활동을 위한 실질적 도움을 줄 수 있는 안전교육, 개인정보보호법, 성희롱 예방교육 등이 이루어져, 청소년지도자의 안전역량을 증진시키고 있다.

2) 청소년활동 안전교육

청소년 안전사고의 발생은 피해 청소년과 가족에게 신체적 · 심리적 · 경제적 손실을 가져오고 사고발생 기관에는 지도자에 대한 책임과 청소년활동 위축으로 이어져 고통을 받게 되므로 청소년활동을 수행하기에 앞서 안전사고 상황별 대처방법 및 예방법에 대한 교육을 철저히 시행함으로써 사고발생의 위험이 감소하도록 하여야 한다. 안전교육은 안전행동에 긍정적 영향을 미치고, 연령이 어릴수록 안전의식을 형성하는 데 효과가 더 큰 것으로 나타났으며, 안전교육을 받은 경험이 있는 학생이 안전교육 경험이 없는 학생보다 사고에 대한 위험이 낮은 것으로 나타난다(김혜원, 이명선, 2002; 이명선, 이송이, 김선혜, 2013; 이창희, 2010).

안전교육이란 「국민 안전교육 진흥 기본법」 제2조 제1항에 "국민이 안전에 대한 중요성을 인식하고 각종 재난 및 안전사고 발생 시 이에 효과적으로 대처할 수 있도록 안전에 대한 지식이나 기능을 습득하는 교육"으로 정의하고 있으며 소방방재청(2007) 국민안전교육 표준매뉴얼에서는 안전교육이란 "인간의 존엄성을 바탕으로 일상생활에서 개인 및 집단의 안전에 필요한 지식, 기능, 태도 등을 이해시키고, 자신과 타인의 생명을 존중하며, 안전하고 건강한 생활을 영위할 수 있는 습관을 형성시키는 교육"으로 정의한다.

학교에서는 교육활동(수업시간), 학교 내 생활 등 학교시설물(놀이기구)을 이용으로 인해 각종 안전사고가 발생할 개연성이 매우 높기 때문에 안전교육을 위한 다양한 노력을 기울이고 있으며, 학교안전교육의 주요 내용을 총괄하여 2016년 3월 15일 학교안전교육 7대 영역의 표준안을 마련하였다(교육부고시 제2016-90호). 학교안전 7대 표준안은 「학교 안전사고 예방 및 보상에 관한 법률」에 그 근거를 두고 있고, 구체적인 학교안전교육 실시에 관한 사항은 동법 제8조 및 동법 시행규칙 제2조에 제시되고 있다.

청소년수련시설을 이용하는 청소년들을 대상으로 하는 교육은 「청소년활동 진흥법」 제18조의2 안전교육이 그 구체적인 내용을 여성가족부령으로 위임하고 있으며, 동법 시행규칙 제8조의3은 수련시설 이용 시 유의사항 및 비상시 행동요령, 청소년수련활동 유형별 안전사고 예방에 관한 사항, 성폭력 · 성희롱 예방 및 대처요령에 관한 사항, 그 밖의 해당 수련시설의 이용 및 청소년수련활동에 필요한 안전에 관한 사항을 안전교육사항으로 규정하고 있다.

PART 3

청소년활동과 지속가능발전

Chapter

09 청소년수련활동

1 청소년수련활동의 개념과 중요성

1) 청소년수련활동의 개념

수련의 사전적 의미는 "인격, 기술, 학문 따위를 닦아서 단련함 단련함", "배운 것을 잘 익힘"을 말하며, 종교나 무예(武藝)에서 말하는 수련은 끝없는 자기극복을 의미한다. 즉, 수련이란 완성된 인격체를 지향하는 매우 긍정적인 가치를 가진 자기개발의 과정이라 할 수 있다(김창현, 김정현, 김영숙, 2016). 그러므로 청소년수련활동은 청소년의 균형적 성장을 위하여 청소년의 능동적 참여에 기초를 두고 생활권 또는 자연권에서 심신을 단련하고 자질을 배양하며, 다양한 취미를 개발하고, 정서를 함양할 뿐만 아니라 사회봉사활동을 통해 배움을 실천하는 조직적인 체험활동을 말한다(김진호, 권일남, 이광호, 최창욱, 2019).

우리나라의 청소년수련활동은 상고시대인 고조선시대부터 두레, 품앗이 등의 형태로 존재해 왔으며, 삼국시대에는 고구려의 경당, 백제의 오경박사, 신라의 화랑제도 등 청소년 육성제도와 정책으로 이어져 왔다(김성수, 권일남, 1994). 이렇듯 오랜 역사를 지닌 청소년수련활동은 해방 이후 우리나라의 역사적 시대상황과 역대 대통령의 통치이념 및 교육정책 등 사회적 요구를 반영하면서 발전하였다. 일제의 잔재를 청산해야 하는 1, 2공화국과 군사정권 시기인 3, 4공화국 시대에는 애국심을 강조하는 정신교육과 정부주도의 수련교육이 주를 이루면서 민간단체의 순수한 교육은 크게 위축되었다.

그 후 1980년대부터 청소년수련활동은 학교 교육과정의 개편에 따라 교육목표를 인간중심의 전인교육으로 설정하고 이와 관련된 교육개혁조치에 의거 학교교육 정상화와 청소년의 건전 육성에 필요성에 의하여 발전을 거듭하여 학교시설 외 청소년의 심신단련과 정서계발을 목적으로 설치된 수련시설을 대통령령으로 규정하고, 시설의 설치 및 운영조항을 부가하면서 청소년수련활동을 위한 근간으로서의 공간 확보에 국가가 전면적으로 나서서 관심을 고조시켰다.

그리고 1991년 「청소년기본법」이 제정되면서 청소년수련활동이 제도권으로 들어오게 되었다(김창현, 김정현, 김영숙, 2016). 이러한 청소년수련활동에 대한 개념은 학문적, 정책적 접근에 따라 구분할 수 있다. 학문적 접근에서는 교육학적, 심리학적, 사회학적 측면에서 3가지로 구분되고, 정책적 접근은 문화적 감성, 과학 및 정보화능력, 봉사와 협력정신, 모험심과 개척정신, 전문적 직업능력, 국제적 감각, 환경의식, 기타 등의 8가지로 구분된다.

학문적 접근에서 교육학적 측면의 청소년수련활동은 기본적인 생활습관을 몸에 익히도록 하여 공동생활의 태도를 배우고 교우관계를 확대하며 청소년의 자주성을 향상시키는 목적을 갖는 활동을 의미한다. 심리학적 측면에서는 행동학습의 측면에서 기본적으로 바람직한 행동특성을 육성하는 동시에 바람직하지 않은 행동을 감소시키는 활동을 의미한다. 사회학적 접근에서는 청소년의 성장이나 발달에 중요한 사회화 과정을 제공하며 자아정체성의 확보에 기여하는 활동을 의미한다(이행, 2020). 정책적 접근에서 보는 청소년수련활동의 개념은 「청소년기본법」 제3조 3항에 근거하여 문화적 감성을 함양하기 위한 활동, 과학 및 정보화 능력을 배양하기 위한 활동, 봉사와 협력정신을 위한 활동, 모험심과 개척정신을 키울 수 있는 활동, 전문적 직업능력을 키울 수 있는 활동, 국제적 감각을 고양하기 위한 활동, 환경의식을 함양하기 위한 활동, 기타 청소년의 건전한 육성에 필요한 활동을 말한다.

이처럼 학문적 접근에서는 청소년의 건강한 생활습관과 태도를 학습하도록 돕고, 바람직한 행동을 촉진하며, 주체성과 사회적 역량의 증진을 위한 활동을 수련활동이라 정의하여 청소년수련활동의 목적을 다각적인 측면에서 제시하고 있다. 반면, 정책적 접근에서는 청소년수련활동이 목표로 하는 영역들을 제시하고 있다.

청소년수련활동은 청소년기에 성인이 되기 위한 적응요령과 방법을 깨우치는 준비활동이며 총체적인 체험학습이라 할 수 있다. 청소년들은 수련활동을 통해서 공동체의식과 인간관계의 소중함을 깨닫는 동시에 사회성을 배운다. 또한 수련활동에서 스스로 어려움을 극복하면서 심신단련과 다양한 체험을 통해 자기 자신을 새롭게 발견하는 계기를 얻는다. 그러므로 이러한 수련활동을 완전학습방법인 동시에 전인교육이라고 할 수 있다(김창현, 2016).

청소년의 건강한 신체적 성장과 인격 형성을 돕는 청소년수련활동은 활동의 주체, 목적, 형태 등에 따라 다양한 특징을 가지는데 구체적인 내용은 다음과 같다. 첫째, 개인적 활동이 아니라 두 사람 이상이 상호작용을 통하여 정서적 유대, 지위와 역할, 가치와 규범 등 인간관계의 여러 형태가 나타나는 집단활동이다. 둘째, 지도자 중심에서 청소년 중심으로, 지식과 기능 중심에서 인간관계 중심으로, 과제수행 중심에서 문제해결 중심으로, 전문적 활동 중심에서 기초적이고 보완적인 활동 중심으로, 획일성,

타율성, 수동성, 모방성 중심에서 융통성, 자율성, 능동성, 창의성 중심으로 수행하는 청소년활동이라고 할 수 있다. 셋째, 참가자 스스로 참여하며, 자신의 활동을 선택할 수 있다. 넷째, 참여자 자신이 실제로 보거나, 듣거나, 느끼거나, 만지거나, 활동하여 지금까지 경험해 보지 않은 일을 새롭게 실행하는 과정이다. 다섯째, 탐구적 활동이다. 여섯째, 모험적 활동이다. 마지막으로 지속 반복적인 장기활동이다(장수한, 2016).

2) 청소년수련활동의 중요성

청소년수련활동은 청소년들의 성장과정에서 경험할 수 있는 다양한 사회적 상황에서 발생하는 문제를 해결하기 위한 대안을 얻는 활동으로서 의미를 가진다. 수련활동에 참여한 청소년들은 수련활동의 체험학습 과정 안에서 또래들과 함께 자신들이 직면한 문제를 해결하는 요령을 습득하기도 하고, 타인과 더불어 사는 인간관계와 사회성의 중요함에 대해서도 배우게 된다. 또한 수련활동을 통해 배우면서 흥미를 느끼게 된 활동들은 청소년들의 여가생활의 적응능력을 효율적으로 함양할 수 있어 다양한 발달과업과 학업에 대한 지나친 스트레스에 노출된 오늘날 청소년들에게 필수적으로 요구되는 활동이다(장미화, 2017).

이처럼 청소년수련활동은 청소년에게 개인적 · 사회적으로 긍정적인 영향을 준다는 점에서 청소년수련활동의 중요성이 크다고 할 수 있다. 청소년들이 살아가는 방법을 배우고 자주성과 자발성을 기르기 위해서는 지식을 통한 간접경험보다는 자신의 신체를 움직여 많은 생활 형태를 체험하고 직접 뛰며 체험하는 기회를 갖지 않으면 안된다. 따라서 수련활동은 지식 · 기능의 수단적 가치를 기르는 데 그치고 있는 학교 교육의 한계를 넘어서 전인적 인간이라는 궁극적 가치를 기르는 활동으로 미래의 청소년들에게 필수적인 활동이다(조영범, 2018). 더욱이 이러한 수련활동이 청소년들의 희생정신,

자신감, 책임감, 공정심, 협동심의 긍정적인 변화를 생활의식에 바람직한 변화를 가져다주는 것으로 보고되고 있으며, 청소년들이 수련활동을 통한 체험활동 경험이 높을수록 자아존중감, 자아정체감, 진로정체감, 삶의 목표나 만족도를 높게 지각하는 것으로 나타났다. 그러므로 청소년의 전인적인 성장에 적극적인 수련활동의 참여가 긍정적인 영향을 줄 수 있을 것으로 보인다(김창현, 이상진, 2020).

오늘날 청소년활동 현장에서는 청소년들의 건강하고 균형 있는 성장을 위해 다양한 청소년활동 프로그램을 제공해 왔고, 이러한 환경에서 청소년의 자발성과 능동성을 바탕에 둔 청소년수련활동은 청소년의 전인적 성장, 호연지기, 모험과 도전 정신 배양 등 교육의 목적과 목표를 지닌 교육적 활동으로 인정받고 있다. 또한 청소년수련활동은 다양한 청소년수련시설에서 체험중심으로 구성하여 학교 교육의 연장선상에서 제도적으로 정착되어 있으므로 교육적 효과도 매우 높은 것으로 평가되고 있다. 따라서 청소년수련활동은 한 사람의 인성과 도덕성, 시민 및 자아형성의 중요한 전환기에 있는 청소년들에게 함양해야 할 핵심적 도덕 및 시민역량을 도모하기 위한 수단으로 적극 활용되어야 할 것이다(박재용, 2020).

이러한 수련활동에 대하여 학교 교육과정을 보완할 수 있는 새로운 형태의 교육활동으로서 가지는 특징을 정리하면 다음과 같다(김성수, 권일남, 1994). 첫째, 청소년수련활동은 교육의 한 형태로서 야외에서 학습되어질 수 있는 모든 형태의 교과과정을 야외에서 탐색하는 것을 의미한다. 둘째, 수련활동은 역사, 국어, 수학 등 다른 학문과 상호 분리될 수 없으며 분리된 학문도 아니다. 셋째, 수련활동은 교과서의 학습내용을 치환시키려는 것이 아니라 오히려 직접적인 경험의 증대를 통해 교육의 질적 효과를 제공시키고자 함에 있다. 넷째, 교육은 생활과 분리될 수 없으며 일상적으로 일어나는 전 과정이다. 다섯째, 수련활동은 자연과 인간의 삶과 상호의존성에 대한 생태학적 탐색을 통해서 인류생존을 위한 자연보호의식을 함양하기 위하는 데 있다. 여섯째, 교육의 주요 강조점은 실제 지식체득이나 기술의 습득이라기보다는 인가의 태도, 이해력,

표현력을 가르치는 것이다. 일곱째, 수련활동은 지역사회 내에서 발견할 수 있는 자원과 지도력의 활용을 통한 지역사회의 계획을 가능하게 해 준다. 지역사회 내 다수의 교육자원을 최대한 활용함으로써 수련활동의 계획과 집행과정의 타당성을 제공하게 된다. 여덟째, 수련활동은 교육의 일반적 목적과 하부주제의 구체적 목적에 따라서 청소년의 성장에 도움을 주는 학교의 한 유형이다. 이러한 과정을 통해 학교는 청소년들이 살고 있는 현실세계에 잘 대응할 수 있게 되고, 그들의 지식, 기술, 적응력을 길러 미래의 준비를 가능하게 해 준다.

2 청소년수련활동과 학교교육과정

현재 청소년들의 성장을 위한 개입은 학교교육이 대부분의 영역을 차지하고 있다고 할 수 있다. 학교의 교과과정은 학교를 통해 청소년의 학습기회와 관련된 모든 기회를 제공하고 있다. 즉, 학생, 부모, 지역사회, 자문요원 등과 같은 교과과정 계획자들은 학교 영역 내의 시설이나 자원을 활용하여 기본 교과과정을 수립하게 된다.

그러나 교실 내에서의 학습은 다양한 학습환경이 제공되지 못하기 때문에 학생들의 참여형태 경험을 충분히 제공하지 못하는 단점이 있다. 반면, 야외에서 이루어지는 청소년수련활동은 학교 내의 기본교과 과정이 종합적으로 적용되면서 그 가운데 청소년들을 위한 교육목표 달성에 중요한 역할을 수행하게 된다고 할 수 있다. 즉, 청소년들을 위한 야외수련활동은 청소년들이 사회생활의 적응에 필요한 개념, 기술과정을 이해하게 함으로써 성공적인 학습경험을 쌓는 데 커다란 도움을 준다. 이러한 관점에서 수련활동과 관련시켜 볼 수 있는 학교교육과정의 주요영역은 다음과 같다.

〈표 9-1〉 학교교육에 관한 청소년수련활동

영역	목적	활동
수학	• 컴퍼스, 자, 온도계, 기압계 등 측정도구의 개념을 명확히 한다. • 거리, 시간, 양, 공간의 개념을 평가한다. • 야외에서 수학적 기술을 직접 적용하여 경험하게 한다.	• 나무의 조직을 자른다. • 측정 – 판지의 길이 – 나무의 직경과 원주 – 지도제작을 위한 표면적 측정 – 캠프건물의 규모측정 – 경사율 측정 – 건물, 나무 등과의 거리 측정
언어예술	• 올바르게 말하고 정확히 쓸 수 있는 능력을 배양한다. • 쓰고 말하는 표현력을 증대시킨다. • 정확히 쓰고 해석하는 능력을 기른다.	• 가정에서 편지쓰기 • 견학노트 작성 • 일기쓰기 • 동 · 식물 조사 후 보고서 작성 • 신문의 사설쓰기 • 실제 상황에 대한 개인적 견해 제시
사회연구	• 지역사회 내의 고적역사를 이해 • 집단활동의 민주적 과정을 이해 • 인간과 자연환경과의 관계 설명 • 인간의 사회 · 감정적 욕구의 이해 • 지방정부의 기능 탐색	• 인류의 역사 및 원시인의 생활 탐색 • 주변 지역사회의 특성 파악 • 지역 내 역사적 시설 탐방 • 지역사회의 지도와 모형 제작 • 지역사회 내의 산업구조 파악과 경제적 공헌도 조사 • 지방정부의 구조 파악
자연과학	• 지역 내 보편적인 동 · 식물의 형태와 내용 파악 • 동 · 식물 간의 공생관계 파악 • 파종방법 • 동 · 식물의 현명한 보존방법을 위한 필요성 인식	• 지역사회 내의 동 · 식물 분류 도안 만들기 • 낙엽의 형태 수집 • 동물의 흔적 표본화 • 나무와 식물을 이용한 조경스케치 • 사계절의 변화 기록
지구과학	• 바위의 특성과 함유된 광물질의 내용 파악 • 바위와 토양형성의 역사적 고찰 • 바람과 물로 인한 침식원인과 결과 탐색과 이의 통제방법 • 지구, 별, 혜성, 달과 같은 천체이동의 형태 파악	• 지역사회 내의 바위수집 후 설명 (특성 및 구성요소 등) • 여러 지역의 토양 채취 후 분석 • 화석 채집 • 강우량 파악 • 별자리 및 달 관찰 • 달의 주기지도 작성

영역	목적	활동
	• 온도계, 기압계, 강우계, 풍향계의 이용과 조정	• 유성관찰 • 구름 관찰
보건, 물리교육 및 레크리에이션	• 건강한 신체유지 • 건강한 신체와 생활의 즐거움과의 관련성 제시 • 여가시간 활용계획표 작성 • 주간 건강식단표 작성 • 일일 신체프로그램 작성	• 4가지 기본 식량군을 이용한 식단표 작성 • 비타민 결핍과 질병관계 연구 • 치아구조표 작성 • 야외 안전사고 방지 • 춤, 광장 댄스, 포크댄스회의 가입
예술, 기술, 음악	• 일상생활에서 예술과 음악의 중요성 인식 • 예술과 음악의 관련성 인식 • 또래집단끼리의 노래지도	• 조경 스케치 및 캠프에 적합한 형태로 도안 • 간단한 캠프 기구의 제작

출처: 김성수, 권일남(1994).

3 청소년수련활동 프로그램

수련활동 프로그램을 올바르게 준비하고 계획하면 청소년들은 프로그램을 재미있고 흥미롭게 느끼게 되며 교육적 효과도 더욱 높아지게 된다. 그러므로 청소년들이 수련활동을 통하여 다양한 체험을 얻을 수 있도록 하기 위해서는 프로그램의 구성에 전제가 제시되어야 하며 구체적인 내용은 다음과 같다(장수한, 2016).

1) 수련활동 프로그램의 주제 선정

프로그램을 전개할 때의 주제는 프로그램의 목표를 달성하는 가장 기본적이면서도 중요한 요인이다. 주제가 선정되면 그 주제를 조금씩 줄여 보면서 프로그램의 관리를 담당할 수 있는 영역인지에 대한 검증을 할 수 있어야 한다. 청소년들이 관심 있는 영역을 발견하게 되면 이와 관련된 활동 영역을 세워야 한다.

2) 목표확립

하나의 주제를 선정하게 되면 이와 관련된 활동을 선정해야 한다. 학습목표를 결정한 후에는 청소년 지도사들은 청소년들의 관심과 참여를 유도하고 고양시키는 활동을 개발해 내어야 한다. 일반적으로 수련활동 프로그램에서 다음과 같은 목표를 구체적으로 적용할 수 있도록 해야 한다.

- 집단 구성원들 간의 협동학습을 활동에 포함시켜야 한다.
- 청소년들의 관찰능력 기법과 자연을 인지하는 수준을 증대하도록 해야 한다.
- 상호 협동적 경험을 제공하도록 해야 한다.
- 실제적 과학활동 과정을 제공하여 직접체험이 가능하도록 해야 한다.
- 문제해결 과업을 통한 인지적 기능을 습득할 수 있도록 해야 한다.
- 사업의 참여를 통한 청소년의 독창성을 최대한 발현할 수 있도록 해야 한다.

3) 시간의 구조화

주제가 결정되면 목표를 정하고 난 다음 활동기간을 설계해야 한다. 지도자들은 가능하다면 프로그램을 4개의 영역으로 구분하여 도입부, 학습영역, 활동영역, 검토영역으로 나누어 적용하는 것이 좋으며 각 영역에 대한 구체적인 내용은 다음과 같다.

- 도입부: 프로그램의 흥미를 갖게 하는 기초적인 과정으로 지도자의 유머나 청소년의 호기심, 독창성 등을 이끌어 낼 수 있도록 다양한 자료를 제공하여야 한다.
- 학습영역: 훈육 및 학습 영역은 가능한 단순화해야 한다.
- 활용영역: 하나의 활동을 하면서 관찰력을 키우고, 인지능력을 확대하면서 집단의 공동 목표를 달성하도록 유도한다.
- 검토영역: 마지막 활동을 검토하도록 해야 한다.

4) 교육계획활동의 7가지 요소

- What: 무엇을 해야 하는가?(프로그램 종류별, 제목, 포함해야 할 내용)
- Why: 왜 해야 하는가?(프로그램의 목적, 주제, 주안점)
- When: 언제 해야 하는가?(예정 실시, 기간)
- Where: 어디서 해야 하는가?
- Who: 누가 하는가?(주최, 주관, 후원, 준비위원, 지도책임자, 강사, 초청인사 등)
- For Whom: 누구를 위해서 하는가?(참가자들의 대상 및 성격, 인원)
- How: 어떻게 집행해야 하는가?(일의 분담, 세부내용)

5) 수련활동 프로그램의 유형

수련활동에서 지도의 목적과 내용에 따라 프로그램의 유형을 구분할 수 있으며, 국가청소년정책의 일환으로 추진되고 있는 청소년수련활동인증제도에서 분류하는 영역과 내용을 토대로 프로그램의 유형을 정리하면 다음과 같다(신성철 외, 2020).

첫째, 청소년 문화·예술활동이다. 청소년의 문화 및 예술은 그 자체의 가치뿐만 아니라 창의적 사고와 자기주도적 문제해결능력 향상을 위한 핵심요인으로 교육을 통해 문화적·예술적인 내용에 대한 관심과 활동을 자극하는 것과 더불어 문화에 대한 관심으로 발전할 수 있도록 지원해 준다(신현경, 이은영, 2017). 청소년 문화·예술활동은 청소년의 총체적인 삶과 일상을 연결시켜 그들이 자발적으로 행동하는 활동으로서 단순히 여가활동 차원의 도구가 아닌 더 많은 영역의 활동이라고 할 수 있다. 청소년의 문화영역은 연극·음악·미술·영상·문학 등의 영역에서뿐만 아니라 청소년이 선택하고, 행동하는 더 많은 영역들을 포함하고 있다. 청소년문화활동의 유형을 보면 문화유산, 전통문화, 문학, 조형예술, 디자인, 음악, 무용, 연극, 영화, 대중매체 등 일반적인 여가생활을 포함한 광의적인 개념으로 접근한다.

둘째, 자기계발활동이다. 청소년기의 발달과업인 자아정체감의 형성을 돕고, 자아에 대한 이해와 수용을 바탕으로 타인과의 참 만남 관계를 형성하도록 도우며, 자기의 건전한 성격개발과 인간관계 및 사회적응을 조력하는 데 목적이 있다. 청소년들이 자기계발을 한다는 것은 스스로 자신에 대한 통제능력을 갖게 되는 것을 의미한다. 자기계발은 일탈과 비행, 문제행동이나 외부적 환경에 노출될 우려가 큰 상황에서 자기의 긍정성을 유지하게 하는 중요한 통제요인이기 때문에 다른 어떤 능력보다 중요하게 고려되어야 한다(전명순, 2018). 이러한 자기계발활동의 내용은 표현능력개발 수련활동, 자기탐구활동, 자기존중감 향상 프로그램, 자기표현활동 등이 있다.

셋째, 청소년 모험활동 및 개척활동이다. 모험활동 및 개척활동은 주로 대자연 속에서 행해지기 때문에 불확실성과 비일상성의 미지의 세계가 있으며, 탐험이 가미된 활동이라고 할 수 있다. 인위적인 모험활동이지만 이 과정에서 어려움을 조건화하고 능동적이고 적극적인 참여과정을 통해서 할 수 있다는 자신감과 자신의 능력수준에 대한 판단을 분석해 낼 수 있게 된다(이정은, 최영아, 신인숙, 2014). 모험교육은 위험이라는 요소를 활용하여 참가자의 신체적, 정신적, 사회적, 영적 발달을 추구하는 교육활동이라고 할 수 있으며 이러한 활동에는 탐사 · 등반활동, 야영활동, 해양활동, 오지탐사활동, 극기훈련활동, 호연지기 활동, 수상훈련활동, 산수탐사활동 등이 해당된다.

넷째, 환경보존활동이다. 환경교육의 목적은 인간의 생활공간이 점차 훼손되고 오염되어 가면서 인간에게 나쁜 영향을 주게 된다는 점을 인식하여 지속가능한 환경을 유지하게 함으로써 인간과 자연환경이 공존하는 사고의 전환을 이끌어 내도록 하는 데 있다(정화성, 이정화, 정연옥, 2010). 그러므로 환경보존활동은 환경을 지키고 인간과 자연과의 생태학적 유기성을 강화하기 위한 자연친화적 사고와 삶의 형성을 위한 지도활동으로 생태활동, 환경탐사활동, 자연지도 만들기, 숲 체험, 환경음식 만들기, 환경살리기 활동, 시설 보존 활동 등이 있다.

다섯째, 청소년직업체험활동이다. 청소년들은 자신의 진로발달을 촉진시켜 자신의 진로를 계획하고, 직업을 선택하게 하며, 선택된 직업에 대해 준비하는 일련의 과정을 필요로 한다. 청소년직업체험활동은 청소년들이 현재의 직업인식수준과 미래직업선택의 격차가 크기 때문에 발생하는 직업적 불일치 문제를 해소하기 위하여 자신에게 맞는 직업선택의 소양에 필요한 능력을 개발하도록 미리 체험하게 하는 활동이다. 이러한 직업체험활동은 직업적 가치관의 확립과 진로에 대한 자아의식의 발현, 그리고 일에 대한 피상적 이해를 벗어나 직접적 어려움과 난이도 수준 등의 가치를 탐색하여 향후 자신에 맞는 진로를 선택하도록 하는 데 도움이 되는 활동이라고 할 수 있다(전명순, 2018).

여섯째, 청소년과학정보활동이다. 과학정보활동은 과학적 지식과 기술 등에 관련된 합리적인 내용을 탐구하고 이해하게 함으로써 사실을 발견하게 하고 이를 통해서 문제를 해결함은 물론 창의적인 결과를 이행하고자 하는 데 초점을 두고 있다. 이러한 청소년 과학정보활동의 목적은 과학적 수단과 지식을 활용하여 청소년에게 지식수용과 탐색의 기능과 능력을 알려 주고 이를 바탕으로 새로운 영역의 지식확장성을 이어 나가도록 해 주는 데 있다(문지영, 김은진, 김성원, 2017). 과학정보활동의 지도내용은 모형 및 로봇활동, 인터넷활동, 우주천체활동, 정보캠프활동, 영상매체활동 등이 있다.

일곱째, 청소년자원봉사활동이다. 청소년들은 봉사학습으로 의도적 학습목적하에서 사회봉사 활동 참여를 통해 학습자들의 지적 학습에 연결되는 반성적 사고의 기회를 갖는다. 따라서 청소년에게 봉사활동을 하도록 하는 것은 청소년들이 자신이 아닌 타인의 어려움을 이해하고 이타적 자기실현을 도모하게 함으로써 인본주의적 가치인 덕성을 함양하도록 하고 동시에 청소년들의 직접적 사회참여를 긍정적인 방향에서 느끼도록 해 주는 효과적인 활동이라고 말할 수 있다(김준성, 임용석, 2015). 특히, 자원봉사활동은 기존 사회의 요구나 문제에 개입하여 문제의 해결을 돕고자 하는 데서 청소년 개인의 활동적 성격이 강한 수련활동과 차이가 있으며, 사회와의 연계가 필수적이라는 점에서 사회에 대한 직접적인 체험활동이라고 할 수 있다.

여덟째, 청소년교류활동이다. 교류는 근원이 다른 물줄기가 서로 섞이듯이 개인 간에, 국가 간에, 지역사회 간에 인적 · 물적으로 서로가 서로를 주고받는 행위를 의미한다. 청소년들에게 교류활동은 자칫 자기중심적으로 보아 온 자국중심의 문화적 배타성을 개선하고 균형적 시각에서 문화공존의 의미를 깨닫게 해 주는 데 의미가 있는 활동이라고 할 수 있다(전명순, 2018). 이러한 교류활동은 지역 간 · 남북 간 · 국가 간의 다양한 교류활동으로 구분된다. 지역 간 교류는 도농 교류와 같은 국가 내의 문화권 교류를 의미하며, 남북 간 교류는 분단이라는 특수상황 속에서 통일과 화합을 촉진하기 위한 교류활동을 의미한다. 국제청소년교류는 수행주체에 따라 일반교류, 연구, 국제회의 국제 행사 등으로 분류된다.

아홉째, 건강 · 보건활동이다. 청소년 시기는 신체적 · 정신적으로 왕성한 성장과정에 있어 청소년기의 건강이 평생의 건강상태를 좌우하게 된다. 그러므로 이 시기에 체력을 증진시키고 신체를 균형 있게 유지하기 위한 조절기능이 반드시 필요할 뿐만 아니라 이를 토대로 정서적 안정감과 자신의 건강유지를 위한 인식과 능력을 갖추어야 할 필요가 있다. 그러나 청소년은 자신의 신체적 건강에 대한 관념적 태도를 충분히 지각하지 못할 우려가 크다. 따라서 청소년 스스로 신체적 활동 및 성적 태도의 인식, 약물남용의 예방과 금지를 위한 행위에 적극적이어야 할 필요가 있다(전명순, 2018). 따라서 건강 · 보건활동은 건강에 대한 가치와 인식의 제고, 건강과 보건의 균형, 건강을 책임지는 태도와 습관의 형성에 방향을 두고 있으며, 지도내용은 신체단련, 약물예방활동, 흡연 · 음주 · 약물 · 비만 예방활동, 안전 · 응급처치활동, 성교육 활동 등이 있다.

4 청소년수련활동인증제

1) 청소년수련활동인증제의 도입배경

청소년수련활동인증제는 여가활동의 사회적 수요증가, 청소년들의 체험활동 필요성의 확대, 자발적 청소년활동 인프라 구축에 대한 사회적 요구, 청소년활동에 대한 기록 · 관리 및 활용의 다양성에 대한 필요성 등이 대두되면서 추진되었다(진은설, 김도영, 조영미, 이혜경, 2019).

과거 청소년수련활동이 전문적인 체계를 구축해 나갈 당시 다수의 프로그램이 청소년의 안전을 보장하고 학교 교육에 준하는 공공성과 적합성을 보증하지 못함으로써 국민적 신뢰를 얻는 것은 매우 어려웠다(장수한, 2016). 이에 따라 청소년수련활동이 대중적으로 공공성, 안전성, 신뢰성, 적합성을 인정받는 방법에는 운영자의 노력도 필요했지만 이를 사회적으로 인정받을 수 있는 장치가 필요하였다. 청소년수련활동에 대한 인증제도는 바로 공적인 절차와 기준에 의해 청소년수련활동이 안전하며 청소년에게 유익하다는 것을 보증하기 위한 전략의 하나였다. 이는 우선 인증을 통해 청소년수련활동이 인증 수준 이상의 품질을 갖도록 유지하고 수요자들은 인증된 프로그램을 선택할 수 있게 됨으로써 수요자중심의 정책을 지향한 것이다. 이를 통해 청소년수련활동 프로그램이 품질을 개선하고 경쟁력을 확보할 수 있다고 판단하였다.

인증이라는 절차는 규제와 통제를 위한 기능을 수행하는 것이 아니라 인증이라는 관문을 통해 청소년수련활동 프로그램을 제공하는 제공자를 다양하게 확대한다는 의도도 갖고 있었다. 이는 일종의 시장 확대 전략인데, 청소년수련활동에 청소년시설이나 단체뿐만 아니라 다른 정부 부처와 공공기관, 민간단체나 개인까지도 참여할 수 있는 공식적 통로를 열자는 것이었다. 이를 통해 청소년활동이 청소년정책 안에서 갇혀 있는 것이 아니라 전 정부적 · 전 사회적으로 소통하고 확대할 수 있는 기반을 마련하는 의미도 있었다. 이에 따라 청소년수련활동 인증의 신청 범위를 국가나 개인, 법인, 단체로 규정하였다. 즉, 도입 목적으로 본다면 대상 측면에서 청수년수련시설과 청소년단체에 집중된 제도가 아니었다(진은설 외, 2019).

인증제 도입의 실효성과 관련하여 도입 배경의 하나가 된 것은 청소년활동기록의 활용에 관한 정책 대안의 필요성이었다. 1991년 수립된 한국청소년기본계획에서부터 청소년수련활동 기록 관리 체계의 도입이 제안되고 부분적으로 시도가 있었다. 기록 관리 체계의 목적은 정책 자료로 활동 정보나 실적을 관리하는 것뿐만 아니라 청소년활동에 적극적으로 참여한 청소년들이 자기개발이나 진로에 활용하게 한다는 목적도 있었다. 일부 대학에서 청소년의 봉사활동이나 교과 외 활동에 대한 관심이 점차 높아지게 되었고, 이러한 교육정책의 변화에 대응하여 청소년활동정책 차원에서도 자체적인 활동 기록 관리 체계를 갖출 필요가 제기되었다(김형주, 김진호, 김혁진, 2012).

2) 청소년수련활동인증제의 개념과 목적

청소년수련활동인증제도는 「청소년활동 진흥법」 제35조 및 제36조에 의거하여 국가 및 지방자치 단체 또는 개인 · 법인 · 단체 등이 실시하고자 하는 청소년활동을 활동프로그램, 지도력, 활동환경, 활동기록 관리가 일정한 기준을 갖추었음을 심사하여 인증하고 인증수련활동에 참여한 청소년의 활동기록을 유지 · 관리 · 제공하는 국가인증제도이다. 인증제는 청소년활동 프로그램 제공과 인증신청기관 관리가 안전하고 다양한 양질의 활동환경을 조성하고, 청소년들이 수련활동의 객체나 소비자가 아니라 자신의 흥미와 적성에 맞는 수련활동을 스스로 선택하고 참여할 수 있도록 한 제도이다(신성철 외, 2020). 이러한 청소년수련활동인증제가 갖는 목적은 다음과 같다. 첫째, 국가가 인증함으로써 활동의 공공성과 신뢰성을 입증하여 정책의 실효성을 제고하고, 둘째, 교육 · 사회적 환경 변화에 따른 양질의 청소년활동참여 기회를 제공하며, 셋째, 청소년활동 정보 제공 및 청소년 참여를 활성화하고, 넷째, 자기 계발 및 진로 모색 등 활용 가능한 활동 기록을 관리 및 제공하는 것이다(전명순, 2018).

3) 청소년수련활동인증제의 운영체계와 절차

청소년수련활동인증제는 운영체계에 따라 인증 관련 기관의 역할 및 체계로 구축되어 있다. 인증관련 기관은 여성가족부, 청소년수련활동인증위원회, 한국청소년활동진흥원과 지방청소년활동진흥센터, 인증심사원, 인증신청기관으로 구분할 수 있다. 여성가족부는 수련활동인증제를 총괄하고 청소년수련활동인증위원회를 구성한다. 청소년수련활동인증위원회는 인증신청 내용에 대한 인증 여부 심의 · 의결, 인증유효 기간 설정, 인증취소 판정, 인증제 제반규정 등을 심의할 수 있는 의결기구이다. 한국청소년활동진흥원은 인증제를 운영하는 실무기관으로 청소년수련활동인증위원회 운영, 인증결과 통보 및 인증서 발급, 인증활동의 기록유지 및 확인서 발급 관리, 인증심사원 운영, 인증제 대국민 홍보, 인증 사후관리 업무를 수행한다. 지방 청소년활동진흥센터는 인증제 운영을 지원하여, 인증제 교육 및 홍보, 인증제 관련 지역활동 프로그램 컨설팅, 지역 인증신청 프로그램에 대한 심사를 지원하고 있다. 인증심사원은 심사업무를 수행하는 자로 인증신청에 대한 사전심사, 현장방문, 이행 여부 확인 및 결과를 보고한다.

[그림 9-1] 청소년수련활동인증제 운영체계

출처: 한국청소년활동진흥원(2017).

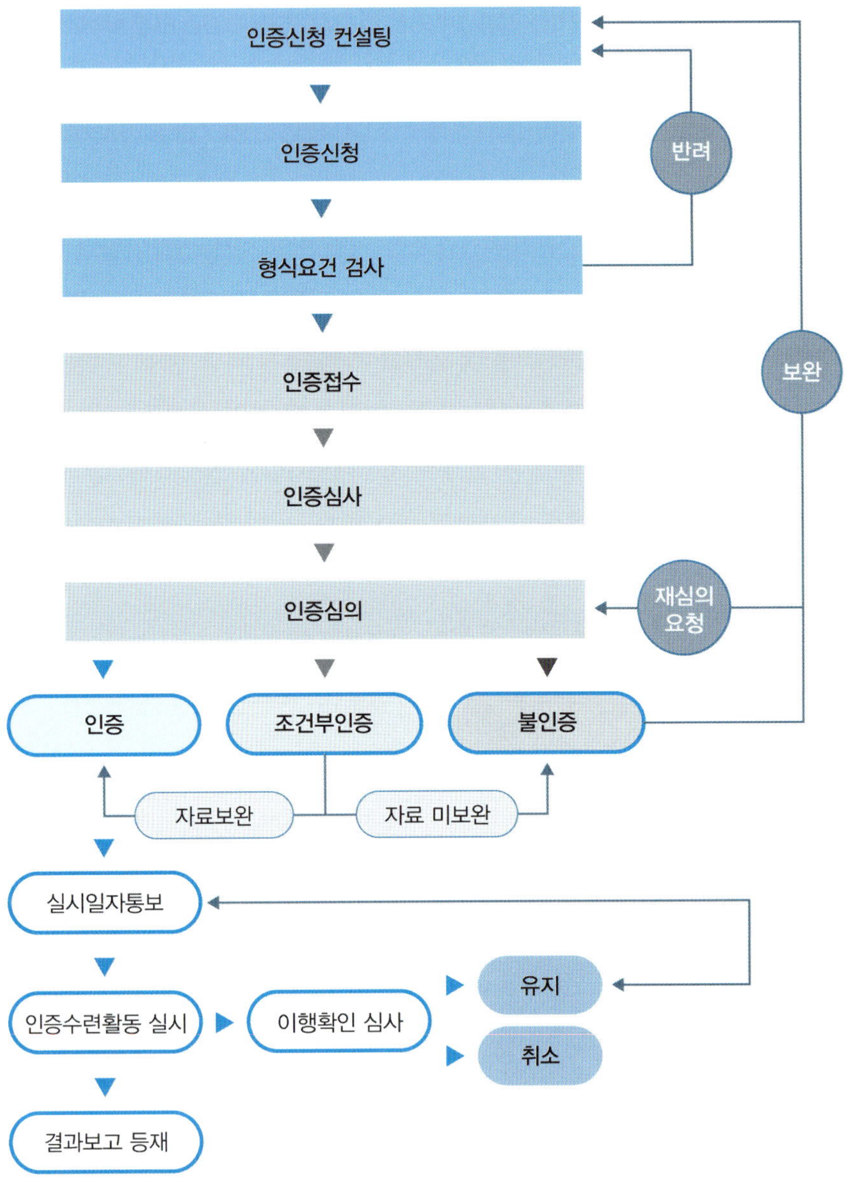

[그림 9-2] 청소년수련활동인증제 인증절차

출처: 한국청소년활동진흥원(2017).

인증신청 대상 및 기관이 인증 프로그램을 신청하고자 할 때에는 참가자 모집 또는 활동 시작 60일 이전에 해당 청소년활동 프로그램의 장소, 운영 시기, 목적, 대상, 내용, 진행방법, 평가 운영에 필요한 자원 조달, 프로그램을 담당한 청소년 지도자 등에 관한 사항을 작성하여 제출해야 한다. 인증절차는 인증을 신청하고자 하는 기관은 사전 컨설팅을 받을 수 있으며, 접수된 청소년활동 프로그램은 형식요건 검사를 거쳐 인증심사원의 심사를 받게 되며, 이때 신청 프로그램은 1개 프로그램당 2명 이상의 전문 심사원이 배치되어 심사가 진행된다. 그리고 인증위원회의 최종 심의를 거치게 되며, 최종 과정에서 반려된 기관은 재심사 요청 또는 이의제기를 할 수 있다.

인증기준은 국내 청소년활동과 국제 청소년활동 영역으로 구분되어 있으며, 각 영역별 인증기준은 공통기준과 개별기준 및 특별기준으로 나누어져 있다. 공통기준은 활동 프로그램, 지도력, 활동환경 등 3가지 영역으로 구성되며, 개별기준은 숙박형 활동과 이동형 활동 기준으로 구성되어 있으며, 반드시 인증을 받아야 하는 프로그램과 학교단체 숙박형 활동, 비대면방식 청소년활동은 특별기준을 추가로 적용한다(여성가족부, 2020).

〈표 9-2〉 청소년수련활동 인증기준

<table>
<tr><th colspan="3">영역/유형</th><th>인증기준</th><th>확인요소</th></tr>
<tr><td rowspan="3">공통
기준</td><td colspan="2">1. 활동 프로그램[1)]</td><td>1. 프로그램 구성
2. 프로그램 자원운영</td><td>9</td></tr>
<tr><td colspan="2">2. 지도력[2)]</td><td>3. 지도자 전문성 확보계획
4. 지도자 역할 및 배치</td><td>8</td></tr>
<tr><td colspan="2">3. 활동환경[3)]</td><td>5. 공간과 설비의 확보 및 관리
6. 안전관리 계획</td><td>7</td></tr>
<tr><td>개별
기준</td><td>활동
유형</td><td>숙박형</td><td>1. 숙박관리
2. 안전관리인력확보
3. 영양관리자 자격</td><td>5</td></tr>
</table>

영역/유형			인증기준	확인요소
		이동형	1. 숙박관리 2. 안전관리인력확보 3. 영양관리자 자격 4. 휴식관리 5. 이동관리	7
특별 기준	위험도가 높은 활동		1. 전문지도자의 배치 2. 공간과 설비, 안전관리	4
	학교단체 숙박형		1. 학교단체 숙박형 활동 관리	3
	비대면방식 실시간 쌍방향		1. 실시간 쌍방향 활동 운영 및 관리	5
	비대면방식 콘텐츠 활용 중심		1. 콘텐츠 활용 중심 활동 운영 및 관리	6
	비대면방식 과제수행 중심		1. 과제수행 중심 활동 운영 및 관리	5

출처: 여성가족부(2020: 149).

5 청소년수련활동의 문제점과 개선방향

국내 청소년수련활동은 정책과 제도의 발전과 함께 과거와 비교하여 높은 수준으로 향상되었지만 보다 우수한 수련활동의 개발과 보급을 위해 문제점과 개선방향을 제안하고자 한다.

먼저, 문제점에 대해서 살펴보면 법적 · 제도적 측면에서 현재 청소년 교육정책은 입

1) 프로그램: 청소년의 발달 특성과 욕구를 반영한 프로그램의 기획 여부와 내용 구성, 평가 · 환류체계의 포함 유무, 프로그램 운영을 위한 예산 및 자원의 적정성 등을 확인

2) 지도력: 프로그램 운영 및 관리에 적합한 자가 해당 프로그램을 운영하는지 여부, 프로그램 내용 및 청소년 참여 인원 수 대비 지도자 배치 수의 적정성, 안전고려활동 운영 시 유자격자 등 배치 여부를 확인

3) 활동환경: 청소년에게 안전하고 적합한 활동환경이 제공될 수 있는가를 공간과 설비, 사용여건, 보험 가입 등으로 확인

시 중심으로 구성되어 있어 청소년들의 적극적인 수련활동 참가에 어려움이 있으며 청소년 관련 법률이 소극적이고 선언적인 내용으로 규정되어 있어 청소년수련활동 활성화를 위한 법적 제도적 기반이 마련되어 있지 않다. 또한 수련활동이 이루어지는 수련기관은 시설 노후화에 따른 안전성, 편리성 등의 시설여건이 열악하며, 청소년의 지속적인 안전관리를 위한 시설안전지원센터 등의 시스템이 마련되어 있지 않다. 따라서 청소년들은 수련활동 중 안전사고의 위험을 염려하고 있지만 안전사고 및 식품위생 등의 사고가 발생했을 때 즉각적인 해결방안의 마련에 어려움이 따른다.

그리고 청소년 수련시설에서 운영되는 프로그램의 경우에도 청소년 지도자의 일방적인 프로그램 운영에 의해 청소년의 자발성 및 적극성이 반영되지 못하며 청소년이 주체가 되어 활동하는 프로그램이 부족한 실정이다. 또한 일부 청소년 수련시설에서는 기능보다는 수익 중심으로 운영되므로, 홍보경쟁이 과열되고 있으며 일부 수련시설의 경우에는 학교단체 수련활동 유치를 위해 홍보에만 열중하고 있어 청소년 수련시설로서의 정체성을 찾지 못하고 있다(장수한, 2016).

다음으로, 앞서 제시한 문제점을 개선하기 위한 방안을 정리하여 서술하면 다음과 같다. 첫째, 청소년수련활동 프로그램의 다양화 및 활동 선택의 폭을 확대할 필요가 있다. 이를 위해서는 수련활동에 대한 청소년의 필요와 욕구에 대한 지속적인 조사와 현행 프로그램에 대한 평가작업을 기초로 하여 수련활동 운영계획이 수립되어야 한다. 또한 청소년의 적성이나 취향에 벗어나지 않도록 활동프로그램의 영역별 체계화 및 수준별 과정화를 실시해 가야 할 것이다.

둘째, 수련시설 간의 교류 또는 협력방안을 적극적으로 모색해 가야 한다. 수련시설은 청소년들의 심리적 · 사회적 성숙을 도모하고, 청소년 문화형성에도 큰 영향을 미칠 수 있는 지역사회의 중요한 인프라이다. 따라서 수련원은 지역 사회에 내재된 인적 · 물적 자원과 문화재, 그리고 각종 청소년단체와 네트워크를 형성할 때 더욱 활성화될 수 있을 것이다.

셋째, 수련시설의 특성화를 위한 지방자치단체의 행·재정적 지원방안이 확대되어야 한다. 기존 수련시설의 여건을 고려하여 단기간에 특성화 추진이 가능한 영역과 중장기적으로 특성화를 추진해야 할 영역을 구분하여 각각의 지원방안을 모색해야 한다. 특히 재정적 기반이 부족한 청소년 시설의 경우는 정책적 지원이 따르지 않고서는 특성화를 추진하기가 어렵다.

넷째, 청소년수련활동의 계획 및 운영과정에서 청소년들의 자율성을 최대한 보장해야 한다. 청소년 스스로 문제해결을 할 수 있는 탐구활동 프로그램을 개발하도록 하며, 프로그램 운영과 관련된 팀 구성, 역할분담, 활동 세칙마련 등을 자율적으로 하도록 해야 한다. 지도자는 청소년의 활동 계획과 운영에 차질이 없도록 적절히 조언하고 정보 제공에 주력해야 할 것이다(장수한, 2016).

Chapter

청소년참여활동과 지역사회 청소년활동 10

1 청소년참여의 개념

일반적으로 참여는 활동에의 개입, 즉 어떤 활동에 참가하거나 특정하게는 자신에게 영향을 미칠 만한 의사결정에 관여하거나 영향을 주는 과정으로 볼 수 있다(천정웅, 2011). 청소년 참여에 대한 다양한 개념을 살펴보면, 윈터(Winter, 1997)는 청소년이 능동적으로 자신의 생활환경에 참여하는 기회라고 하였으며, 하트(Hart, 1997)는 청소년에게 참여란 기본 권리로서 자신의 삶에 영향을 주는 동시에 지역사회에 영향을 미치는 의사결정을 공유하는 과정이라고 하였다. 하트에 따르면 참여수준에 있어서 단순히 일반적 활동에 참가하거나, 행사에 동원되는 것은 실질적 의미의 참여로 볼 수 없고 참여하는 청소년들이 서로의 의사결정 과정을 공유하는 과정이 함께 수반될 때, 비로

소 진정한 실질적 참여가 된다. 또한 체코웨이(Checkoway, 2006)는 청소년의 삶에 영향을 미치는 결정이나 제도에 청소년을 참여시키는 과정을 참여로 보았다.

타이스(Theis, 2007)는 청소년참여를 세 가지 개념으로 정의하였는데, 첫째는 실연(performance)과 책임(responsibility)으로서의 참여다. 청소년을 동원하는 형태로서 청소년을 조직적으로 참여시키는 것을 의미한다. 국가주도하에 청소년 단체를 설립하여 책임 있는 강한 시민으로 성장시키기 위한 목적이나 정부의 권익을 옹호하는 캠페인 같은 일에 동원되는 것과 같은 것이다. 둘째, '18세 미만의 어린이와 청소년들도 자신에게 영향을 미치는 모든 문제에 대해 자신의 의견을 말할 권리가 있다'(12조)는 유엔아동권리협약의 참여권과 관련된 권리로서의 참여다. 모든 아동과 청소년이 표현, 정보, 결사, 사상과 종교, 사생활 등의 시민적 권리를 갖고 있음을 의미한다. 셋째, 민주적 시민권으로서의 참여로 청소년 참여의 대부분이 일회성 행사에 국한되거나 청소년의회, 청소년위원회 등에 참여하는 것과 관련된다. 이 외에 카네와 스포르테(Kahne & Sporte, 2008)는 청소년이 자신의 삶과 관련된 공공의 의사결정과정에 영향을 미치거나 공동체의 문제를 해결하기 위해 실질적으로 관여하는 활동으로 정의하였다.

김영인(2007)은 청소년 참여를 일반 청소년들이 공적 영역의 공공문제나 인물 선택에 관한 의사결정에 직·간접적으로 영향을 미치려는 명시적이고 자발적인 행위로 보고 공적 영역을 국가적 영역과 사회적 영역으로 구분하여 제시하였다. 국가적 영역의 참여가 정책참여, 선거참여, 정책 및 선거에 영향을 미치고자 하는 집회와 시위 등과 같은 정치참여를 의미한다면, 사회적 영역의 참여는 봉사활동, 시민사회 및 지역사회 참여, 수련시설 운영참여 등과 같은 사회참여를 의미한다.

천정웅 등(1997)은 청소년들이 의사결정과정에 참여한다는 의미는 곧 청소년참여활동이 가족활동, 청소년들을 위해 조직된 스포츠 활동이나 단체에의 참여 등 수혜자로서 피동적으로 참여하는 것을 넘어서 분담된 책임과 적극적인 관여를 의미한다고 하였다. 청소년 참여는 청소년들이 자신의 삶과 지역 공동체, 넓게는 사회생활에 영향을 미치는 의사결정과정에 관여하여 영향력을 행사하는 과정이기도 하다. 한편, 천정웅(1998)은 청소년문제 대두에 따라 불가피하게 대응해 오는 가운데 발전되어 온 여러 가지 접근법들을 포괄하는 종래의 패러다임인 'N이론'(theory of necessity) 즉, 필요이론과 대비되는 가능성의 긍낙, 잠재성의 개발, 참여주의를 특징으로 하는 'P이론'(theory of participation) 즉, 참여이론을 〈표 10-1〉과 같이 제시하였다.

〈표 10-1〉 전환기적 패러다임으로서의 'P'이론

구분	기존 이론(N이론: 필요이론)	전환 이론(P이론: 참여이론)
기본 시각	(성인주체) • 성인에 의한 의사결정	(청소년주체) • 청소년에 의한 의사결정
중심개념	• 통제, 동원, 보호, 규제, 간섭, 지도	• 참여, 자율, 역할, 책임감, 기회, 실천
청소년역할	(시민권의 모라토리엄) • 소극적 · 의존적 • 책임성의 부족 • 수동적 참여와 추종적 실행 • 수단적 · 도구적 역할 수행 • 문제로부터 보호	(시민권의 소유자: 곧 시민) • 적극적 · 독립적 • 책임성의 부여 • 능동적 참여와 자율적 실행 • 목적적 · 가치적 역할 수행 • 문제해결의 주체
정책방향	육성보호를 통한 청소년성장지원	청소년참여를 통한 청소년개발
청소년 현장활동	• 대규모 청소년단체 • 청소년지도자의 일반적 지도 • 지도자중심의 의사결정 • 전반적 활동의 청소년시설 • 학교를 통한 활동집단 구성 • 선택적 프로그램 참가 활동 • 단기적 · 행사성 활동	• 소집단, 동아리 • 전문화된 청소년지도자의 조력 • 청소년에 의한 의사결정 • 특성화된 활동의 청소년시설 • 지역기관을 통한 활동집단 구성 • 자율적 프로그램 개발 운영 • 항시적 · 지속적 활동
참여성 정도	(문제적 청소년의 전제) • 보호 · 지도적 서비스 제공 • 의견 제시/비공식적 참여활동 • 문제해결의 객체 (정책관심 대상, 정책과정 소외)	(잠재적 청소년의 전제) • 권한 부여/기회 제공 • 정책참여기제 확보(mechanism) • 문제해결의 주체(면역기제) (정책관심 우위, 정책과정 참여)

출처: 천정웅(2013: 150).

2 청소년참여활동의 유형

청소년들은 원칙적으로 자기 삶에 영향을 미치는 전 영역에 참여할 수 있지만 제도적인 측면에서 생각해 본다면, 우선 가정과 학교, 지역사회, 정치과정, 대중매체, 정부, 복지와 문화 등의 영역에 참여할 수 있다. 또한 문제(issue) 중심으로 생각해 보면 교육문제, 환경문제, 보건문제, 문화문제 등으로 구분할 수 있을 것이다(김정주 외, 1999). 청소년참여활동을 학교 내의 참여활동과 지역사회(학교 밖)에서의 참여활동으로 나눌 수도 있다(정건희, 2009). 학교 내의 참여활동은 협의활동 중심의 조직으로 학급회의와 학생회의의 조직과 운영의 활동을 하며, 지역사회에서의 참여활동은 청소년단체 · 수련시설조직(청소년동아리, 청소년위원회, 청소년YMCA 등), 공적 참여조직(청소년참여위원회, 청소년의회), 청소년자체 자생조직(중 · 고등학생연합, 사이버동아리, 청소년포럼 등)으로 구분한다.

청소년참여활동을 목적에 따라 나누어 보면, 첫째, 청소년과 관련된 정책결정을 위해 조직된 청소년참여활동, 둘째, 청소년이 가지고 있는 의견들을 수렴하기 위한 목적으로 조직된 참여활동, 셋째, 청소년들을 민주시민으로 육성시키고자 하는 목적을 달성하기 위해 이루어지는 청소년참여활동 등이다(김형주 외, 2003). 이 세 가지는 어느 하나의 단일한 범주로만 구분하기는 어렵고 때로는 민주시민 학습을 위한 목적과 정책결정의 목적을 동시에 추구하거나 의견수렴과 정책결정 혹은 위의 세 가지 내용을 모두 포함하는 등의 참여활동도 있기 때문에 세 개의 범주는 겹치는 경우가 발생하기도 한다.

청소년참여활동은 그 활동을 주도하는 기관 혹은 운영주체에 따라 정부주도와 비정부기관 주도의 참여형태로 분류가 가능하다. 즉, 청소년참여활동을 기획하고 진행하는 형태에 있어 자율성과 개방성이라는 관점에서 정부주도와 비정부기관의 주도는 어느 정도 구분이 가능하다. 또한 정부나 청소년단체, 혹은 학교 등 제도권 내에서 조직화된 단체로 성인들과 협력관계를 형성하거나 지도를 받으며 운영되는 청소년참여활동 사례는 제도화된 참여의 형태로 볼 수 있으며, 청소년들 스스로가 자발적으로 조직한 단체로서 운영에 있어서도 상대적으로 자유롭고 조직화되지 않은 참여활동 사례는 비제도화된 청소년참여활동의 형태로 볼 수 있다(박가나, 2008).

참여라고 하면 집 밖에서의 일만을 생각하나 사실은 가정 안에서 각 구성원이 적극적으로 자신의 역할을 다하는 것도 참여의 한 방법이다. 여기에서 더 나아가 동료집단 내에서의 참여, 학교에서의 참여, 청소년 단체에서의 참여 혹은 지역사회에서의 참여, 국민으로서의 참여, 그리고 국제시민으로서의 참여 등이 있을 수 있다. 그런 의미에서 청소년참여의 주요 정책영역을 또래중심의 참여, 지역중심의 참여, 정책과정 참여, 단체자율 참여, 사이버 참여 등으로 나누는 것은 청소년 참여를 활성화하는 영역의 구분으로 적합하다고 본다(천정웅, 1998). 이에 따른 구분의 주요 영역을 세부적으로 살펴보면 다음과 같다.

3 청소년참여의 정책영역별 활동

1) 또래중심 참여활동

청소년참여에 의한 또래집단활동은 그 중요성과 유용성에도 불구하고 특별한 도움장치나 단체의 협력 없이 이루어지는 경우는 매우 드물다. 확인할 수 있는 프로그램으로는 자신들의 주장과 의견을 자율적으로 제시하거나 동료집단 끼리 프로그램을 구성해서 참여하는 형태 그리고 동료들 간의 상호작용에 기반을 두는 학생자치법정, 또래상담, 청소년들이 자발적으로 조직하고 주도적으로 운영하는 자율동아리활동 등의 경우를 생각할 수 있다.

(1) 학생자치법정

학생자치법정은 미국에서 이루어지고 있는 청소년법원(Youth Court)을 우리의 상황에 맞게 수정 · 고안하여 개발한 법교육 프로그램이다. 즉, 지각, 복장 규정 위반, 휴대전화 규정위반 등 비교적 경미한 교칙위반 사항에 대하여 기존 교사 중심의 생활지도나 징계 절차 대신 학생들이 자치적으로 판 · 검사, 변호인, 배심원 등의 역할을 맡아서 재판을 실시하여 해당 교칙 위반 학생들에게 '교육처분'을 내리는 대안적 · 참여형 프로그램이다. 학생자치법정은 학생들이 또래들과 상호작용하며 스스로 해결해 가는 프로그램이며 민주시민으로서 가져야 하는 법적 문제를 다루고 합리적 사고와 해결능력을 기를 수 있다. 이 과정을 통해 학교생활에 필요한 규정의 제 · 재정 및 운영과 해석에 학생들이 참여하게 되고 학생자치의 의미를 높이며, 학교생활에 있어 학생이 주장하고 싶은 의견을 학교에 개진할 기회를 제공할 수 있다. 이로써 사회적 결속력이 강화되어 민주시민으로서의 참여의식을 갖게 되며 교사가 아닌 또래에 의해 운영되므로 학교 구성원 간의 신뢰를 향상시키게 된다. 또한 교칙 준수에 대한 책임성과 준법의식을 함양시킬 수 있다(이동훈, 문호성, 박성현, 2015).

학생자치법정의 형태는 형사 법정형, 혼합형, 배심원제형으로 진행방법에 따라 구성원과 유의점에 차이가 있다. 학생자치법정을 운영하는 대부분의 학교에서는 혼합형을 적용하고 있는데 혼합형은 형사법정형과 배심원제형에 비해 구성원이 다양해서 학생들이 참여할 기회가 많기 때문이다.

〈표 10-2〉 학생자치법정의 형태별 특성

형태	구성원	진행방법	유의점
형사법정형	판사, 검사, 변호사, 기타보조원	판사가 심리를 진행하고 검사의 인정심문과 변호사의 변론, 과벌점자의 의견진술을 거쳐 판사의 긍정적인 과제 부여	판검사와 과벌점 학생 간의 감정대립 우려, 모의법정에 적합
혼합형	판사, 검사, 변호인, 배심원, 기타보조원	판사가 심리를 진행하고 검사의 인정심문과 변호사의 변론, 과벌점자의 의견진술을 거쳐, 배심원단의 평의 후 판사의 긍정적인 과제 부여	재판시간이 오래 걸림
배심원제형	판사, 배심원, 기타보조원	판사가 심리를 진행하고 과벌점자의 의견진술을 거쳐, 배심원단의 평의 후 판사의 긍정적인 과제 부여	재판진행이 빠르고 학생들 간의 감정대립이 거의 없음

출처: 김경준 외(2012: 96).

(2) 또래상담

또래상담이란 비슷한 연령과 유사한 생활경험, 가치관 등을 지닌 또래가 일정한 훈련을 받은 후에 자신의 경험을 바탕으로 하여 주변에 있는 정상적인 다른 또래들의 발달과정에서 일어날 수 있는 문제의 해결에 조력하여, 이들이 성장·발달할 수 있도록 생활의 제반 영역에서 지지적인 도움을 제공하는 행위이다(김정희, 이장호, 1992). 또래상담은 고민이 있는 친구에게 또래상담 훈련을 받은 친구가 다가가 도움행동을 제공하는 것으로 일정한 훈련을 받은 또래상담자가 친구들의 이야기를 경청하고 공감하며 문제해결에 있어 전문적인 도움을 줄 수 있는 기관이나 사람을 안내해 주는 등 조력자의 역할을 수행하는 것이다. 또래상담자에 의한 상담은 다른 친구들의 생각이나 느낌 등을 공유하여 의사소통을 증진시키고 친밀감을 형성하게 되어 그들만의 특별한 관심사를 함께 해결하게 하거나 문제에 대처하는 데 직접적인 도움을 주고 있다(Fretwell & Merkle, 1982). 또래상담자가 되기 위해서는 인간관계의 역동성과 인간관계의 본질에 대한 이해 능력과 인간관계를 형성, 유지 및 발전시키는 데 필요한 효과적인 의사소통 기술, 그리고 타인이 직면한 고민이나 문제를 이해하고 그의 해결에 조력할 수 있는 문제해결 능력을 갖추어야 한다(양미진, 신효정, 송미란, 2008).

학교장면에서 전문가에게 일정한 교육을 받은 청소년이 다른 또래들의 발달 과정에 나타날 수 있는 문제해결에 조력하는 활동인 또래상담이 청소년들에게 유용한 이유를 살펴보면 청소년기는 자신의 어려움이나 문제들을 또래관계를 통해 해결하는 경향이 크고 또래의 영향을 많이 받는 시기라는 점, 학교 교실 등과 같이 다양한 일상생활 공간에서 자연스럽게 또래들과 상호작용할 수 있어 또래들에게 영향을 줄 수 있는 기회가 많다는 점이며, 또래상담 훈련과 활동과정에서 또래상담자 자신의 성장에 도움이 된다는 점이라 할 것이다. 따라서 이러한 이유들로 인해 또래상담은 청소년들의 사회성을 개발하고 향상시킬 수 있는 효과를 얻는 방법이 되기도 한다.

또래상담자는 타인을 조력하는 데 관심을 가지고 있는 사람 중에 상담적인 방법으로 조력하는 훈련을 받고 다른 사람을 도와주는 활동을 하는 사람이며, 타인을 돕고자 하는 마음을 가지고 또래상담훈련 프로그램을 받고 또래상담 활동에 나서는 사람으로 또래상담자가 학교 상담 협력자의 역할을 할 수 있다(노성덕, 2014). 또래상담자의 역할은, 첫째, 또래들의 위기관리와 전문적 도움을 받을 수 있도록 기회를 제공한다. 둘째, 학업 및 과업 수행의 보조 활동이다. 셋째, 사회적 관계, 자기표현 등에서 문제가 있는 또래들을 돕는다. 넷째, 자아존중감을 고양시키는 데 조력할 수 있다. 또래들은 동료들이 자신감을 얻도록 도와주기 위하여 그들의 장점에 관심을 가지며, 또 부정적인 성격보다는 긍정적인 성격을 강조할 수 있는 능력을 배워 동료들이 자신감을 회복할 수 있도록 조력할 수 있다. 다섯째, 중도포기자를 위한 상담활동과, 여섯째, 또래상담자의 역할 중 가장 일반적이면서도 중요한 것으로 또래들에 대한 심리적 지원활동의 역할이 있다. 또한 또래상담 활동을 크게 두 가지로 나누면, 또래 친구의 학교생활과 일상생활을 돕는 정서적 지지자, 조력자, 문제 해결자로서의 역할과 학교 및 지역사회의 따뜻하고 건전한 문화를 만들어 가는 학교 공감배려문화 촉진자이자 지역사회 공감

배려문화 촉진자로서의 역할 등이 있다(양미진 외, 2013).

주요활동으로 또래 친구의 고민을 들어주고 지지하고 격려해 주며, 어려움을 당하는 친구를 학급에서 함께 생활하면서 행동으로 도와주고, 친구의 어려움을 상담하고 이를 해결하기 위한 방법을 함께 찾아 준다(한국청소년상담복지개발원, 2014). 예를 들면, 고민 들어주기, 상담실 연계하기, 먼저 인사하기, 조퇴 · 결석한 친구에게 문자하기, 전학생 학교생활 안내하기, 이동수업할 때 함께 가기, 점심식사 함께 먹기 등의 활동을 할 수 있다. 이와 더불어 지역 내에서는 학교폭력을 예방하고 친구들 간에 서로 공감하고 배려하는 분위기를 촉진시키며, 서로 소통하고 함께하는 분위기를 만들어 가게 된다(한국청소년상담복지개발원, 2014). 교내 또래 칭찬함 및 고민함 설치 · 운영, 또래상담 홍보 및 학교폭력 예방 캠페인, 축제 시 또래상담 홍보 및 체험 부스 운영, 학교폭력 예방 UCC 제작 및 역할극 공연, 사과 데이 행사 운영, 지역 내 상담센터와의 연계를 통한 1388 홍보, 지역 내 또래상담자 모임 참여 등의 활동이 그 예이다.

(3) 자율동아리활동

자율동아리활동은 소질, 적성, 취미가 유사한 청소년들이 자신의 소질과 적성을 창의적으로 계발하고 발전시키며 자아실현의 기초를 형성하고 사회성과 협동심을 기르는 집단활동이다(교육부, 2015). 청소년기에는 가족관계에서 벗어나 또래집단에 참여하는 현상이 자연스럽게 늘어나게 된다. 또래집단은 사회적 기술과 전략을 배우고 습득할 수 있는 사회적 배경으로 청소년들에게는 매우 중요한 것이다(최영미, 2015). 청소년동아리는 또래집단으로서의 기능을 수행할 수 있다. 청소년들이 비슷한 취미나 관심에 따라 동아리를 결성하고 회원으로 가입하는 것은 동아리활동을 통하여 단순히 취미생활을 즐기거나 새로운 것을 배우는 것으로 끝나지 않는다. 청소년들은 동아리에 속함으로써 새로운 대인관계를 형성하고, 새로운 지위와 역할을 담당하게 된다(황산, 2000).

또한 자율동아리활동은 학교단위의 자율성을 인정하면서 학생의 자기 주도적 학습능력을 증진시켜 미래사회가 요구하는 다양한 청소년 역량을 함양할 수 있는 기회가 된다. 청소년들은 자생적으로 구성한 동아리활동을 통해 자신의 역량을 발휘하고 구성원 간 의미 있는 상호작용을 통해 배움을 즐기며 미래에 대응할 수 있는 역량개발의 기회를 가짐으로써 인지적 · 정의적 관계를 자연스럽게 맺어 전인적으로 성장할 수 있는 경험을 한다(교육과학기술부, 2010).

청소년동아리활동의 특성을 다음과 같이 정리할 수 있다(권준근, 2011). 첫째, 청소년동아리활동은 청소년들이 활동의 주체로서 운영되는 자치적인 조직체이다. 대부분의 청소년동아리는 집단으로서 자체적인 목적과 조직 구조(회장, 회원 등)를 가지고 특정한 활동을 전개하며 조직 구성원들 사이에 활발한 상호작용이 전개된다.

둘째, 아동기에서 청소년기로 이행하면서 청소년들은 부모에 대한 의존성이 줄어들고 대신에 또래들과 더 많은 시간을 보내고자 하는 경향이 있는데, 청소년기에는 또래집단에 의해 받아들여지는 것, 특히 한 명 또는 그 이상의 가까운 친구를 갖는 것이 그들의 삶에 매우 중요한 의미를 준다. 청소년동아리활동은 청소년세계의 공통적인 경험과 가치관을 형성하도록 도와주고, 더 나아가 청소년들이 적절한 경험을 할 수 있는 사고 체계를 결정해 준다는 점에서 또래집단으로서의 특성을 갖는다.

셋째, 동아리 구성원 간 대면적 접촉이 있고, 그들 간의 상호작용이 행하여지면 타 구성원들을 식별할 수 있을 만큼 성원 상호 간의 개인적 인상과 지각 등의 특징을 갖춘 집단이 되며, 일정한 기간 동안 존속하는 집단으로서 특성을 가진다.

넷째, 청소년동아리활동의 출발은 청소년 개개인의 관심과 흥미이다. 청소년들 자신이 관심을 갖고 있는 취미나 특기활동을 중심으로 동아리가 구성되고 운영된다.

다섯째, 청소년들이 스스로의 취미나 관심을 좇아 마니아적으로 몰입하는 현상, 그리고 직접적인 참여의 주체로서 연극제, 음악회, 축제, 발표회 등을 통하여 자기 자신을 표현하고자 하는 욕구들은 이제 과거와 달리 청소년문화의 한 단면으로 이해되고 있다.

2) 지역중심 참여활동

지역사회 중심의 참여는 청소년들이 생활거점이며 관습과 태도, 가치관을 길러 주는 실천적 현장인 지역사회에 참여하는 것을 말한다. 청소년참여가 지역사회 중심으로 이루어져야 하는 것은 결국 청소년들은 그 지역사회에서 태어나서 그곳에서 성장하며 문제가 발생한 곳이나 그 문제를 해결해야 할 곳도 바로 그 지역사회라는 의미이다. 또한 청소년의 참여활동 모습을 직접적으로 관찰할 수 있는 곳이 지역사회이며, 지역사회는 청소년 관점에서 표출된 새로운 의견들을 직면할 수 있는 곳이다(천정웅, 1992). 청소년은 역사적, 사회적으로 지역사회에서 매우 중요한 역할을 수행해 왔다고 인식되고 있으며, 지역사회 발전을 위해 기여할 수 있는 능력을 갖고 있을 뿐만 아니라 기여해야 하는 책임이 있는 사회구성원이다.

청소년이 성장하는 발달환경으로서 지역사회가 지니는 교육적 기능은, 첫째, 지역사회는 청소년들이 1차적으로 바람직한 사회적 역할을 수행할 수 있도록 기회와 장소를 제공해 주어야 한다는 것, 둘째, 청소년의 가능성에 대한 믿음을 통해 부정적 판단을 제거해야 하고, 셋째, 지역사회 안에서 청소년이 소외되지 않도록 해야 하며, 넷째, 청소년들의 문제와 욕구를 지역사회 안에서 조정해 나갈 수 있도록 지원해 주어야 한다는 것이다(김정주, 2000). 이와 같은 기능을 가진 지역사회에서 청소년들의 참여활동이 더 많이, 더 자주 실천된다면 능동적이고 가치 있는 기여자로 청소년이 성장할 수 있을 것이다. 즉, 지역사회는 청소년참여 실천의 장이며 주체적 행위가 드러나는 기회를 제공하는 역할을 한다.

이 점에서 여러가지 유형이 있을 수 있으나 다양한 형태의 자원봉사활동을 통한 참여활동과 지역사회 문제해결을 위한 참여활동 등을 들 수 있다. 봉사활동이나 자치활동을 강조하는 활동은 정치적 참여의 성격보다 사회참여적 성향이 더 강하다(홍정희, 2016). 지역사회 문제해결을 위한 조직구성 및 활동은 지속적인 기간 동안 본인이 소속되어 있는 지역사회 내의 문제를 살펴보고 이를 해결하기 위한 활동 조직으로, 예를 들면 지역사회 청소년 모니터링 조직과 같은 것이다. 지역사회 봉사활동은 지역사회 내에서의 사회시설이나 공공기관에서의 일손 돕기나 사회적 소수자를 위한 자원봉사 활동 등을 말하며 청소년성취포상제 내에서의 봉사활동과 같은 것을 예로 들 수 있다. 청소년들이 지역사회의 일원으로서 지역사회를 돕는 경험을 통해 지역사회 공동체에 대한 소속감을 새롭게 인식하고 이웃과 더불어 사는 의미를 몸소 체험할 수 있다. 그럼으로써 청소년 스스로 보호만 받는 존재라는 인식에서 벗어나 지역사회를 위해 도움을 줄 수 있는 존재라고 자각함으로써 청소년들의 긍정적 자아정체감 형성에도 도움을 준다(구승신 외, 2016).

〈표 10-3〉 청소년 봉사활동

활동	활동목표	활동내용
이웃돕기 활동	타인을 이해하고 배려할 수 있는 공동체 역량을 함양한다.	• 친구돕기활동– 학습이 느린 친구 돕기, 장애 친구 돕기 등 • 지역사회활동– 불우이웃 돕기, 난민 구호 활동, 복지시설 위문, 재능 기부 등
환경보호 활동	환경을 보호하는 마음과 공공시설을 아끼는 마음을 기른다.	• 환경정화활동– 깨끗한 환경 만들기, 공공시설물 보호, 문화재 보호, 지역 사회 가꾸기 등 • 자연보호활동– 식목 활동, 자원 재활용, 저탄소 생활 습관화 등
캠페인 활동	사회 현상에 관심을 갖고 참여함으로써 사회적 역할과 책임을 분담하고 사회 발전에 이바지하는 태도를 기른다.	• 공공질서, 환경 보전, 헌혈, 각종 편견 극복 캠페인 활동 등 • 학교폭력 예방, 안전사고 예방, 성폭력 예방 캠페인 활동 등

출처: 서울특별시교육청(2019: 23).

3) 정책과정 참여활동

정책과정 참여활동은 청소년들이 자신들의 생활에 영향을 주는 지역사회와 국가의 청소년 관련 정책이나 행정과정에 관심을 갖고 그에 대해 의견을 제안하고 건의함으로써 정책결정과정에 개입하고 영향을 미치고자 하는 활동이라고 할 수 있다. 넓은 의미에서 볼 때, 청소년들의 권한과 역할이 정책결정과정에 영향을 미치고 개입하는 정도의 수준에 관계없이 청소년들이 자신과 관련된 제반 사회문제에 대해 주장을 밝히는 여러 단계의 활동을 모두 포함한다. 정치적인 목적성을 강조한 선거, 집회 및 시위와 같은 청소년의 활동은 정치참여적 활동이다. 정치적 참여는 분석하기 위하여 계량화하기도 어려울 뿐만 아니라 정치적 참여와 정치적 동원 사이의 경계가 불명확한 경우도 있다.

UN 총회에서는 청소년들 특히 학생들은 이러한 형태의 참여에 깊게 관여될 수 있고, 때로는 보다 많은 정치적 참여 요구를 분명히 하고 있다고 지적하였다(UN, 2004). 청소년들의 정치참여활동이 꼭 기구나 단체에 소속되어서만 이루어지는 것은 아니며 소속된 단체나 기구의 활동만 정치참여로 한정하는 것은 아니다. 온라인상에서 이루어지는 정치참여운동(서명운동이나 해시태그 운동 등)에 개인적으로 참여할 수도 있으며 교육정책이나 청소년정책에 대한 자신의 의견을 신문에 기고하거나 블로그에 올리는 행위 또한 정치참여의 행동으로 볼 수 있다. 다음의 청소년특별회의, 청소년참여위원회, 청소년운영위원회, 청소년의회 등은 법과 조례에 근거하여 국가주도로 구성되어 운영되는 대표적인 청소년 기구이다(조영, 2021).

(1) 청소년특별회의

「청소년기본법」 제12조(청소년특별회의의 개최)에 근거하여 청소년과 청소년 전문가가 함께 참여하여 범정부적 차원의 청소년정책을 논의하고 만들어 가는 정부주도의 청소년참여기구이다. 2004년 시범사업을 시작으로 현재까지 총 15회 진행되었으며 전국 17개 시 · 도 청소년과 청소년전문가들이 청소년의 시각에서 청소년이 바라는 정책과제를 발굴하고 정부에 제안하여 정책화하는 활동을 하고 있다.

- 청소년과 청소년전문가가 참여, 범정부적 차원의 청소년정책 과제를 마련하여 추진 · 점검
- 청소년과 청소년전문가의 의견을 효율적으로 수렴, 청소년 정책에 반영함으로써 청소년 참여 보장 및 권익 증진 제도화
- 민주주의 체험과 지역 및 국가 공동체 문제에 대한 인식 제고 등을 통해 실질적인 민주시민 역할을 학습
- 정부와 청소년 기관, 학교, 언론, 기업 등 범사회적 청소년에 대한 관심 제고와 지원할 수 있는 사회 분위기 조성

(2) 청소년참여위원회

「청소년기본법」 제5조의2항(청소년의 자치권 확대)에 근거하여 정부 및 지방자치단체의 청소년정책을 만들고 추진해 가는 과정에 주체적으로 참여할 수 있도록 만들어진 제도적 기구로 정부 및 지자체의 청소년관련 정책 및 사업에 대해 청소년들의 의견을 제시하고 평가하는 일을 한다. 현재는 17개 시 · 도와 221개의 시 · 군 · 구에서 청소년참여위원회를 구성하여 운영하고 있다.

- 청소년들이 청소년 관련 정책결정 과정에 주체적으로 참여하도록 함으로써 청소년 정책의 현실성과 효율성 제고 및 권익 증진

- 청소년 관련 정책에 대한 의견 제시 및 안건토의
- 개인별 정책과제 연구 및 정책 제안 활동
- 청소년 참여프로그램 직접 기획 및 추진

(3) 청소년운영위원회

「청소년활동 진흥법」 제4조에 따라 각 지자체에는 청소년들이 이용할 수 있는 생활권 청소년 이용시설로 청소년수련관, 문화의 집 등이 있으며, 청소년수련시설을 설치 · 운영하는 개인 · 법인 · 단체 및 위탁운영단체는 청소년활동을 활성화하고 청소년 참여를 보장하기 위하여 청소년으로 구성되는 청소년운영위원회를 운영해야 한다. 즉, 생활권 청소년수련시설의 운영 및 프로그램 등을 청소년들이 직접 자문 · 평가하도록 함으로써 청소년의 수요와 의견을 반영하는 청소년이 주인이 되는 시설이 되도록 하였다. 청소년운영위원회의 기능은 청소년들의 청소년수련시설 및 프로그램 운영에 대한 참여와 모니터링을 하고 지역사회 문제해결을 위한 참여 및 의견반영, 시설 및 청소년 활동의 활성화를 위한 주체적인 책임 역할을 수행하는 것이다(장수한, 2020).

청소년들의 직접 자문과 평가와 관련한 주요활동으로 수련시설의 운영전반에 대한 참여와 모니터링, 평가를 하며 지역사회 내 청소년활동 활성화를 위한 자치활동들도 함께 전개한다. 각 지자체의 특성과 수련관, 문화의집의 위탁여부와 특수성에 따라 운영위원회의 성격도 조금씩 다르고 활동의 범위가 달라진다. 청소년운영위원회는 청소년들이 주체적으로 수련관과 문화의집 운영에 의견을 내고 지역사회 청소년공간으로 만들어 간다는 것에 큰 의미가 있다.

- 공공 청소년수련시설에 청소년들로 구성된 운영위원회를 구성하여 청소년이 주인이 되는 시설로 운영되도록 유도

- 청소년수련시설 운영 방향, 사업계획 심의 · 평가 등을 통하여 청소년수련시설 운영 전반에 대해 참여
- 지역사회 청소년 정책 모니터링과 지역사회 구성원으로서 참여증진

(4) 청소년의회

전국적인 차원에서 대한민국청소년특별회의가 있다면, 지방자치단체 중심으로도 청소년의회가 구성되어 있다. 지방자치단체 단위로 형성되어 활동하고 있는 청소년의회는 주로 지방자치단체가 아동 · 청소년의 참여권을 증진하기 위한 목적으로 설립한 것으로, 최근 증가하고 있는 현상을 보인다. 민주시민교육으로서 청소년의회의 구성과 운영에 대한 관심이 커지면서 청소년의회를 구성하고 운영하기 위한 조례들이 다수 제정되었다. 2018년 7월 말 기준 청소년의회 구성 및 운영에 관한 조례(규칙 포함)는 총 29개이다.

- 청소년 참여 활성화로 정책 전반에 청소년의 의견을 반영할 수 있는 제도적 기반 조성
- 활동 결과를 지역 의회 등 관련 기관에 건의
- 홈페이지를 통한 청소년 의견 수렴
- 지역 청소년단체 등과 연계한 캠페인, 문화 행사, 토론회 개최

4) 단체자율 참여활동

단체활동이란 청소년단체나 청소년시설 등을 통한 조직적 · 집단적 수련활동과 체험적 생활을 전제한 것으로 청소년단체는 "청소년집단을 근간으로 구성 · 설립된 사회조

직체로 청소년 개개인의 바람직한 사회적 경험과 인격형성에 도움을 주기 위하여 집단활동을 적극적으로 편성한 조직체"이며 "건전한 활동을 통하여 청소년 개개인의 자아실현을 도모하고 나아가 사회발전에 참여 · 봉사할 수 있는 인간으로 성장하도록 지원하는 비정부적 단체" 등으로 정의된다. 또한 청소년시설은 청소년들이 지역사회 내의 생활환경 속에서 이루어지는 다양한 여가, 문화활동이나 일상생활공간을 벗어나 자연환경을 활용한 야외활동을 통해 호연지기를 기르며 심신을 단련하는 공간으로 제공되는 각종 장소, 시설 · 설비를 총칭한다(천정웅, 오해섭, 김정주, 김민, 2015). 중요한 것은 이러한 집단적 단체활동은 실질적인 청소년의 자율적 참여를 기반으로 모든 활동이 이루어져야 진정한 의미가 있다는 점이다.

2020년 7월 현재 민간 청소년단체들의 자발적인 협의체인 한국청소년단체협의회에는 총 63개 단체가 소속되어 있으며, 주요단체로 한국YMCA전국연맹, 한국YWCA연합회, 대건 청소년회, 가톨릭아동청소년재단, 불교청년회, 기독교청소년협회, 스카우트연맹, 과학 우주 청소년단 등 다양한 성격의 청소년단체들이 교류 · 연합하고 있다. 청소년단체들은 청소년들을 대상으로 각 단체의 특성에 맞추어 다양한 청소년사업과 프로그램들을 진행하고 있다. 청소년단체활동은 순수한 청소년활동을 중심으로 하는 청소년활동중심단체와 청소년시설중심단체, 청소년복지중심단체, 청소년(관련)협의체, 연구중심단체 등으로 구분할 수 있고(맹영임 외, 2003; 조남억, 2003), 청소년단체의 참여대상을 중심으로 보면 학생청소년을 대상으로 하는 단체, 학생을 제외한 특정분야에 속한 특수 청소년만을 대상으로 하는 단체, 구체적인 대상을 명시하지 않고 청소년 모두를 대상으로 하는 일반 청소년 단체로 구분하기도 한다(이광호 외, 1997).

한편, 한국청소년단체협의회에 소속된 청소년단체들 중 일부는 단체의 구성원으로 소속되어 활동하는 청소년 회원들이 있는가 하면, 단체의 목적에 따른 활동뿐 아니라 소속된 청소년들을 중심으로 청소년인권의 신장을 위해 정치참여활동을 하는 청소년단체도 일부 존재한다. 특히 청소년이 스스로 조직하여 구성한 청소년단체들로서 청소년참가자에 의한 의사결정과 자율적인 프로그램 기획 및 자립 · 자활활동이 주가 되는 청소년단체에 대한 주목이 강조되고 있다. '청소년기자단' 활동, '청소년신문' 발간 사업을 비롯하여 청소년인권행동 아수나로, 21세기교육공동체희망, 정세청세, 청소년 페미니스트 네트워크 위티, 청소년 기후 행동 등이 이에 속한다.

5) 사이버 참여활동

멀티미디어의 발전과 다양한 통신망 구축 등으로 청소년들의 의사소통수단도 이제 사이버공간이라는 새로운 국면에서 이루어지고 있다. 주목할 사실은 청소년들이 직접 가상공간 속에서 제작을 비롯한 여러 참여활동을 펼치고 있으며 통신망을 통한 선거운동과 토론 등 전자민주주의(electronic democracy)에 대한 관심도 증대되고 있다는 것이다. 1997년부터 2012년 사이에 출생한 'Z세대'(2020년 현재 9세~24세)는 "말보다 스마트폰 조작법을 먼저 배우게 된"(Fromm & Read, 2018), "엄마가 낳아 유튜브가 키웠다"(대학내일20대연구소, 2019)는 온전한 첫 번째 디지털 세대이다. 이들은 휴대폰 번호를 공유하지 않고 에어드롭으로 이미지를 주고받고, 앱을 이용해 모르는 사람과도 영상통화를 하는 등 익명으로 다양한 사람들과 소통하는 세대로, 연결되고 싶지만 드러내긴 싫어하는 세대이다. 비대면 온라인 수업을 경험하고 있으면서, 줌(Zoom)으로 대표되는 화상 채팅 서비스로 학창 시절을 보내고 있다고 하여 이들 세대를 '줌 세대(Generation Zoom)' 혹은 '주머(Zoomer)'라고 칭하기도 한다(지영래, 2020).

이들 Net Generation(N 세대)은 디지털 기술을 자유자재로 활용하면서 사이버공간을 삶의 중요한 무대로 인식하는 집단이다. 컴퓨터나 휴대폰을 이용한 '접속'을 중요시하는 네트워크 세대는 현실세계만큼이나 사이버 공간을 삶의 중요한 부분으로 여긴다. 이들에게 가상공간은 현실공간과 같은 또 하나의 삶의 공간이 된다. 따라서 사이버

공간에 몰입하는 것은 현실세계로부터의 회피가 아니라 또 다른 세계의 생활에 적극적으로 관여하는 것이다. 인터넷이 제공하는 사이버공간은 청소년들의 의식과 생활에 큰 영향을 미치고 있다.

예를 들어, 10대 청소년들이 직접 편집장과 기자를 담당한 청소년편집국을 결성하고 직접 기획하여 가상공간 속에 청소년의 웹진(Webzin: 인터넷잡지)을 제작하고 있으며, 청소년의 시각에서 사회현상을 바라보고 문제를 분석하며 기삿거리를 선정한다(천정웅, 2013). '채널 10'(www.ch10.com), '아이두'(www.idoo.net), '사이버유스'(www.cyberyouth.org)와 같은 청소년 웹진은 두발규제에 맞서 온라인과 오프라인을 통해 두발자유화운동을 전개했다(김영지, 2000; 이종원, 이경상, 김종길, 2003). 학생들은 인터넷 게시판을 통해 각 학교에서 부당하게 이뤄지고 있는 인권침해사례를 알리고, 두발제한반대 서명운동을 벌이면서 학생들의 자치조직인 학생회활동의 보장, 두발규정을 담은 교칙의 민주적 제정 등을 요구하기도 하였다.

〈표 10-4〉 밀레니얼 세대(M세대)와 Z세대

세대	밀레니얼 세대	Z세대
출생시기	1984~1996	1997~2012
주요사건	정권교체, IMF 경제위기, 인터넷-휴대폰, 2002 월드컵, 디지털 1세대	경제위기 상시화, 세월호-각자도생, 국제분쟁, 한류/뉴트로, 공유 1세대
가치관	정서적 안정, 높은 나의 만족도, 대중적, 낙관적	포용성, 개성, 다양성, 개인적, 현실적
디지털기기	TV, 스마트폰, 태블릿	유튜브, 사물인터넷(IoT), 립싱크 동영상 앱 뮤지컬리
영향을 받는 사람	셀럽	유튜브 크리에이터
정보신뢰	검색엔진 활용	지인으로부터 얻는 정보
소비성향	브랜드 지명도에 따른 선호	개성 중시 맞춤형 브랜드 선호

세대	밀레니얼 세대	Z세대
멀티태스킹 기능	두 개의 화면	다섯 개의 화면
가상현실기술 적응도	3D	4D
집중력	집중력 12초, 위험감수	집중력 8초, 위험회피

출처: 지영래(2020: 88).

4 지역사회 청소년활동의 운영

1) 방과후아카데미 사업

(1) 사업개요

청소년방과후아카데미는 2005년 청소년보호위원회에서 '방과후 청소년 생활지원 종합 대책'의 일환으로 전국의 46개소를 대상으로 시범 운영을 하면서 시작되었다. 중앙정부와 지방정부 및 학교와 가정 · 지역사회가 연계하여 공교육을 보완하는 방과후의 활동을 통해 공적 서비스 기능을 강화하고 주 5일 수업제 시행에 따른 다양한 복지서비스 수요에 부응하여 계층 간 격차 완화와 사회통합을 지향하고 있다(천정웅, 오해섭, 김정주, 김민, 2015).

사업대상은 저소득 · 맞벌이 · 한부모 · 부모의 실직 · 파산 · 신용불량 등 경제적 어려움 등으로 방과후 홀로 지내는 청소년(초4~중3학년)이며 지역 수요에 따라 예비 4학년도 참여가 가능하다. 운영기간은 매년 1~12월이며 일 4시수, 주 5~6일로 토요일과 방학 중에도 운영한다. 2019년 기준 사업예산은 24,636백만 원이며 310개소를 운영 · 지원하였고 1개소당(40명 기준) 지원 예산은 161.5백만 원(국비 및 지방비 포함)이다.

(2) 운영적 측면

방과후아카데미는 여성가족부와 한국청소년활동진흥원을 중심으로 각 지방자치단체와 운영기관들에 의해 사업이 이루어지고 있다(여성가족부, 2020). 먼저, 여성가족부는 방과후아카데미 사업의 기본운영계획과 운영지침을 수립하고, 현장지도 및 점검, 컨설팅을 총괄한다. 그리고 평가계획을 수립하며, 국고보조금 교부 및 관리, 운영모델 개발과 시범운영, 방과후 돌봄서비스를 주관하는 중앙부처와 협력체계를 구축하는 역할을 한다.

한국청소년활동진흥원은 방과후아카데미의 연간 운영계획을 수립하며, 신규자 교육 및 직무연수를 통한 운영전담인력을 교육한다. 이와 함께 현장점검과 컨설팅을 지원하고, 운영실무자를 위한 업무매뉴얼을 제작하고 교육하며 사업평가를 통해 우수사례를 발굴한다. 그리고 사업홍보와 민간자원 개발 및 연계를 지원하는 등 관계기관 간의 네트워크를 구축하며 범부처 공동 온종일 돌봄체계를 구축하기 위한 운영 지원을 하는 역할을 하고 있다.

각 지방자치단체는 관내 소재의 방과후아카데미 사업을 총괄하고 사업계획을 수립, 검토, 조정하며 운영기관을 선정하고 지도, 감독한다. 또한 국고보조금을 교부집행하고 지도점검 및 관리를 하며, 관내의 방과후 활동 수요조사를 시행하며, 방과후아카데미 사업을 확대하고 이에 대한 홍보계획을 수립한다. 그리고 교육청과 교육지원청에 협조를 요청하는 등의 관내 돌봄서비스 기관 간의 연계와 조정을 위한 역할을 담당한다.

(3) 방과후아카데미 사업 개선점

방과후아카데미는 정부가 주도하여 전달체계와 운영매뉴얼의 일원화를 통해 사업을 확대해 나가면서 기관의 실무자들이 중앙부처에서 제공하는 운영매뉴얼에 따라 사업 계획 수립, 인원모집, 프로그램 실행, 사업평가 등을 수행하고 있다. 방과후아카데미 사업 운영 후 제기되는 문제점을 살펴보면, 지역마다 방과후아카데미 사업을 둘러싼 상황이 다르고, 접근성의 문제나 아동 · 청소년 인구분포의 편차가 크기 때문에 정원 모집에 어려움을 겪고 있으며, 초등학생 중심의 프로그램 구성으로 인하여 중학생에게는 적용이 어렵다는 현장의 목소리가 있다. 또한 지역사회의 특색에 맞는 자율적이고 유연한 운영모델과 매뉴얼, 수요자 중심의 모델, 지자체와 일선 현장의 운영기관의 자율성을 보장할 수 있는 모델의 필요성도 제기되고 있다(서정아, 조아미, 2019; 양계민, 2016). 방과후아카데미를 위한 개선점을 다음과 같은 몇 가지로 정리할 수 있다(김청렴, 2021).

- 사업방향과 목적의 개편: 시혜적 중심에서 수요자 중심, 청소년 중심으로 청소년 주도의 활동 활성화
- 새로운 평가지표 마련 및 전문조직 구성: 만족도나 참여 청소년 수를 기준으로 평가하는 데에서 구체적이고 심층적인 사업진단 도구의 개발 필요
  (예: 청소년활동 공통지표 활용, 방과후아카데미 자문위원단의 상시 운영 방안)
- 운영의 자율성 확대 및 체험활동비 증액: 운영시수 조정과 커리큘럼의 자율성 확대, 강사비 단가는 낮추고 체험활동비의 투자비용은 확대하는 방향
- 모든 청소년이 참여할 수 있는 사업으로의 전환: 저소득층, 취약계층 청소년 대상의 선별적 복지에서 서비스를 원하는 모든 청소년의 참여로 전환
- 종사자 처우 개선 및 역량강화 지원: 직무에 적합한 교육훈련과 교육참여를 위한 실질적 지원 마련, 급여체계의 개선, 실무자가 배치 기준 보완

- 일반회계로의 전환과 재원확보의 다양화: 보조금 방식, 육성기금의 방식에서 후원금을 비롯한 재원 마련의 다양화
- 정부주도에서 수요자와 지역사회 중심사업으로의 전환: 운영기관과 지역협의회의 자율성을 보장할 수 있도록 사업 수행에 변화 필요, 지방자치단체와 지역사회의 협력적 거버넌스 구축
- 청소년활동 서비스 거점기관으로의 역할 확립: 청소년활동 전반의 종합서비스를 제공하는 센터로서 체계 강화, 코로나19 이후 소규모 인원의 서비스 제공이 가능하도록 정책 전환 모색

2) 방과후학교

(1) 사업개요

방과후학교는 학생 중심의 미래교육 실현을 위하여 지역사회와 연계한 다양하고 창의적인 교육경험의 제공을 통해 창의융합형 인재육성에 기여한다는 목적과 비전을 가지고 있다. 방과후학교의 목표는, ① 학교급 및 학생발달 특성을 고려한 수요자 중심의 다양한 프로그램 개설을 통하여 맞춤형 학생성장 프로그램 활성화로 사교육비를 경감하며, ② 저소득층 자유수강권 확대 및 소외지역 중심 문화예술 콘텐츠 지원 확대를 통해 교육격차를 완화한다. ③ 지역사회 및 교육기부 연계 활성화를 통한 프로그램 운영으로 운영주체를 다양화하고, ④ 방과후학교지원센터 역할 강화 및 시 · 도교육청 책무성 강화를 통해 행 · 재정 지원을 강화한다.

방과후학교의 운영대상은 해당학교 학생과 타교 학생도 포함할 수 있다. 운영시간은 ① 학생 · 학부모의 요구와 단위학교의 여건을 고려하여 정규수업 이외의 시간에 단위학교가 자율적으로 결정하여 운영한다. ② 방과후학교는 토요일, 휴업일, 방학 중에도

운영할 수 있다. ③ 단위학교는 학생의 건강이나 학교교육과정의 정상적인 운영을 저해하지 않도록 방과후학교 프로그램을 정규수업 이전 또는 늦은 시간까지 운영하지 않는 것을 원칙으로 한다.

(2) 운영적 측면

방과후학교의 편성과 운영 원칙은, ① 방과후학교는 학교의 장이 학교 여건과 학생 · 학부모의 요구를 고려하여, 학교운영위원회의 심의(자문)를 거쳐 자율적으로 운영한다. ② 방과후학교 프로그램은 학생과 학부모의 선택에 의한 자율적 참여를 기반으로 운영한다. ③ 단위학교는 방과후학교 연간운영계획을 수립하여 학교교육계획에 반영하며, 학년 초 정규수업 시작과 동시에 방과후학교를 운영할 수 있도록 한다. ④ 방과후학교 프로그램은 학교교육과정을 앞서는 프로그램을 운영해서는 안된다. 단, 전체 고등학교에서 휴업일(방학) 중 편성 · 운영되는 경우, 또는 중학교 및 고등학교 중 농 · 산 · 어촌 지역 학교 및 도시 저소득층 밀집 학교 등에서 학기 중 및 휴업일에 편성 · 운영하는 경우에 한해 학교교육과정을 앞서는 방과후학교 과정을 운영할 수 있다(「공교육 정상화 촉진 및 선행교육 규제에 관한 특별법」 제8조 제2항 2025년 2월 28일까지 한시적 적용).

방과후학교의 운영방침은 다음과 같다. ① 단위학교는 지역과 학교의 여건을 고려하여 특색 있고 경쟁력 있는 다양한 프로그램을 개설한다. ② 방과후학교 운영 계획서는 운영 기간 단위로 강사, 프로그램별로 작성한다. ③ 단위학교 또는 교육(지원)청에서는 방과후학교 프로그램을 담당할 역량이 있다고 인정되는 현직 교원, 외부강사, 자원봉사자 등 지역사회의 우수한 인적 자원을 방과후학교 강사로 활용한다. ④ 학습 취약계층을 위한 맞춤형 프로그램을 개설하고 학습된 무기력 극복을 위한 심리 · 학습 · 진로 · 진학상담 등을 병행하여 효과성을 제고한다. ⑤ 패키지 프로그램 운영은 학생과 학부모의 요구를 철저히 반영하고 학생의 선택기회를 제한하지 않는 범위에서 운영한다. ⑥ 방과후학교 프로그램은 학생들의 자발적인 참여를 원칙으로 하며 강제 참여를 금지한다. ⑦ 강제 참여의 유형은 방과후학교 프로그램을 신청하지 않은 학생에게 불이익을 주어 강제 참여를 유도하는 경우, 방과후학교 운영 시간에 정규교육과정에서 계획된 수업을 진행하는 경우, 방과후학교 프로그램 교재의 지문 문제 등을 교내 시험 등에 직접 인용하여 학생평가에 영향을 주는 경우 등이며, 교육(지원)청은 단위학교에서 방과후학교에 학생들이 강제로 참여하지 않도록 관리 · 감독을 철저히 한다. ⑧ 방과후학교 프로그램 운영은 정치적 중립성을 유지한다. ⑨ 단위학교는 방과후학교를 각종 재원지원 사업과 연계하여 효율적으로 운영한다. ⑩ 교과 프로그램 운영은 공교육 정상화 취지를 고려하여 운영한다. ⑪ 자연재난 및 사회재난 시 방과후학교를 중지 연기하거나 다양한 방법(실시간 쌍방향, 온 · 오프라인 연계 등)으로 운영할 수 있다.

3) 청소년어울림마당

(1) 사업개요

청소년어울림마당은 청소년들의 주도적인 참여와 문화적 감수성 향상 및 역량강화 그리고 청소년과 지역사회가 함께하는 다양한 문화예술활동을 통하여 지역 내 건전한 청소년문화 형성을 사업목적으로 한다. 2021년 기준 17개 시 · 도 110개, 시 · 군 · 구 총 126개소에서 청소년어울림마당이 운영되었다. 청소년어울림마당의 운영에는 여성가족부, 한국청소년활동진흥원 등의 기관들이 참여하고 있다(한국청소년활동진흥원, 2021).

- 여성가족부: 사업총괄 · 조정 및 운영지침 수립, 국고보조금 교부 및 관리, 현장지도 점검, 컨설팅 등을 통한 사업 운영 방향 개선, 우수 사례발굴 및 시상(여성가족부 장관상 등)

- 지방자치단체: 사업세부 추진계획 수립, 자체 예산 확보 및 배정, 어울림마당 운영 주체 선정 및 사업 지침 시달, 어울림마당 운영실적 및 사업비 정산 결과 보고, 지자체별 평가, 점검, 모니터링 운영 결과 등을 통한 사업운영 개선
- 한국청소년활동진흥원: 어울림마당 담당자 교육, 컨설팅 등 지원, 지역 청소년 자원 연계 및 청소년어울림마당 홍보 지원, 어울림마당 사업효과성 조사 지원, 어울림마당 우수사례 발굴 및 지원, 운영 현황 및 실적 파악, 유관기관 간 네트워크 구축
- 어울림마당 운영기관: 연간 사업 · 운영계획 수립 및 어울림마당 행사 운영, 상시 및 연간 실적 작성 · 제출 및 피드백, 예산집행 및 정산 결과보고, 이행보증보험, 행사 진행 중 사고 등 손해를 배상하기 위한 보험(행사보험 등) 의무가입
- 모니터링 운영기관: 시 · 도 대표 및 시 · 군 · 구 어울림마당에 대한 모니터링, 피드백 실시

(2) 운영적 측면

운영방법은 3~12월 이내 분기별로 배분 운영하되 특정기간 집중 운영을 금지하며 주말 중심의 정기 운영이 원칙으로 시험기간 · 무더위 · 추위 등 계절 및 시기적 요인을 감안하여 운영시기를 조정할 수 있다. 시 · 도대표 어울림마당은 연 8회 이상, 시 · 군 · 구 어울림마당은 연 5회 이상의 운영기준을 두고 있으며, 대면활동이 불가하거나 필요할 경우 지방자치단체와 협의를 통해 비대면활동(온라인 등)을 병행하여 운영할 수 있다. 운영내용은 다음과 같다.

- 지역특성에 맞는 상설 청소년문화예술놀이체험의 장 운영
- 청소년이 스스로 기획부터 운영, 평가에 참여하는 청소년 주도의 행사 운영
- 지역사회 관계기관 네트워크 구축을 통한 지역사회와 함께 청소년활동 활성화

- 세대별 참여 및 소통이 가능한 프로그램 운영 및 지역축제나 청소년 문화행사 등과 연계 운영
- 청소년 문화활동의 장이 될 수 있도록 청소년동아리의 공연 외에도 다양한 체험활동(부스, 활동키트 등) 운영
- 활동 분야별 동아리 · 관련 학과 · 관련 기관 등 연합 어울림마당 실시로 유사 분야 동아리 네트워크 강화
- 모니터링 운영 및 관리 개선 등을 통해 안전한 행사운영 도모
- 청소년문화축제로의 인식전환을 위한 '청소년어울림마당 운영주간' 운영
- 진로역량 강화를 위한 '진로체험 어울림마당' 운영
- 기타 기존의 지역 문화축제와 차별성, 찾아가는 어울림마당 등 다양한 형태의 어울림마당 운영
- 시간과 장소에 구애받지 않는 '비대면 어울림마당' 운영

(3) 청소년어울림마당의 효과

청소년어울림마당이 지역사회 청소년에게 미치는 효과를 살펴보면, 첫째, 청소년들이 다양한 유형의 자기주도적 또래활동과 문화 · 예술 경험을 통하여 청소년 스스로의 정체성 · 다양성 · 자율성을 신장시킬 수 있다. 둘째, 사회체험, 만남과 교류, 즐거움을 나누는 과정에서 자신을 적절히 통제하고 사회적으로 적합한 행동을 인식할 수 있게 된다. 셋째, 그에 따라 자신의 행동에 책임을 질 수 있는 능력을 배양하고 건강한 문화적 감성 증진과 더불어 상호 간의 소통과 배려를 통해 사회성을 발달시키며, 넷째, 다른 사람과의 상호작용과 다양한 사회적 상황에서 외부자극에 대한 자신의 사고와 행동 그리고 감정을 적응력 있고 융통성 있게 다루는 자기조절능력을 향상시킬 수 있다(류명구, 2013).

또한 청소년어울림마당을 통해 얻을 수 있는 청소년정책에 대한 기대효과를 다음과

같이 정리할 수 있다(이채식, 2015). 첫째, 청소년에게 해로운 유해환경의 억제 및 소극적 보호중심의 정책을 확대하여 청소년에게 건전하고 건강한 문화환경 제공 및 역량개발의 적극적인 정책을 실행하고자 하는 것이다. 둘째, 청소년이 주체적이고 적극적으로 다양한 문화활동을 체험하고 향유할 활동공간과 다양한 문화프로그램을 보완하기 위한 것이다. 셋째, 지금까지 청소년보호 중심의 정책패러다임의 한계를 극복하고 청소년이 우리 사회의 중요한 사회구성원으로 주체적인 삶을 살아가며 앞으로 건강한 시민으로서의 성장을 촉진하는 능동적인 정책패러다임으로의 전환을 위한 것이다. 넷째, 청소년들이 갈 곳과 놀거리를 만들어 줌으로써 청소년들이 스스로 하고 싶은 활동에 자율적으로 참여하고, 주체적으로 새로운 문화를 만들도록 지원하는 대책이 타당하다는 인식을 사회적으로 확산시키기 위한 것이다.

Chapter

청소년교류활동 11

1 교류의 개념적 전제

1) 교류의 일반적 이해

교류(恔流)는 한자에 뜻에 따르면 '물이 서로 섞이어 흐르는 것'으로 해석되기도 하고 인간관계에 있어서는 '서로 사귀거나 바꾸거나 하는 것'을 의미하고 있다. 또한 영어권에서의 "교류"에 해당하는 단어는 "interchange"의 어원을 살펴보면 '상호(相互)' 또는 '~사이에'의 의미를 가지고 있는 고대 영어의 'enter-'라는 접두사와 '바꾸다, 교환하다'라는 의미가 'change'가 합해져서 '서로 주고받고, 교환하는 행위나 사실'을 뜻하고 있는 것이나 흔히 사용하는 "(동등한 것과) 바꾸다", "교체하다" 등의 의미를 "exchange"가 교류에 해당한다고 할 수 있다.

한편, 생태체계론적 이론에서는 사람은 개인을 둘러싼 체계, 환경 등으로부터 영향을 받으며, 상호작용을 통해 개인의 사고도 변화할 수 있음을 강조하고 있다(정순둘 외, 2017). 물리학에서는 시간에 따라 크기와 방향이 주기적으로 바뀌어 흐르는 것으로 교류를 설명하고 있으며 생물학에서도 이러한 교류의 현상을 흔히 볼 수 있어서 교류가 특별히 인간만이 가지는 고유한 특성이라고 할 수 없다고 할 수도 있으나 국어대사전에서는 교류를 '문화 · 사상(思想) 등의 서로가 통하는 것'이라고 설명하고 있어서 교류를 특별히 인간에게 적용되는 개념으로 해석되고 있는 것을 볼 수 있다. 따라서 위의 여러 사전적 의미를 종합해 볼 때에 "교류"의 의미는 일반적으로 인간들 사이에 시대적 조류에 따른 문화나 사상 등을 주고, 받고 하는 교환행위를 통하여 서로 사귀는 것으로 쉽게 이해될 수 있다고 하겠다.

2) 교류의 학문적 이해

(1) 철학적 · 인간학적 이해

교류를 철학적으로 고찰한다는 것은 먼저 교류가 인간들 사이에서 일어나는 행위임을 인식할 때 인간에 대한 이해를 전제로 하고 있다고 할 수 있다. 인간은 개인은 가족간, 친구 간, 사회 내에서 사교활동이나 여가활동 등 다양한 비공식적 교류를 통해 개인적인 소속감을 느낀다. 하지만 이렇게 복잡하고 다양한 인간에 대한 이해는 고대로부터 "인간이란 무엇인가?"라는 물음에 대한 답이 아직도 누구나 인정할 수 있는 명확한 실체로 나오지 않았기에 그 누구도 완전히 이해하고 있다고 말할 수 없다.

또한, 문명과 과학이 발달한 4차 혁명 시대에 살고 있는 지금의 시대에서도 인간과 인간의 모든 행위에 대한 과학적 연구의 결과는 그에 대한 현상만을 설명할 뿐이지 그 본질에 대한 이해도 역시 시대적 한계를 가진 발전적 이해라는 결과 이상의 것으로 말하기는 어렵다고 할 수 있다. 즉, 우리가 인간을 의학적으로, 생물학적으로, 인류학적으로 과학적인 분석을 통한 증거들을 제시하면서 인간에 대한 설명을 시도한다 하더라도 이에 대한 결과는 인간에 대한 부분적인 지식일 뿐 인간의 많은 행동을 수반하는 목적적, 의식적 행위들에 대하여 논리적인 인과관계로 설명하거나 행위의 의미에 대하여 완전한 이해를 가질 수는 없는 것이다.

인간의 중요한 행위 중 하나인 교류도 예외는 아니다. 인간의 교류 행위에 관하여 의학이나 생물학, 생태학과 같은 자연과학적 분석을 통하여 교류 현상에 대한 설명을 할 수 있는 것이다. 하지만 이러한 고찰은 인간의 행위인 교류에 대한 이해를 도와줄 수는 있겠지만 그의 근원적 설명은 될 수 없을 것이다. 따라서 인간의 중요한 행위인 교류에 대한 이해는 여러 다양한 접목을 통하여 이루어져야 하겠고 그중에서도 무엇보다 인간 이해의 근원적 접근이라고 할 수 있는 철학적 접근을 빼놓을 수 없다

(2) 교육학적 이해

교육과 교류의 관계를 엄밀히 살펴보면 교육은 인간의 연속적인 발전을 지향하는 것이 그의 내용이고, 교류는 그 본질상 이미 앞에서 언급한 것과 같이 단속적(斷續的)이고 늘 현실적이라고 할 수 있다. 그러나 교류는 그의 특성상 직접적인 만남을 통하여 강렬한 교육적 효과의 교류 체험을 인간영혼에 각인(刻印)시킴으로 비록 일회적이고, 반복된 학습의 과정은 아니지만 지식적 교육보다도 더 깊은 의미를 전달하게 되는 것이다. 동시에, '너와 나'의 만남의 현장에서는 상호 항시 책임성이 주어지면서 각 고유한 개성은 그의 유한한 제한성을 벗어나기 위하여 다른 종류의 가능성을 경험할 필요가 생기게 되므로 이러한 가능성 속에서 발견되는 기쁨의 감정은 교류의 파트너를 수용하는 데서 실현되고 이것이 바로 타인에 대한 친밀한 감정으로 오랫동안 기억에 남아있을 수 있게 되는 것이다. 따라서 여기는 독단(獨斷)이 사라지고 전혀 다른 나 자신의 형성이 이루어지게 되며, 이러한 자신의 객관화를 통하여 최종적으로 본연의 자신

에게 발전적 모습으로 되돌아오게 될 수 있는 것이다.

이제 교육을 통한 교류의 가능성을 살펴보면, 교육은 경험을 중시하여 가능한 한 다방면의 접촉을 꾀하여 경험의 양적, 질적 확대를 지향하지만, 인간의 만남인 교류는 각 개인에게는 운명적(運命的) 만남으로서 인간을 전적으로 강렬하게 서로 잡아 매울 진실되고, 직접적인 경험으로서 모든 다른 만남보다 중요하게 된다. 이렇게 볼 때 교류는 교육에 선행한다고도 말할 수 있겠지만 교류는 교육을 완전히 대치할 수 없고, 결국 교육을 보충할 뿐이다. 따라서 교는 그의 교육학적 가능뿐만 아니라 인간학적(人間學的) 기능도 함께 지니고 있다는 사실을 인식하고 이를 깊이 사색하여야 하는 것이다. 이러한 기능적 측면에서 교육은 먼저 내면적으로 교류가 가능할 수 있는 여지를 될 수 있는 한 넓게 확대해서 교류의 가능성을 항상 열린 상태로 준비하여야 할 필요성이 있다.

(3) 문화인류학적 이해

문화인류학은 앞에서 언급한 '철학적 인간학'과는 구별되어 인간에 대한 이해를 진화론의 영향을 받아 자연과학적인 방법을 통하여 접근하는, 주로 영 · 미 계통의 인류학(人類學)의 한 부류라고 할 수 있다. 학자에 따라서는 문화인류학을 민족학(民族學; ethnology), 고고학(考古學; archaeology), 그리고 언어학(言語學; linguistics)으로 나누어 생각하고 또, 민족학이란 용어 대신에 문화인류학이라고 사용하는 등 문화인류학의 분류에는 여러 다른 견해가 있는 것을 볼 수 있다. 이것은 '문화'라고 개념이 넓은 의미로 말할 때 여러 구성 요소들을 포함하고 있는 것이 첫 번째 이유이기도 하고, 무엇보다 인간에 대한 이해가 여러 경험적 요소들을 요구하고 있기 때문이기도 하다. 우리가 인간을 우주의 중심에 놓고 인간의 존재와 본질에 관한 물음에 답을 찾으려는 철학적 인간학이나, 과거 인간의 삶의 형태나 진화 과정, 민족들 간의 서로 다른 의사소통 수단이나 가치와 규범, 생활양식 등의 비교를 통해 인간을 자연과학적인 방법으로 이해하려는 문화인류학은 공통적으로 인간에 대한 이해를 그 목적으로 하고 있는 것을 알 수 있다.

데모르곤(Demorgon)은 이러한 간(間) 문화적(intercultural) 교류가 주는 네 가지 기본 입장을 다음과 같이 말하고 있다.

① 상호 문화적 교류 속의 마찰과 긴장 그리고 놀라움 등을 수용하고 참아 내는 능력을 통해서 다른 문화 속의 타인에 대한 섬세한 감정과, 공감을 가지게 되며 정서적 조화를 이루어 낼 수 있다.

② 교류에서 중요한 의사소통 행위를 언어적인 장애를 넘어서 공동의 활동을 통해 실천할 수 있다.

③ 이러한 공동의 과제들은 대부분 틀에 박힌 행동사례들에 의존하는 경우가 많은데 여기서는 창조적이고, 유희적 접근이 고려되어야 함과 동시에 흔히 볼 수 있는 지나친 경쟁을 피하여 교류가 이루어지는 것이 이상적이다.

④ 한 나라와 문화적 교류의 과정에서 지리적, 역사적, 경제적, 정치적 특성을 알게 되거나 예술과 문화의 상상력 범주, 종교와 철학 등에서와 같은 지성적, 인지적 접촉을 할 수 있는 것이 간 문화적 교류를 통해 인간들이 얻을 수 있는 중요한 내용들이라 말하고 있다.

2 청소년교류의 개념

청소년교류의 개념을 살펴보면, 교류(exchange)란 근원이 서로 다른 물줄기가 섞이듯이 개인 간, 국가 간에 지역사회 간에 인적, 물적으로 서로가 서로를 주고받는 행위로 정의해 볼 수 있다(김기헌 외, 2015). 청소년교류의 개념이 어떻게 정의되느냐 하는 사실에 따라서 청소년교류의 유형들이 정해지고, 또 이렇게 정해진 청소년유형들에 따라 결국 청소년교류활동과 활동프로그램뿐만 아니라 청소년교류정책도 만들어지게 되기 때문이다.

그러나 청소년교류의 개념을 정의하는 것은 이미 청소년교류의 이해를 통해 고찰한 것과 같이 쉬운 일이 아니다. 그것은 부분의 이해는 전체의 이해를 전제로 하고, 전체의 이해는 부분의 이해를 전제로 하고, 전체의 이해는 부분의 이해를 전제로 하는 '해석학적 원(圓)(Hermeneutischer Zirkel)'과 같이 청소년교류의 개념을 이해하기 위해서는 청소년교류의 목적, 내용, 유형 등에 대해서도 잘 이해하고 있어야 하기 때문이다. 이와 함께, 모든 개념정의에 있어서 적용되는 개념정의의 상대성과 역사성이 가지고 있는 일반적인 어려움에서뿐만 아니라 특히, 청소년교류의 개념에 대한 선행 연구가 없는 것이 청소년교류의 개념정의를 더욱 어렵게 하고 있는 것이다. 따라서 청소년교류의 개념정의를 이해하기 위해서는 단계적인 접근이 필요하다고 할 수 있다.

1) 청소년교류의 접근방법

앞서 사전적 의미를 종합해 보면 일반적인 "교류"의 의미를 '인간들 사이에 시대적 조류에 따른 문화나 사상 등을 주고, 받고 하는 교환행위를 통하여 서로 사귀는 것'으로 쉽게 이해하여 보았다. 그러나 우리는 교류라는 행위의 주체가 인간이고 인간에 대한 개념정의가 아직까지 불투명한 가운데에서 교류에 대한 개념정의가 쉽지 않음을 지적했고 또한, 교류에 대한 개념적 고찰이 동서양의 그 어느 곳에서도 체계적으로 논의되고 연구되지 않았기 때문에 이러한 일반적인 교류에 대한 사전적 이해만으로는 불충분함을 언급하였다.

청소년교류의 개념에 대한 일반적 정의를 내리는 데 있어서 어려운 점은 청소년교류의 내용과 의미를 정확히 나타낼 수 있는 본질 자체의 내포(內包)를 파악하는 것이 쉽지 않고, 따라서 교류의 범주와 이에 따른 구체적 실천영역과 행위를 결정짓는 외연(外延) 또한 정확히 알기가 매우 어렵다는 사실이다. 예를 들면, 우리가 정의한 일반적 의미에 따라 '인간들 사이의 서로 사귐'을 교류라고 한다면 청소년교류의 개념을 '청소년들 사이의 모든 사귐'을 말한다는 것으로 정의할 수 있고 결국 모든 청소년활동 및 수련활동들은 청소년교류활동과 혼용되어 사용될 수 있다는 논리가 설립되게 되는 것이다. 따라서 우리는 청소년교류의 개념정의를 하기 위해서 이렇게 모호한 일반적인 개념정의의 시도로 보고 연역적(演繹的)으로 문제를 해결하기보다는 구체적이고 실천적인 청소년교류 관련 개념을 통하여 귀납적(歸納的)인 개념정의에 도달하는 방법이 문제해결을 위한 더욱 적합한 방법이라고 할 수 있겠다. 이러한 귀납적 접근방법에 적합한 청소년교류 관련 개념으로서는 사실상 청소년교류에 있어서 대부분의 실질적 내용을 이루고 있는 '국제청소년교류'를 말할 수 있다(이민희 외, 2004).

2) 청소년 국제교류의 개념

청소년교류는 청소년들 간에 이루어지는 교류로 대상의 특성상 경제교류 또는 정치교류와 정보교류보다는 인적 교류이며 경제, 정치보다 문화, 예술, 사회, 교육 교류형태로 이루어진다. 청소년교류는 법적인 용어로 사용되고 있으며 「청소년기본법」 제3조의 3정의에서 '청소년활동'은 "청소년의 균형 있는 성장을 위하여 필요한 활동과 이러한 활동을 소재로 하는 수련활동 · 교류활동 · 문화활동 등 다양한 형태의 활동"으로 제시하고 있다. 청소년교류활동은 청소년활동 중의 하나이며 청소년의 균형 있는 성장을 위해 필요한 활동이라고 할 수 있다.

청소년의 국제교류는 개인 간에 혹은 개인적으로 이루어지는 경우가 아니라 국가 간에 이루어지는 경우로 하며 정부 주도가 아닌 민간 주도로 이루어지는 국가 간에 교류도 포함되어야 한다. 또한 교류하는 목적, 주체, 내용, 유형 등이 명확하게 구분되어야 한다.

(1) 교류의 목적

국제청소년교류의 개념에서의 목적은 '청소년들의 지적, 신체적, 정신적 면에 있어서의 바람직한 변화'로 되어 있다. 여기에서 중요한 의미를 가지고 있는 단어는 '변화'이다. 즉, 청소년교류는 변화를 가져오는 것을 주된 목적으로 한다는 것이다. 뮬러(Muller)가 다른 곳에서 자세히 소개한 국제청소년교류의 목적은 타민족과의 만남, 다른 삶과 사고방식을 위한 이해, 신뢰가 있고 지속적인 파트너십, 다른 나라의 청소년들과의 우정 돈독, 지속적인 평화적 공동의 삶 보장, 국제적 결속 등을 소개하고 있고, 이와 함께 국가적 편견의 해소, 간 문화적 배움, 자신의 가치관과 행동양식이 상대성 의식화, 언어적 장애의 극복을 위한 노력 등에 대하여도 언급하고 있는 것을 볼 수 있다. 이러한 국제청소년교류의 목적들과 함께, 앞에서 서술한 교류의 학문적 고찰 내용을 종합해 볼 때 청소년교류의 목적은 만남을 통하여 상대(相對)의 언어와 가치관, 행동양식 등의 문화를 상호 이해하고, 배우며, 신뢰하고, 친화(親和)하여, 자신의 심신(心身)과 기능에도 발전적 변화를 가져오게 하고, 더 나아가서 평화적으로 결속된 공동의 삶을 만들어 나가는 데 있다고 할 수 있다.

(2) 청소년교류의 주체

청소년교류의 주제는 무엇보다도 청소년들 자신이다. 물론 청소년교류의 실천영역에서는 실제로 청소년교류의 지도자들과 청소년, 국가 정보 및 많은 청소년교류 관련 민간단체들의 지원자 및 운영 관계자, 청소년 가족들까지도 넓은 의미의 청소년교류 주체의 범주에 넣을 수 있을 것이다. 하지만 역시 청소년교류의 주체는 직접적인 청소년교류의 행위 주체인 청소년들 스스로라고 말할 수 있고, 이 경우에 우리나라의 「청소년기본법」에서 정하는 청소년 해당 연령인 9세에서 24세까지의 청소년 개인이나, 청소년 대표 또는 청소년동아리, 청소년단체나 사회단체 등 청소년 집단들을 지칭한다고 할 수 있다.

(3) 청소년교류의 내용

청소년교류의 내용이라고 함은 청소년교류의 유형을 틀이라 했을 때 그 틀을 채워주는 내용물들로서 청소년교류의 목적을 이루고 실체라고 할 수 있다. 말하자면 청소년교류활동의 유형에 따른 다양한 계획들이나 구체적인 프로그램으로 이해할 수 있다. 예를 들면, 「청소년활동 진흥법」 "제5장 청소년교류활동 지원"에서는 "청소년교류활동의 진흥(振興)(제53조)", "국제청소년교류활동의 지원(제54조)", "지방자치단체의 자매도시 협정 등(제 55조)", "교포청소년교류활동의 지원(제56조)", "청소년교류활동의사후지원(제57조)", "청소년교류센터의 설치 · 운영(제58조)", "남 · 북 청소년 교류활동의 제도적 지원(제59조)"을 그 내용으로 하고 세부 조항들을 구체적인 내용으로 하고 있는 것을 볼 수 있다. 이러한 법제도 안에서의 청소년교류의 내용은 성격상 청소년교류의 이념과 목적을 구성하는 내용으로서 청소년교류 내용의 포괄적인 방향을 말해 주고 있어서 구성적 내용으로 파악할 수 있고, 청소년교류의 구성적 내용과 함께 이를 구체적으로 실천할 수 있는 프로그램을 가르치는 내용은 청소년교류의 실천적 내용으로 구분하여 생각할 수 있다. 따라서 청소년교류의 구성적 내용은 앞에서 말한 것 같이 청소년교류의 유형에 따라 달리 구성될 수 있고, 청소년교류의 실천적 내용은 구성적 내용에 따라 달라질 수 있지만, 궁극적으로 구체적인 프로그램들로 구성되는 실천적 내용을 지칭한다고 할 수 있다.

이렇게 볼 때, 청소년교류의 개념정의를 위한 청소년교류의 내용을 말하자면 먼저 청소년교류의 목적과 맞는 내용을 구성하여야 하므로 앞에서 말한 청소년교류의 정의에 따라 크게 만남, 간 문화적 이해, 신뢰와 우정의 돈독, 자아의 개발과 변화, 공동체 생활의 구성적 내용에 맞도록, 예를 들면 이미 앞에서 언급한 것과 같은 홈스테이(homestay), 캠프활동(camp work), 만남(meeting), 세미나 및 전문가 및 대표자 회의 등의 국내외적 활동 및 행사 개최가 청소년교류의 구체적 실천 내용이라 할 수 있다.

3 청소년교류의 유형

청소년교류의 유형은 여러 가지로 구분될 수 있는데, 예를 들면 청소년교류의 성격에 따라 먼저 현실세계에서의 교류와 사이버세계에서의 교류로 나눌 수 있으며, 국제교류와 국내교류, 정부교류와 민간교류, 초청교류와 방문교류, 여행교류와 연수교류, 문화교류와 체육교류, 단기교류와 장기교류, 정기교류와 부정기교류, 선진국교류와 후진국교류, 수련활동형 교류와 강의형 교류, 국제회의와 축제교류 등 다양한 유형을 열거할 수 있다. 이 밖에도 청소년교류는 문헌, 자료, 영상물, 체험담을 통한 교류와 펜팔 등을 통한 교류 등의 간접교류와 상대방을 직접 만나는 직접 교류로도 나눌 수 있고, 개인 혼자서 하는 교류와 그룹으로 참가하는 교류로도 나누어 볼 수 있다. 이에 관하여 자세히 설명하자면 다음과 같다.

첫째, 대상자별 분류이다. 청소년만이 참가하는 형태, 지도자들만이 연수나 교류프로그램의 답사형태로 실시하는 형태 등 청소년과 지도자가 별도로 교류 프로그램에 참가하는 경우도 있으나, 현재 가장 일반적인 것이 청소년들 참가자의 대부분이 구성하는 일부 지도자와 함께 참가하는 형태이다. 이 이외에도 청소년들의 모험심과 개척정신을 함양하고 개인적 경험을 확대하기 위하여 청소년 개인이 혼자서 국내나 외국의 청소년교류에 참가하는 것도 청소년교류의 한 형태로 고려되어야 할 것이다. 또한 사회신분상 서로 다른 계층 간의 교류 또한 대상자별 분류에 포함할 수 있다.

둘째, 대상국별 분류이다. 대상국별 분류는 보다 깊은 밀도를 가지고 교류를 할 수 있는 양국 간의 쌍방 상호교류의 형태와 많은 다양한 문화의 경험과 사고 및 행동양식을 경험할 수 있는, 한 나라가 초청국이 되어 여러 나라가 함께 참여하는 국제교류를 말할 수 있다.

셋째, 연령별 분류이다. 연령별로 구분해 볼 때 각각의 연령층이 따로 교류에 참가하는 형태와 다른 연령층이 함께 참가하는 형태로 나눌 수 있겠으나, 현재 대부분의 교류 프로그램은 연령별로 따로 나뉘어져 시행되고 있다. 즉, 교류 프로그램의 대상이 학생일 경우 초등학생, 중 · 고등학생, 대학생을 따로 모아 별도의 교류프로그램을 실시하는 경우가 대부분이다.

넷째, 형태별 분류이다. 교류의 형태에 따라 분류해 보면, ㉠ 일반교류형으로서 국가 간 교류, 도시 간 교류, 단체 간 교류, 친선상호방문, 정기교류 등의 가장 일반적이고 일차적인 형태가 있으며, ㉡ 연수 · 훈련 · 탐방 등을 포괄하는 연수형과, ㉢ 회의 · 포럼 · 세미나 등의 국제회의형, ㉣ 캠프 · 대회 · 축제 등의 국제행사형, 그리고 최근 증가하고 있는, ㉤ 국제자원(봉사)활동 · 워킹홀리데이(working hoilday)등의 특정 분야의 교류형으로 나눌 수 있다.

다섯째, 주체별 분류이다. 청소년교류를 실시하는 주체에 따라 청소년 관련 민간기구와 청소년단체, 국제기구, 정부와 지방자치단체 등으로 나눌 수 있다.

여섯째, 기간별 분류이다. 보통 1개월 이내에 이루어지는 것을 단기로 볼 수 있고, 6개월 이내의 중기, 그리고 6개월 이상의 장기로 분류할 수 있다. 중장기 형태는 주로 연수와 훈련이 가장 많은 것을 볼 수 있다.

일곱째, 장소별 분류이다. 대부분 국내 혹은 외국의 특정 1개국에서 실시되지만, 간혹 하나의 프로그램이 국내외를 동시에 방문하며 개최되거나, 외국의 여러 나라에서 개최되는 형태도 있다.

여덟째, 지역별 분류이다. 교류대상을 대륙별로 나눌 수도 있으며, 경제발전도에 따라 저개발국, 개발도상국, 선진국으로 분류할 수도 있으며, 남·북한, 해외동포, 남북교류(South-North), 국내의 지역 간 교류, 도시와 농어촌이나 산촌 간 교류 등으로도 나눌 수 있다.

아홉째, 주체 내용별 분류이다. 일반적인 친선, 방문형태의 교류가 아닌 특정 주제, 특정 분야에 관해 깊이 있는 내용을 다루는 교류 형태가 최근 증가하고 있다. 특히 세계적인 이슈가 되고 있는 환경, 인권, 문화, 역사, 전쟁, 핵, 테러, 종교, 생명공학, 세계화 등의 주제를 다루는 국제회의나 국제행사가 많이 개최되고 있으며, 지역개발, 지도력개발 등의 전통적이고 일반적인 분야의 연수와 훈련형태의 교류 또한 계속 활발히 열리고 있다.

열째, 성격별 분류이다. 청소년교류의 성격에 따른 분류로서 이는 교류의 성격이 주로 도덕성 함양을 목표로 하는 수련활동의 성격을 가지고 있는지, 혹은 교육적 효과를 목표로 하는 상대방 방문지의 여행이나 고적탐사의 간 문화 이해의 성격인지, 또는 특정한 스포츠의 교류 및 스포츠를 통한 정치적 교류를 꾀하고 있는 체육교류, 그리고 최근의 21세기 미래형 청소년교류로서 컴퓨터를 이용한 가상세계에서의 자유로움을 추구하는 성격의 사이버교류 등에 따라 분류할 수 있다.

4 청소년교류활동의 종류

1) 지역교류

국가 및 지방자치단체는 청소년교류활동진흥시책을 개발 · 시행하여하며, 청소년단체는 활동시설과 청소년단체 등에 대하여 청소년교류활동을 장려하기 위한 다양한 형태의 청소년교류활동 프로그램을 개발하여 운영하여야 한다. 또한 국가 및 지방자치단체는 예산의 범위 내에서 제2항에 따른 청소년교류활동 프로그램을 개발 · 운영에 필요한 경비의 전부 또는 일부를 지원할 수 있다(「청소년활동 진흥법」 제5장 53조).

이처럼 청소년교류활동은 법령으로 예산과 프로그램을 개발 보급 하도록 지원하고 있다. 청소년교류는 청소년활동의 중요한 부분으로 청소년의 문화적 이해 증진, 심신과 기능의 발전적 변화, 민족의 화합과 정체성 확립, 평화적 공동체 삶의 창조를 목적으로 청소년들이 글로벌 또는 국내의 지역 간 상호 직접 방문이나 기타 수단을 통해 일정 시간 동안 다양한 내용으로 구성된 계획된 만남에서 이루어지는 모든 활동이다(정순둘 외, 2017).

이러한 청소년교류는 청소년 개인도 교류의 주체로서 교류할 수 있다는 것이다. 즉, 청소년 지역 간의 교류를 위해 타청소년기관 방문을 비롯한 문화동아리의 교류, 지역기관에 있는 회의 등에 초청되어 방문하거나 지역 내로 초청할 수 있다. 지역교류는 협의의 개념과 광의의 의미로 설명할 수 있다. 먼저 협의의 의미는 지역 내 읍 · 면 · 동 교류를 예로 들 수 있다. 각 읍 · 면 · 동에 있는 복지기관, 청소년기관, 학교 등을 서로 방문할 수 있다. 예를 들면, 청소년 동아리 스스로 교류의 주체가 되어 복지관과의 교류를 통해 필요한 자원을 획득할 수 있으며 타읍 · 면 · 동에 있는 정보를 탐색할 수 있는 기회를 제공받게 된다. 이러한 계기를 통해 자신이 살고 있는 지역 내 도시에 대해 깊이 있게 알게 되며 자신이 속해 있는 읍 · 면 · 동에서 벗어나 지역에 대한 문제를 발굴 또는 문화를 이해하는 문화 습득과 지역의 역사를 습득할 수 있는 기회를 가지게 될 것이다. 광의의 개념으로 지역교류는 지역 간 교류를 통해 지역 간의 문화, 경제, 환경 등 다양한 교류활동을 할 수 있다. 예를 들면, 지역 간의 교류에서 지역을 벗어난 타지역과의 교류를 통해 타지역의 문화를 이해하고 문화의 다양성과 교류를 통해 우리나라 문화 정보를 지각하고 인지하며 자신이 살고 있는 지역에서 탈피하여 더 확장된 삶의 영역, 전 영역을 통해 이루어지게 될 것이다.

한편 이러한 지역교류가 활발하게 이루어지기 위해서는 지역사회 내에는 청소년의 긍정적인 성장과 발달을 위협하는 위험요소가 광범위하게 존재하고 있음을 인식하고 지역사회의 교육적, 보호적 기능수행 정도는 그러한 위험요소에 능동적으로 잘 대처할 수 있는 시스템을 갖추고 있어야 한다. 청소년들은 자신이 삶의 터전인 지역사회 속에서 밀접한 교류를 통해 상호작용적 관계를 가지게 된다. 즉, 지역사회는 청소년들의 모든 경험과 행동, 나아가 인격형성에 영향을 미치고 지역사회를 통해 형성된 청소년의 특성은 지역사회의 변화를 일으키는 주요한 원인으로 작용하여 지역사회 전체에 영향을 미치게 될 것이다.

지역교류는 결핍되는 청소년의 역동적이고 기능적인 측면을 다른 지역사회와의 교류를 통해 문제를 해결하고 청소년들의 경험은 자신을 둘러싸고 있는 환경과 상호작용하여 지역사회 내에서 자신의 역량개발뿐만 아니라 지역사회발전에도 크게 이바지 할 것이다.

2) 남북 간 교류

남북 간의 교류는 시대적 분위기에 따라 다르게 나타나고 있는데 19대 정부는 '평화와 번영의 한반도'를 5대 핵심 국정 지표 중 하나로 설정하고 남북 교류 활성화를 국정과제로 추진하였다. 주무부처인 통일부는 이를 위하여 구체적인 실천과제를 설정하여 추진하였다. 이러한 시대적 분위기에 발맞춰 미래 통일의 주역인 남북한 청소년 간 상호이해와 교류협력의 필요성이 대두되고 있다. 오랜 기간 분단과 대립으로 서로 다른 문화체계 속에서 익숙한 국민들 간의 사전 교류와 상호 이해를 위한 충분한 준비과정 없이 이루어지는 물리적인 통일은 집단 간의 갈등과 사회혼란을 유발하게 된다(김형주, 권재기, 2014).

남북한 청소년교류는 실질적으로 국제 정세 변화와 국내 정치 환경 변화 그리고 남북한의 정치적 관계와 복잡하게 연결되어 있으며, 대부분의 남북한 청소년 교류활동이 정부의 제재 속에서 승인이 되기도 하고 혹은 거절이 되기도 하면서 지속적이지 못할 뿐만 아니라 단발성, 이벤트성으로 진행되는 경우가 많았다. 북한은 소극적인 교류자세로 '제한된 접촉'이나 '선호하는 교류'를 택함으로써 자신들이 직면하고 있는 식량문제를 해결하거나 대북제재를 완화하려는 태도를 취해 오고 있다.

남북한 청소년교류는 서로에 대한 상호 이해를 확대하고 신뢰를 형성하고 민족 동질성 확립을 위한 상호 간의 노력이 요구되며, 상호 보완적인 교류 협력을 통해 미래 통일의 주체적 구성원으로 육성하는 사회공동체를 만드는 것을 핵심 목표로 정해야 한다.

청소년 남북 교류에 대한 설문 조사에서 보면 북한을 우리와 힘을 합하고 화합해야 하는 대상이면서 동시에 우리나라가 경계해야 할 대상이라는 이중적 인식을 가지고 있는 것으로 나타났다. 또한 통일에 대한 이미지는 평화와 화합으로 대표할 수 있다는 응답이 전체적으로 많았으나 사회갈등이나 혼란 등 부정적인 인식도 있었다. 남북한 청소년교류를 활성화시키기 위해서는 서로 간의 신뢰가 구축되어야 하며 획일적인 통일교육이나 단발성, 이벤트성의 교류활동은 지양할 필요가 있다. 남북한 교류협력의 정책구현을 위해서는 청소년들의 통일에 대한, 북한 문화에 대한 단계별 이해 교육이 필요하다(배상률, 이정님, 2019).

한편 이러한 교류를 활발하게 하기 위해서는 교류문화의 공각확보가 필요하다는 지적도 있다. 교류공간의 확보는 특히 분단의 아픔을 가지고 있는 남북 간의 교류의 공간의 필요성에 대한, 평화회복을 위한 공간의 필요성을 언급하고 있다. 청소년의 교육공간 외에 남북 간의 평화 교류를 위한 공간은 먼저 한반도 평화를 위해 새로운 인식의 이해, 개념 정립, 창조적 구성이 필요하다. 또한 평화를 위한 분단의 상흔을 인식할 필요가 있으며 물질적 보다, 정신적 분단의 존재를 인식의 차원으로 끌어올려 새로운 대안을 구성하며, 평화로운 삶의 공간을 누릴 수 있는 환경을 조성해야 한다(엄인영, 2021).

3) 국제교류

청소년 국제교류는 국제화, 개방화 시대에 청소년의 국제적 능력배양을 통한 글로벌 리더십 함양, 국가 간의 우의와 협력증진 등을 목적으로 하는 국제적 활동으로서, 정부 차원에서는 국가청소년위원회가 '정부 간 청소년교류', '청소년 해외체험 프로그램', '국제행사 개최 및 지원' 등의 사업을 시행하고 있고, 지방자치단체에서는 외국 자매도시 등과의 지방자치단체 간 국제교류, 민간부문에서는 청소년단체 간의 국제교류 등을 시행하고 있다. 청소년들의 국제교류 참여수요가 날로 증폭되고 있어 이를 충족하기 위한 다양한 국제교류 프로그램 개발과 사업확대가 추진되고 있다.

청소년 국제교류의 중요성에 대해서는 그동안 학교교육과정뿐만 아니라 여러 많은

서적에서도 널리 인정되어 왔다. 청소년 국제교류는 눈에 보이는 성과가 바로 나오는 것은 아니며, 기본적으로는 세계시민으로서의 자질과 국제적인 시야를 갖는 인간양성을 목적으로 한다. 청소년기라는 감수성 강한 시기에 외국또래청소년 또는 외국인과 직접 만나고 토론하고 생활을 함께하고 외국인을 통해 타문화를 접하는 것은 의의가 매우 크다고 할 수 있다. 청소년 국제교류는 책과 영상수준이 아니고 색다른 문화권의 사람들과 직접 접하기 때문에 상호 공통성을 쉽게 발견하게 된다. 그러므로 경우에 따라서는 지속적인 교류관계로까지 발전하기도 한다. 나아가 서로 다른 문화를 접하면서 문화상대주의 입장에서 각국의 문화를 존중하는 의식도 키우게 된다.

청소년들은 국제교류활동을 통해 지구의 문제들에 대해 각자의 의견을 교환하고 각국의 현실을 알려 줌으로써 우리 인류는 서로 협력해야만 한다는 것을 더욱 실감하게 될 것이며 따라서 우리 사회는 청소년들이 세계시민의 관점에서 생각하고 행동할 수 있는 열린 마음과 문화의식을 지니고, 세계화 시대를 주도적으로 이끌어 가는 능력을 갖추도록 돕기 위해서 청소년들의 삶에 바람직한 변화의 영향을 미칠 수 있는 국제교류 경험기회의 제공을 위한 사회의 실제적인 노력이 수반되어야 할 것이다.

청소년 국제교류의 법적 정의에 따르면 '청소년 국제교류의 목적은 공동체의식 등의 함양'이다(「청소년활동 진흥법」 제2조4항). 국제교류를 통해 추구하는 공동체의식은 국가 간 공동체 의식, 국제사회 구성원으로서의 공동체의식을 의미한다. 이러한 법적 정의에 다르면 국제교류의 목적이 '글로벌 시티즌십'과 맞닿아 있음을 알 수 있다(천정웅 외, 2017) 또한 청소년의 국제교류는 단순한 관광이나 일방적인 원조의 형태가 아닌 상호우익 증진을 바탕으로 현실적인 문제에 실제적인 기여가 가능하고 상대국을 이해하며 교류를 할 수 있는 역량이 필요하기 때문에 목적에 필요한 대상자를 구성하는 것이 바람직하다.

한편 청소년의 국제교류활동 프로그램의 효과성 연구에서 보면 청소년의 국제교류 프로그램에 참여한 청소년들의 팀워크가 향상되었다는 결과로 나타났다. 이러한 결과로 보면 청소년의 국제교류활동은 팀 활동을 기반으로 수행되는 경우가 많기 때문에 팀원 간의 의사소통 및 의사 조율, 팀원들의 자유롭고 조화로운 논의 등이 활동의 효과성을 높이는 데 중요한 역할을 하고 있는 것이다. 또한 새롭게 접하는 국제교류활동에서 발생되는 문제와 상황들에 대해 적절하게 대처하기 위해 타인의 의견을 수용하고 조율할 수 있는 기술향상이 중요하게 작용한다. 다음으로는 세계시민의식 중 세계적 문제에 대한 흥미와 관심, 세계적 문제에 대한 참여의식, 세계지향적인 태도가 향상되었다는 결과는 국제교류활동을 통해 청소년들이 세계시민으로서의 태도와 인식, 관심과 같은 세계시민의식이 긍정적으로 향상되었다는 결과로 볼 수 있다.

따라서 청소년의 국제교류활동은 청소년들에게 세계적인 문제를 함께 고민하고 상호 방문을 통해 삶과 문화를 공유하고 경험하는 시간으로 일회성 단기간 정해진 코스 보다 체계적인 교류와 체험을 충분하게 경험할 수 있는 중장기 프로그램운영이 지속적으로 이루어져야 할 것이다. 향후 청소년의 국제교류활동은 안전성을 고려한 집단적 운영에서 벗어나 사전에 충분한 준비를 통해 참여 청소년의 개별적인 차이와 요구를 고려한 집단별 맞춤형 활동으로서의 변화를 시도할 필요가 있다(조남억, 김고은, 2014).

5 청소년의 국제교류활동

1) 국가 간 청소년교류

국가 간 청소년교류는 양국 청소년 담당 부처 또는 청소년 관련기관과의 약정에 의해 매년 정기적으로 실시되는 사업으로 청소년교류를 통한 국가 간 우의 증진과 협력

기반 조성, 글로벌 역량을 개발하기 위해 1979년부터 초청 및 파견 사업을 실시하고 있다. 2019년에는 총 319명(10개국 파견 149명, 초청 170명)이 국가 간 청소년 교류활동에 참여하였으며, 2020년에는 코로나19 확산에 따라 해외 파견 및 초청이 불가능하여 일본, 브루나이 현지 청소년과 비대면 교류를 실시하여 온라인을 통한 각국 문화 소개 및 공통과제 수행, 토론회 등 프로그램을 진행하였다(여성가족부, 2020).

국가 간 청소년교류 체결현황으로는 아시아(11개국), 유럽(11개국), 중남미(4개국) 중동 · 아프리카(11개국)로 총 37개국이며 국가는 〈표 11-1〉과 같다.

〈표 11-1〉 국가 간 청소년교류 체결현황

지역	국가
아시아(11개국)	중국, 일본, 말레시아, 몽골, 베트남, 필리핀, 인도, 인도네시아, 싱가포르, 부르나이, 캄보디아
유럽(11개국)	러시아, 프랑스, 체코, 폴란드, 핀란드, 헝가리, 그리스, 터키, 스페인, 불가리아, 슬로바키아
중남미(4개국)	칠레, 멕시코, 콜롬비아, 아르헨티나
중동 · 아프리카(11개국)	사우디아라비아, 이스라엘, 이집트, 수단, 모로코, 파키스탄, 아제르바이잔, 튀니지, 카메룬, 아랍에미리트, 카타르

출처: 여성가족부(2020: 166).

2) 한 · 중 청소년교류

한 · 중 청소년교류는 2003년 7월 한 · 중 양국 정상 간의 청소년교류 합의에 따라 2004년부터 우리 정부의 공식 초청으로 한 · 중 청소년교류가 시작되었다. 2012년부터 수교 20주년을 맞이하여 한 · 중 양국 청소년 200명씩 교류하기 시작하여 2016년 중국 측 사정으로 잠시 중단되었다가 2018년 다시 청소년교류를 위한 협력 약정이 체결되었으며 2018년 하반기부터 초청 · 파견 사업을 재개하였다. 2020년 코로나19 확산에 따라 출입국 제한 등으로 추진되지 못하고 있다.

3) 국제청소년리더교류 지원

국제청소년리더교류는 2017년 한 · 중 청소년교류의 실질적이고 파급적인 효과를 고려한 새로운 형태의 발전 모델 개발 및 기반 구축을 위하여 국내체류 중국유학생과 한국청소년 간 교류시범사업을 신규 추진하였다. 대학과 민관 협력을 통하여 국내 10개 대학 내 천여 명의 한 · 중 청소년이 상호교류 활동을 지원하였다. 2020년 국제청소년리더교류 지원사업 프로그램 현황에서 보면 강남대학교 외 13개 대학교에 지원되고 있으며 주요프로그램 내용으로는 지식 나눔 활동, 생태, 문화탐방, 팀별프로젝트, 환경 관련 강연 및 TED 강연 콘테스트, 온라인 탐방으로 지역교류하기, 음식 만들기 등 다양하고 역동적인 프로그램이 운영되고 있으며, 2020년에는 코로나19로 확산으로 소규모 팀별 활동을 통해 교류를 이어갈 수 있도록 지원하였다. 프로그램 현황별로 보면 〈표 11-2〉와 같다.

〈표 11-2〉 2020년 국제청소년리더교류 지원사업 프로그램 현황

구분	대학명	주제	주요 프로그램
1	강남대학교	깨끗한 환경 속 함께 사는 우리, 코로나 시대 작은 변화 챌린지	코로나로 인한 환경, 지역사회의 문제탐구 및 개선방안 모색, 팀별프로젝트 활동, sns챌린지 운영
2	강원대학교	코로나 시대의 변화대응 How Cope With COVID-19 Life Changes	4가지 주제(경제, 민주주의, 비즈니스,환경) 관련 특강, TED 강연 콘테스트 운영

구분	대학명	주제	주요 프로그램
3	건양대학교	같이 나누고, 가치를 나누는 Nonsan Story	지역(논산)청소년 대상 지식 나눔 활동
4	계명문화대학교	지역전통에서 답을 묻다! 글로벌 지역문화 교류프로그램	지역(대구,경북)문화교류 활동 온라인 탐방, 농촌, 전통문화 체험, 전통음식 만들기 등
5	군산대학교	어서와 전북은 처음이지	팀별 지역(전북)문화 탐방을 통한 지역과 세계화의 발전방향 모색
6	백석대학교	한·아세안 국가 문화이해 및 체득을 통한 글로벌 리더십 역량강화	한·아세안 국가 문화 이해 및 탐구 팀별프로젝트 후 결과물 공유
7	상명대학교	공공외교를 통한 한국·베트남 관계의 증진 및 역량 강화	공공외교를 통한 한국과 베트남 관계증진 방안 탐구 팀별프로젝트, ucc제작 등
8	전북대학교	아세안 청소년 간의 상호 국가에 대한 이해도 향상	아세안 청소년 간의 상호 국가에 대한 이해도 증진
9	한국영상대학교	같이와 가치-세종&KUMA	팀별 지역(세종) 탐방 후 영상제작
10	한국외국어대학교	어서와 Ontack K-Culture는 처음이지?	언택트 시대의 한국과 자국 문화교류 활성화 방안모색 온라인강의, 온라인 발표회
11	한서대학교	안전여행-할로 예산, 신차오 서산	팀별 지역(충남) 랜선 여행 프로그램 개발 및 전시
12	호산대학교	랜선교류챌린지	주제별 브이로그 촬영 (일상공유, 맛집&홈쿡 등)
13	호서대학교	Hello-Korea 벤처로 꿈꾸다	벤처창업을 주제로 한 진로개발 및 상호교류활동, 기관 탐방, 모의 창업경진대회 등

출처: 여성가족부(2020: 171).

이처럼 각 대학에서는 특성화된 프로그램을 주제로 선택하여 특강, 멘토링, 교류 활동 팀별 발표 등의 체계적인 프로그램 활동을 지원하였으며, 2018년에는 지원대상을 다국가 유학생으로 확대하여 34국 유학생, 2019년에는 41개국 유학생이 한국 청소년과 교류하였다.

또한 청소년이 다양한 국제회의 및 행사에 직접 참여하도록 지원함으로써 청소년의 국제적인 능력을 배양하고 국가 경쟁력을 제고하기 위해 2008년부터 추진해 온 사업으로 2019년에는 3개국 회의에 10명을 대표단으로 파견하고 2020년에는 UN총회 제3위원회에서 실시한 비공식 온라인 토의에 청소년 대표가 참가하였다.

6 지속가능한 청소년교류활동

우리는 수많은 정보화로 지구촌은 하나라는 시대에 살고 있다. 한류라는 문화에서 세계적으로 열광하는 우리나라 K팝 문화는 지구촌 청소년에게 한국을 알리는 문화뿐만 아니라 한국을 배우고 한국과 교류하기를 희망하고 있다. 지속가능한 청소년교류가 갖는 의미는 다음 몇 가지로 볼 수 있다.

첫째, 문화, 언어, 일상적인 생활양식 등을 교류하며 국제사회의 활발한 교류와 접촉을 통해 국제적인 감각을 형성하고 이러한 국제적 감각은 청소년시기에 인생관과 가치관이 다른 사람들로부터 새로운 경험을 배우게 되며, 이러한 경험을 바탕으로 세계시민으로서의 국제적 감각이 키워진다고 볼 수 있다.

둘째, 자신이 살고 있는 나라와 가족과 떨어져서 타국에서 활동하는 것은 청소년들에게 자기발견의 기회를 준다. 자신의 지역을 벗어난 지역교류, 자신이 살고 있는 나라를 벗어난 국제교류는 자신에게 익숙한 경험에서 벗어나 자신의 일상생활을 예견할 수는 없지만 예기치 않는 환경에 처하게 될 때 무언가 의사결정을 해야 할 일들을 만나게 된다. 이렇게 새로운 환경은 자신의 또 다른 모습이 무엇인가 그리고 어느 정도의 적응능력을 가진 사람인가를 알 수 있게 한다. 자신의 강점과 자신의 흥미, 적성, 진로 가능성도 더불어 알게 될 것이다.

셋째, 청소년 시기는 자아정체감 확립시기이다. 스스로에 대한 질문을 통해 답하고 부단히 노력하는 청소년기에 국제교류 또는 지역교류활동은 다양한 사람들과의 접촉을 통해 새로운 세계를 접하며 함께 활동할 기회를 갖게 됨으로써 청소년 개인의 정체감을 찾아가는 데에도 일익을 담당할 것이다. 또한 다양한 환경과 사람들을 통해 청소년의 욕구가 증대될 것이다. 국제회의 참석은 세계적인 환경문제를 어떻게 하면 풀어갈 것인가에 대한 미래세대가 아닌 현세대로서 자신의 미래에 대한 지구적 문제를 함께 고민하고 그것을 해결하기 위한 국내 · 국제적인 활동에 동참하며 세계시민으로 나아가게 될 것이다.

Chapter 12

사회적경제와 청소년활동

1 청소년의 경제활동

청소년기는 대부분의 시간을 학교에서 학업에 전념할 수 있도록 경제적으로 보장받아야 하는 시기로 인식되어 왔다. 이러한 견해는 빈곤국가에서 청소년 상당수가 교육해택을 받지 못하고 노동 현장에서 착취의 대상으로 취급당하는 현실을 반영한 것이며 청소년의 경제 참여는 인권문제로 다루어야 된다고 강조되어 왔다(김기헌, 2006). 청소년의 발달과정으로 볼 때 이러한 견해는 사회적 요구에 일관성 있는 대처 양식이 확립되는 시기이며 추상적 사고와 논리적 추리가 나타나는 시기로 학교에서 직업으로, 교육에서 노동으로 경험하는 시기이기도 하다.

이에 따라 졸업 이전에 현장을 경험할 수 있는 직업체험 프로그램을 제공하는 학습의 중요성이 강조되고 있다. 청소년을 사회로부터 보호받아야 되는 대상이 아니라 사회발전의 원동력으로 파악하고 인적 자원개발이라는 관점에서 경제적 참여를 장려하려는 국제적인 움직임이 활발하게 이루어지고 있다. 청소년에 대한 노동착취가 불법화되고 유엔(UN)의 아동권리협약(International Convention on the Right of the Child) 등을 통해 노동 현장에서 과거처럼 광범위하게 청소년에 대한 노동 착취가 진행되고 있지 않다. 청소년 스스로 노동에 대한 자신의 권리를 정당하게 주장하고 자원을 배분하는 의사결정에 경제적인 사고과정을 적용할 수 있도록 경제적 소양을 길러 주는 경제교육이 중요하다. 경제는 '합리적 소비'라는 뜻이 내포되어 있다. 즉, 청소년 경제교육은 희소성을 보완하는 합리적 소비의 생활화를 위해서 필요하다. 또한 청소년은 생산자로서 또는 소비자로서 주체적인 역할을 담당하게 될 미래 경제사회의 주체로서 합리적인 사고력과 경제문제에 대한 해결능력을 가질 수 있도록 도와주기 위해서 경제교육은 절실히 필요하다. 대부분의 청소년들에게 경제에 관한 체계적이고 실용적인 교육을 받을 기회는 고등학교에서의 교육이 마지막이 될 것이다. 청소년들에게 평생의 지식으로 간직될 수 있으며 그 지식을 실생활에 유용하게 활용할 수 있도록 도와준다는 점에서 청소년들에게 실용적인 경제교육과 참여는 반드시 필요하다.

1) 청소년 경제활동 참여현황

청소년 경제활동 참가 추이를 살펴보면, 2000년 이후 현재까지 전체 생산가능인구가 계속 증가하는 가운데 청소년 생산인구는 감소했다. 2019년 연평균 청소년 생산가능인구는 554만 3천 명으로 2018년보다 17만 4천 명 줄어든 규모이다. 청소년 경제활동인구의 감소는 청소년 생산가능인구 규모 감소에서 기인한다. 청소년 경제활동인구 규모는 2018년 167만 2천 명에서 3만 1천 명 감소한 164만 1천 명이다. 이는 청소년의 경제활동참가율이 2018년 29.3%에서 2019년 29.6%로 0.3%p 상승한 결과이다. 생산가능 연령대에 진입한 청소년 중 경제활동을 하는 인구의 비중은 늘었으나 인구 규모가 감소하였으므로 경제활동인구 규모도 감소하였다.

청소년 경제활동인구 및 참가율의 추이를 나타낸 〈표 12-1〉에서 보듯이, 2019년 청소년의 경제활동참가율은 2000년대보다 낮지만 2010년 초반보다 높아졌다. 2006년까지 30%를 상회하였던 청소년 경제활동참가율은 2007년부터 30%를 하회하게 되었으며 2009년에 25.1%로 정점을 찍고 회복하는 양상이다. 여자청소년의 경제활동참가율은 남자청소년의 경제활동참가율을 크게 상회하지만 2019년에 그 격차는 다소 좁혀졌다. 청소년 경제참가율의 성별 격차는 2018년에 9.3%p까지 커졌지만 2019년에는 최근 10년간 가장 적다.

〈표 12-1〉 청소년 경제활동인구 및 참가율 추이

구분	2000	2005	2010	2011	2012	2013	2014	2015	2016	2017	2018	2019
생산가능 인구	6,949	6,164	6,053	6,165	6,113	6,165	6,180	6,163	6,110	5,946	5,717	5,543
경제활동 인구	2,295	2,074	1,503	1,544	1,617	1,628	1,758	1,841	1,843	1,801	1,672	1,641
경제활동 참가율	33.0	33.7	25.2	25.5	26.5	26.4	28.5	29.9	30.2	30.3	29.3	29.6
남자	28.5	27.3	20.0	21.0	21.9	22.2	24.4	25.7	25.8	26.1	24.4	26.0
여자	37.0	39.2	30.1	29.8	30.7	30.3	32.3	33.8	36.3	34.3	33.7	32.9

출처: 여성가족부(2020: 414).

또한 통계청 자료에 따르면 2020년 청소년 근로자 중 시간제 근로자가 35만 2천 명으로 30.7%를 차지했으며, 지난 5년간 그 비중이 꾸준히 늘어난 것을 확인할 수 있다.

이에 따르면 10명 중 약 3명이 고용이 불안정하고 근로조건이 상대적으로 열악한 시간제 근로를 하고 있다고 말할 수 있으며 시간이 지남에 따라 그 비중 또한 늘어나고 있는 것으로 파악된다.

〈표 12-2〉 근로시간 형태별 근로자 현황 수

근로시간 형태	2015년	2016년	2017년	2018년	2019년	2020년
전일제 근로	1,032(79.1)	1,098(79.1)	1,087(77.5)	952(73.7)	880(71.2)	795(69.3)
시간제 근로	272(20.9)	289(20.9)	316(22.5)	340(26.3)	355(28.8)	352(307)

출처: 통계청 경제활동인구조사 청년층 부가조사 원자료, 각 년도 5월.

2) 청소년의 근로보호 추진 방향

청소년의 근로보호 대책을 위해 고용노동부에서는 2008년 6월「연소근로자 보호대책」을 마련하여 연소자 다수 고용사업장에 대한 지속적인 지도 · 점검, 피해사례 일제 신고기간 운영, 한국청소년단체협의회 등 유관기관과의 협조체제 구축 등을 통해 기본적인 근로조건 보호를 위한, 정책적 보호를 위한 노력을 기울이고 있다. 고용노동부는 관계부처와 합동으로「청소년 근로환경개선 종합대책(2012.11.)」을 마련하고 청소년 고용사업장에 대한 지도 · 점검을 강화하고 있으며, 청소년 권리구제를 위한 다양한 신고체계 구축, 청소년 눈높이에 맞는 교육홍보 실시, 사업주들의 법 준수 의식 확립 및 청소년들도「노동관계법」을 인지하도록 하여 권리를 보장받을 수 있도록 노력하고 있다.

2014년에는「청소년 근로권익 보호방안(2014.05.)」을 마련하였는데, 청소년 근로권익보호를 위해 최저임금 위반제재를 강화하고 청소년의 근로권익 인식개선을 위해 교육·홍보 컨텐츠를 제작해 취업사이트 등에 제공하고, 또한 청소년이 손쉽게 상담받을 수 있도록 민-관 협력 네트워크를 구축해 실질적인 도움을 줄 수 있도록 하였다. 여성가족부는 2013년부터 서울 및 수도권 일부지역을 대상으로 청소년 아르바이트 부당처우 사례에 대해 24시간 문자 상담(#1388) 서비스 제공 및 청소년 아르바이트 현장에서 근로계약서 미작성, 최저임금 미지급, 성희롱 등의 부당처우 문제가 있을 때, 이를 구제하기 위한 현장에 근로현장도우미를 파견해서 문제를 해결하는 '청소년 근로현장도우미' 사업을 시범 실시하였으며, 2018년부터는 신규 사업으로 편성, 수도권 외에도 경상권, 전라권으로 서비스를 지원하였고, 2019년에는 충청권까지 확대하였다. 이러한 사업들은 청소년들의 요청이 있는 경우, 근로현장 도우미가 사업장을 방문하여 사업주와 중재해결하고 있으며, 권익침해 사례 및 성희롱·폭언·폭행 등이 중재가 되지 않거나, 심각한 사안의 경우에는 노동관서나 경찰서로 신고 연계를 실시하고 있다. 또한 아르바이트 청소년의 근로여건, 사유 등을 파악하여 건강·진로상담, 학업복귀, 직업교육, 자립지원 등의 청소년 서비스를 청소년상담복지센터, 학교밖청소년지원센터, 구청 및 주민센터 등과 연계하고, 성희롱 성폭력 등 젠더폭력에 대해서는 통합지원센터 등과 연계를 통해 지원하고 있다. 2020년 10월 기준으로 청소년 근로보호센터 중앙지원단 및 지역지원본부 4개소 운영하고 있으며, 근로상담 61,110건, 현장지원상담 750건으로 집계되었다.

또한 청소년근로 보호 지도 점검을 강화하고 있다. 「청소년 근로환경개선 종합대책」에 의거하여 연중 4회 이상 감독을 실시하는 등 상시적으로 감독을 실시하고, 감독사업장의 10%는 확인감독을 실시하여 반복적인 법 위반사업장에 대해서는 즉시 사법처리하는 등 법 실효성을 확보하였다. 특히, 청소년들이 많이 일하는 방학시점에 주요 프랜차이즈 업체들을 대상으로 감독을 실시하여 업체별 위반율을 발표함으로써 법 위한 예방 및 청소년 근로조건 개선효과를 꾀하였다. 아울러 관계부처와 합동점검을 내실있게 추진하고, 또한 청소년 근로조건 지킴이와 청소년 리더들의 활동을 통하여 법 위한 사업장을 상시 점검하고 홍보활동도 전개하고 있다. 여성가족부와 고용노동부는 2020년 1월, 전국 25개 지역 250개 사업장을 대상으로 청소년 근로권익 보호를 위한 관계기관 합동점검을 실시하여 총 229건의 위반사례를 적발하였다. 적발사례를 살펴보면, 근로계약 미작성 및 근로조건명시 위반이 많았고, 다음으로 최저임금 미고지, 성희롱 예방교육 미실시, 휴게시간 미부여 등이었으며 이러한 위반사항에 대하여는 근로감독관이 업주에게 시정 등의 조치를 취하였다.

이에 「청소년 근로권익 보호방안(2014.05.)」에 의거해 18세 미만 청소년의 심야근로가 제한되며, 청소년 다수고용 사업장에 대한 감독 강화 및 서면근로계약 교부의무 위반, 최저임금 미만 사업장에 대한 제재강화 방안이 마련되고 있다. 아르바이트 등 단시간근로자 등에 대한 서면근로계약 의무 위반 시 시정기간을 부여하지 않고 적발 즉시 과태료를 부과하는 등 조치기준을 2014년 8월부터 강화하였다. 아울러 방학기간 동안 실시되는 프랜차이즈 등의 감독과 별개로 학교 밖 청소년 보호를 위해 방학기간이 아닐 때도 PC방이나 주점 등과 같은 청소년유해업소에 대한 상시 계도활동을 실시하였다. 그 외 「청소년근로보호 종합대책」을 통해 연소근로자의 근로조건에 대한 인지도를 제고하기 위하여 사업주, 각급 학교 교사 및 학생 등에 대한 연소근로자 근로관련 노동관계법 교육을 강화하고 있다. 먼저 중・고등학교 교사에 대한 교육과 관련하여 진로상담 교사에 대한 청소년 근로 및 직업의식 교육을 실시하고, 교사연수과정 교육프로그램에서 연소자 근로조건 및 피해사례별 구제방법 등이 포함된 교육을 실시해오고 있다. 이 외의 종합대책에서는 사례별 구제방법 지정, 직업교육 연구시범학교 워크숍 시 노동관계법 교육시간을 배정하거나 전문계 고교 CEO 연수 시 노동관계법 교육을 배정하는 방안을 제시하고 있다(여성가족부, 2020).

2 사회적경제와 청소년

'사회적(socialis, social)'이라는 용어가 언제부터 쓰이기 시작한지는 분명하지 않지만 어원은 동료나 벗을 뜻하는 라틴어 '소키우스(socius)'에서 나왔다는 정도이다(김기섭, 2020). 사회적경제(social economy, economie sociale)란 무엇인가? 경제사전의 정의는 '인간생활에 필요한 재화와 서비스를 생산, 분배, 교환, 소비하는 모든 활동, 또는 그것을 통하여 이루어지는 사회적 관계'를 말한다. 사회적경제는 경제가 부의 축척이 아니라 넓은 의미로 인간사회의 필요에 복무하기 위한 것임을 강조하기 위해 사상가들이 사용했던 표현이다. 사회적경제는 청소년들에게 시장경제의 원리와 함께 살아가는 지혜를 얻을 수 있으며 경제를 부의 축척이 아니라 윤리적 소비와 책임 있는 생산의식 및 지역공동체를 배우는 교육적 가치가 높다.

1) 사회적경제

사회적경제의 다양한 정의로 사회적경제를 구성원 간의 협력과 자조를 바탕으로 재화, 용역의 생산 및 판매를 통해 사회적 가치를 창출하는 민간의 모든 경제활동의 개념으로, 첫째, 구성원 참여를 바탕으로, 둘째, 국가와 시장의 경계, 셋째, 사회적 가치를 추구하는, 넷째, 민간의 경제활동을 의미한다. OECD에서는 국가와 시장 사이에 존재하는 조직에 내재된 것으로, 사회적 요소를 동시에 추구하는 것으로, EU에서는 참여적 경영시스템을 갖춘 협동조합, 상호공제조합, 사단, 재단 등이 사회적 목적을 추구하기 위한 경제적 활동으로, 캐나다 퀘백에서는 사회적 목적을 달성하기 위한 6대 원칙에 따라 운영하는 기업으로 정의하고 있다. 6대 원칙은 구성원, 공동체 필요충족, 국가로부터의 자율성, 민주적 지배구조, 경제적 성과 추구, 출자액에 비례한 배당 금지, 해산 시 잔여재산 타법인 양도 등이다.

사회적경제 4대 조직으로는 사회적 기업, 협동조합, 자활기업, 마을기업 4개의 기업으로 분류하고 있다. 2000년 자활지원사업을 시작으로 2007년 사회적 기업제도 시행, 2010년 마을기업 사업시작, 2012년 협동조합이 설립되었다.

(1) 사회적기업

사회적기업을 이론적 측면에서 살펴보면, 정책네트워크 이론은 사회적기업의 설립, 운영에 대한 영향력을 규명하고, 네트워크 관계가 특정 사회적기업의 생존에 유리한가를 설명하는 데는 유용하다. 반면에 자원의존론적 이론의 경우는 사회적기업의 유형별 분화현상, 정부지원 획득에 유리한 업종 등 사회적기업의 성장부분을 잘 설명할 수 있다. 또한 동형화이론은 초기 사회적기업의 발달 측면을 설명하는 데 유용하며, 조직생태학 이론은 특정한 사회적기업이 증가하는 이유를 설명하고 있다(이은선, 2015).

사회적기업은 영리기업과 비영리기업의 중간 형태로 사회적 목적을 우선적으로 추구하면서 재화 · 서비스의 생산 · 판매 등 영업활동을 수행하는 기업을 말하며 「사회적기업육성법」에서는 사회적기업을 취약계층에게 사회서비스 또는 일자리를 제공하여 지역주민의 삶의 질을 높이는 등의 사회적 목적을 추구하면서 재화 및 서비스생산 · 판매 등 영업활동을 하는 기업으로 고용노동부장관의 인증을 받은 기관으로 정의하고 있다. 영리기업이 주주나 소유자를 위해 이윤을 추구하는 것과는 달리, 사회적기업은 사회서비스를 제공하는 취약계층에게 일자리를 창출하는 등 사회적 목적을 조직의 주된 목적으로 추구한다는 점에서 차이가 있다.

(2) 협동조합

「협동조합기본법」 제2조 제1호에 협동조합은 재화 또는 용역의 구매 · 생산 · 판매 · 제공 등을 협동으로 영위함으로써 조합원의 권익을 향상하고 지역사회에 공헌하는 사업조직이다. 공동으로 소유하고 민주적으로 운영되는 사업체를 통하여 공동의 경제적, 사회적, 문화적 필요와 욕구를 충족시키고자 하는 사람들이 자발적으로 결성한 자율적인 조직이며 이용자가 소유하고 이용자가 통제하며 이용규모를 기준으로 이익을 배분하는 사업체이다.

(3) 마을기업

마을기업은 지역주민이 각종 지역자원을 활용한 수익사업으로 통해 공동의 지역문제를 해결하고, 소득 및 일자리를 창출하여 지역공동체 이익을 효과적으로 실현하기 위해 설립 운영하는 마을단위의 기업이다.

(4) 자활기업

자활기업은 2인 이상의 수급자 또는 차상위자가 상호 협력하여 조합 또는 사업자의 형태로 탈빈곤을 위한 자활사업을 운영업체로, 「국민기초생활보장법」에 의한 자활기업 요건을 갖추고 보장기관으로부터 인정을 받은 기업이다.

〈표 12-3〉 사회적경제기업

구분	내용
사회적기업	취약계층에 대한 고용창출과 사회서비스 확충 등 사회적 가치실현을 목적으로 하는 기업(「사회적기업육성법」)
협동조합	공동소유, 민주적 운영을 통해 경제적, 사회적, 문화적 필요와 욕구를 이루려는 사람들의 자발적 결성 조직(「협동조합기본법」 및 개별 협동조합)

구분	내용
마을기업	마을공동체에 기반하여 지역 주민들의 자발적 참여와 협동적 관계망을 통해 주민들의 욕구와 지역문제 해결을 추구하는 기업
자활기업	저소득 실업자의 경제적 자활(자립)과 일자리 창출을 목표로 생산활동을 하는 기업(「국민기초생활보장법」)

출처: 2020사회적기업업무지침(2020: 15).

2) 협동조합과 학교협동조합

(1) 협동조합

"협동조합"이란 지역주민들의 권익·복리 증진과 관련된 사업을 수행하거나 취약계층에게 사회서비스 또는 일자리를 제공하는 등 영리를 목적으로 하지 않으며, 재화 또는 용역의 구매·생산·판매·제공 등을 영위함으로써 조합원의 권익을 향상하고 지역사회에 공헌하고자 하는 사업조직을 말한다(「협동조합법」 기본법 제2조 제1호).

미국 농무성(USDA: US Department of Agiculture)의 정의는 협동조합이란 "이용자가 소유하고 통제하며 이용규모를 기준으로 이익을 배분하는 사업체"로 정의하고 있다. 이는 협동조합의 사업을 이용하려는 사람들이 출자하여 만든 사업체라는 의미로 해석할 수 있으며 이익을 위한 사업이 아닌 사업 자체를 위한 사업으로 협동조합을 볼 수 있다(봉미란, 2018).

국제협동조합연맹(ICA) 협동조합의 7대 원칙의 구체적인 내용은 다음과 같다.

① 자발적이고 개방적인 조합원 제도

- 협동조합은 자발적이며, 모든 사람들에게 성(性)적·사회적·인종적·정치적·종교적 차별 없이 열려 있는 조직

② 조합원에 의한 민주적 관리

- 조합원들은 정책수립과 의사 결정에 활발하게 참여하고 선출된 임원들은 조합에게 책임을 갖고 봉사
- 조합원마다 동등한 투표권(1인 1표)을 가지며, 협동조합연합회도 민주적인 방식으로 조직 · 운영

③ 조합원의 경제적 참여

- 협동조합의 자본은 공정하게 조성되고 민주적으로 통제
- 자본금의 일부는 조합의 공동재산이며, 출자배당이 있는 경우에 조합원은 출자액에 따라 제한된 배당금을 받음

④ 자율과 독립

- 협동조합이 다른 조직과 약정을 맺거나 외부에서 자본을 조달할 때 조합원에 의한 민주적 권리가 보장되고, 협동조합의 자율성이 유지되어야 함

⑤ 교육, 훈련 및 정보 제공

- 조합원, 선출된 임원, 경영자, 직원들에게 교육과 훈련을 제공
- 젊은 세대와 여론 지도층에게 협동의 본질과 장점에 대한 정보를 제공

⑥ 협동조합 간의 협동

- 국내, 국외에서 공동으로 협력 사업을 전개함으로써 협동조합 운동의 힘을 강화시키고, 조합원에게 효과적으로 봉사

⑦ 지역사회에 대한 기여

- 조합원의 동의를 토대로 조합이 속한 지역사회의 지속가능한 발전을 위해 노력

〈표 12-4〉 협동조합 7대 원칙

구분	ICA(International Co-operative Alliance)원칙
정체성	1. 자율적이고 개방적 가입(Autonomous an Open Membership)
정체성	2. 민주적 관리(Democratic Control)
정체성	3. 경제적 참여(Member's Economy Participation)
정체성	4. 자율과 독립(Autonomous and Independence)
의무	5. 교육훈련과 정보제공(Education, Training and Information)
사업전략	6. 협동조합 간 협동(Cooperation among Cooperatives)
사회적책임	7. 지역사회에 대한 기여(Concern for Community)

협동조합의 유형으로 초창기에는 소비자협동조합, 생산자협동조합, 신용협동조합으로 분류되어 있었는데, 소유권 여부에 따라 전통적 협동조합과 사회적 협동조합으로 구분하고, 현재 기획재정부에서는, ① 협동조합의 주목적 ② 조합원의 조합 참여 ③ 조합원을 위한 조합의 주력사업이며, 이 3가지를 기준으로 맞춰 7가지 정도로 유형을 나눌 수 있다. 이 기준으로 나눈 협동조합 7가지 유형은 〈표 12-5〉와 같다.

〈표 12-5〉 협동조합 유형

<table>
<tr><th>협동조합 주목적</th><th>조합원의 참여동기</th><th>주된 사업의 성격</th><th>협동조합 유형</th></tr>
<tr><td rowspan="5">조합원의 필요충족
(이기적 동기)</td><td rowspan="2">생활 · 소비</td><td>구매대행</td><td>구매협동조합</td></tr>
<tr><td>서비스 · 자산 공유</td><td>이용협동조합</td></tr>
<tr><td rowspan="2">사업 · 경영</td><td>일자리 제공</td><td>직원협동조합</td></tr>
<tr><td>공동업무 대행</td><td>사업자협동조합</td></tr>
<tr><td colspan="2">상호제공 · 상호이용</td><td>다중이해관계자협동조합</td></tr>
<tr><td rowspan="2">사회적 목적실현
(이타적 동기)</td><td colspan="2"></td><td>사회적협동조합</td></tr>
<tr><td colspan="2">보건의료</td><td>의료사회적협동조합</td></tr>
</table>

출처: 봉미란(2018: 12).

(2) 학교협동조합

학교협동조합은 학교를 기반으로 공통의 경제적, 사회적, 문화적 필요를 충족시키고자 학생, 교직원, 학부모, 지역주민 등이 자발적으로 결성한 「협동조합기본법」상의 협동조합으로 국가 평생교육진흥원에서 정의하고 있다. 한국에서는 「협동조합기본법」상 5인 이상이 모여 일반협동조합 법인 또는 사회적협동조합 법인을 설립할 수 있다. 따라서 학교협동조합도 일반협동조합 법인 또는 사회적협동조합 법인으로 설립되고 있다. 전국 학교협동조합의 현황은 2020년 12월 기준으로 전국에서 136개의 학교협동조합이 설립 · 운영되고 있으며 지역별로는 경기(49개), 서울(24개), 강원(12개)이 비중을 차지하고 있다. 2013년 학교협동조합이 경기, 서울, 강원을 중심으로 시작하였으며 2018년 교육부의 학교 내 협동조합 지원계획 및 2019년 국가평생교육진흥원에 학교협동조합 중앙지원센터를 설치 · 운영하는 등의 활성화 정책으로 비교적 관심이 낮았던 다른 지역 등에서도 학교협동조합이 정책화되고 전국적으로 학교협동조합이 확산되고 있다.

〈표 12-6〉 전국학교협동조합 설립 · 운영 현황

지역	서울	부산	대구	인천	광주	대전	울산	세종	경지
현황	24	3	5	4	3	0	1	1	49
지역	강원	충북	충남	전북	전남	경북	경남	제주	합계
현황	12	7	6	5	2	1	9	2	134

출처: 경기도교육청(2020: 12).

학교급별 비율은 초등학교(11.9%), 중학교(15,5%), 고등학교(67.5%) 순이며, 중 · 고 통합, 특수학교(교육청 운영 포함)도 운영한다. 학교청소년들의 주체적 참여를 통해 학교협동조합의 교육적 · 사회적 가치를 실천하고 있기에 고등학교의 비중이 다소 높게 나타나고 있다. 또한 고등학교 중에서도 특성화고 또는 종합고등학교가 24개교로 직업교육 연계를 통한 방향성과 다양한 운영 유형 가능성을 보이면서 설립 추진이 활성화 되고 있는 추세이다. 특수학교나 특수학급이 있는 일반계고에서 특수학생들의 전환교육과 일자리 창출에 대한 관심도가 높아짐에 따라 점차 확산되고 있다.

〈표 12-7〉 전국학교협동조합 학급별 현황

학교급	초	중	고(특성화)	중 · 고	초중고	특수	합계
현황	16	22	88(24)	2	1	5	134
비율	11.9%	16.5%	65.7%	1.5%	0.7%	3.7%	100%

출처: 경기도교육청(2020: 13).

유형별로 살펴보면 매점이 차지하는 비중이 81.3%로 매우 높은 편인데 이는 협동조합이 학교와 결합되어 매점의 먹거리 문제를 해결할 수 있다는 측면이 홍보되면서 학교협동조합이 매점이라는 인식이 형성되었으며, 사업체를 안정적으로 운영할 수 있고 고등학교를 중심으로 학생들의 먹거리에 대한 요구가 높기 때문에 매점사업을 우선시하는 경향이 있다.

하지만, 초등 돌봄 · 방과후, 특성화고등학교를 중심으로 한 직업교육 연계, 특수학교의 전환교육과 일자리 창출 등 학교협동조합의 교육적 · 사회적 가치에 대한 이해와 사회적 경제 교육이 확산되면서 사업 유형이 점차 확장성을 띠고 있으며, 지역과 함께 사회적 가치를 실천하는 학교협동조합 유형도 보이고 있다.

특히 특성화고학교에서는 학교 교육활동이나 전문교과에서 배운 도자기 제조, 출판, 건축, 농작물 생산 등 전문 기술을 바탕으로 학교협동조합에서 직접 생산 · 유통 · 판매 등 창업 활동에 대한 실제적 경험으로 자신의 진로와 직업에 대하여 구체화할 수 있는 현장실습을 지침에 따른 조건 등이 충족된다면 학교협동조합에서 운영할 수도 있다.

〈표 12-8〉 전국 학교협동조합 유형별 현황

유형	매점	직업 진로 창업	방과후	전환 교육	농업 로컬푸드	카페	보드 카페	합계
현황	109	11	8	1	3	1	1	134
비율	81.3%	8.8%	5.9%	0.8%	2.2%	0.8%	0.8%	100%

출처: 경기도교육청(2014: 15).

이에 학교협동조합은 경제조직이면서 사회적 가치를 추구하는 결사체의 성격이 있으며 다양한 배움과 학습을 할 수 있는 교육공동체의 성격을 동시에 가지고 있다. 따라서 학교협동조합은 학교와 관련된 필요욕구를 해결하기 위해 자발적으로 참여하는 독립적인 교육자치, 협력을 바탕으로 민주적으로 운영하는 민주시민교육, 학교와 관련된 문제와 경제활동을 민주적으로 운영하는 기업가정신교육을 실현하는 조직이다.

민주시민교육, 교육자치, 기업가정신교육 등을 통해서 다양한 교육과 학습이 이루어질 수 있다. 첫째, 자발적, 적극적, 독립적으로 학교생활 전반에 관한 문제에 관심을 가지고 의사결정 및 문제해결에 참여할 수 있다. 둘째, 민주적 · 수평적 의사소통을 경험하고 민주적 의사결정방법인 1인 1표를 경험할 수 있다. 셋째, 학교의 공익적 사업을 직접운영하고 체험할 수 있으며, 지역농산물을 판매하는 먹거리 매점, 공동구매 할 수 있는 생활용품, 창업교육 등 학교생활 전반에 대한 다양한 공익적 사업운영이 가능하다. 넷째, 학교 구성들이 함께 운영하며 소통과 협동으로 교류의 폭을 넓힐 수 있다. 다섯째, 창업교육을 통한 전문가로서의 능력과 협동조합 정신에 기반한 기업가 정신 함양이 가능하다. 여섯째, 자발적이고 능동적인 참여로 실천을 통한 학습을 경험할 수 있다. 학교협동조합은 직접 운영하면서 체험 속에 교육적 가치와 민주시민의식, 기업가정신, 공유가치 창출을 통해 문제해결능력과 공익적 가치에 기여하는 교육적 · 사회적 가치를 실천한다.

학교에서의 협동조합 운영경험은 개별기업이 아닌 학교 내에서 지역사회와 연계되어 진행되기 때문에 사회적 가치와 공동체의 가치 경험을 현장에서 직접 체험하는 교육적 가치가 높다고 할 수 있다. 또한 학교의 현장실습업체의 선정, 허드렛일 위주의 운영으로 인한 청소년들의 참여기피와 작업장 이탈, 산업체의 전담인력 부족과 조직부재 등의 문제점을 학교 안에서 지역사회와 연계해서 운영하여 기업가 정신을 함께 배우는 공간으로 유용하다. 이러한 일 경험은 홍보, 마케팅뿐만 아니라 직접 생산하는 제품을 판매하는 경험을 갖게 될 것이며 창업으로 연계될 수 있다는 장점을 가지고 있다. 따라서 학교협동조합은 지역사회에서 통합적으로 이뤄질 수 있는 교육적 성장이라는 것이다.

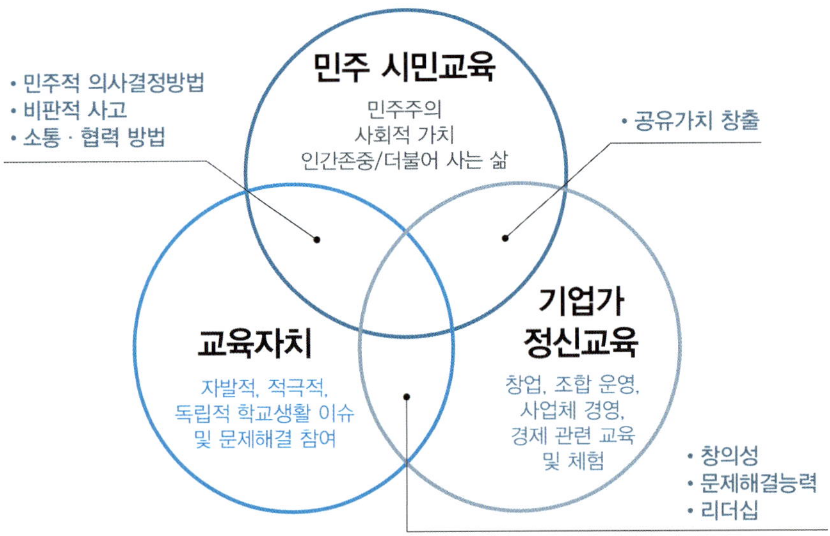

[그림 12-1] 학교협동조합의 교육효과

출처: 경기도교육청(2020: 3).

3 청소년 중심 협동조합

1) 청소년 중심 협동조합의 의미

청소년 중심 협동조합은 청소년, 학부모, 교직원, 지역주민 등으로 구성된 마을공동체가 민주적으로 운영되고 교육·사회적 가치를 실천하며 공익적으로 기여하는 지향점으로 민주적 운영, 공익적 기여, 교육적·사회적 가치를 실천한다. 학교협동조합은 청소년에게 학교생활 속에서 경제교육을 받을 수 있는 곳이기도 하다. 이제는 청소년이 주체가 되는 경제교육이 필요한 시점이다. 청소년들에게 학교에서 효과적으로 학습할 수 있는 실천의 장을 제공하며 그들의 역량을 확대할 수 있는 학습효과가 있다. 역량확대 측면에서 보면, 첫째, 일을 통한 교육으로 역량의 확대를 도모할 수 있다. 조합원으로 청소년은 활동하면서 시장조사, 물품구매 등 일을 통한 학습을 통해 소비자의 욕구까지 파악할 수 있는 안목이 생겼으며 총회 및 이사회를 등을 준비하면서 협동의 의미와 효과에 도달할 수 있다.

둘째, 프로젝트 기반 학습을 통한 역량확대로 프로젝트활동의 한 분과에 참여하여 문제를 해결해 나가는 과정에서 토론과 성찰 그리고 행동으로써 실천은 역량을 개발하거나 견고히 하는 데 크게 기여하였다.

셋째, 의사결정권으로 자기결정성을 통한 역량의 확대로 스스로 결정하고 선택한 것의 변화를 직접체험하며 학생이사로 참여하고 싶은 청소년이 생겨났다.

넷째, 또래 학습을 통한 역량의 성장으로 같은 사업을 운영하면서 선배와 후배에게, 조합이 비조합원에게 협동조합의 가치를 알리고, 다양한 주제로 강연할 수 있는 기회를 가짐으로써 본인의 지식과 능력을 점점 보완할 수 있고, 명확한 지식을 습득할 수 있다. 학교협동조합을 운영해 본 경험은 시장의 원리, 경제의 원리 등 그 속에서 사회적 목적 실현을 위한 가치와 민주시민으로서의 역량도 확대될 것이다.

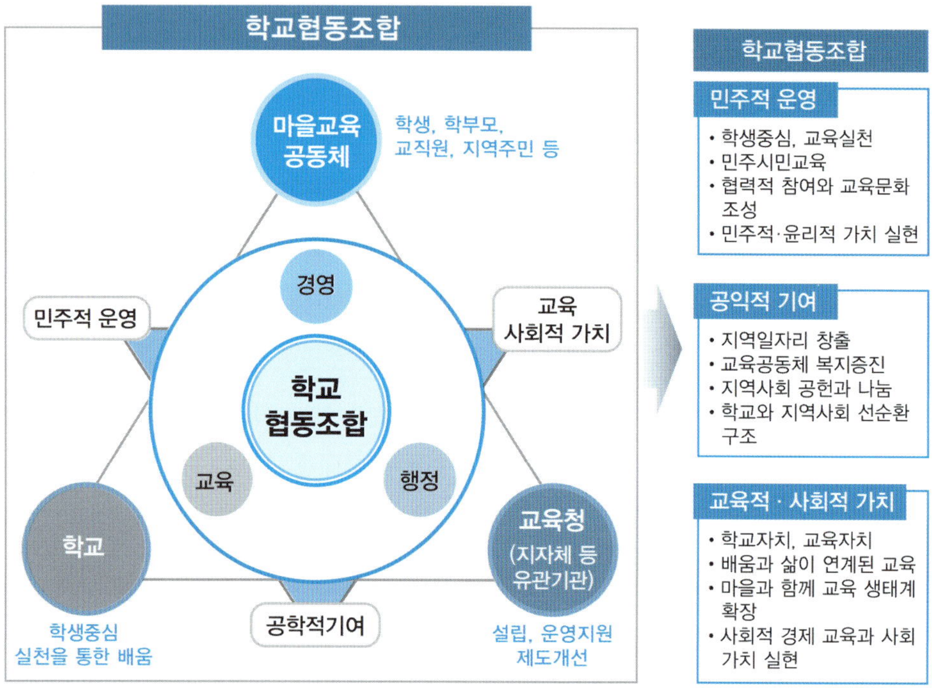

[그림 12-2] 학교협동조합의 교육적 가치

출처: 경기도교육청(2020: 32).

2) 청소년 중심 협동조합의 사례

청소년 중심 협동조합은 교사, 학부모, 청소년이 조합원이 되어 구내매점 또는 지역사회와 연계하여 조합의 형태로 지역 문제 해결 및 카페 운영, 학교매점 운영 수익금을 다시 사회에 환원하는 것을 목적으로 하고 있다. 전국 학교협동조합은 매점과 방과 후, 출판, 마을학교 돌봄 간식 운영 등 다양한 형태로 운영되고 있다. 강원도 학교 협동조합에서는 농업을 기반으로 하는 농산품 판매, 생산, 가공을 주 활동으로 하고 있다. 지역의 농산물을 전국 학교 급식을 통해 판매하고자 청소년들과 교직원 학부모가 함께 설립한 사회적협동조합이다. 학교협동조합은 청소년과 학부모, 교사가 만든 사회적협동조합으로 2021년 현재 꾸준하게 증가하고 있는 추세이다.

(1) 사례 1

부산 만덕고등학교 '산드레'는 부산 최초의 학교협동조합이다. '산드레'는 학교청소년들에게 건강한 먹거리를 제공하기 위해 학부모, 교사, 지역주민 90명이 '산에 들에'라는 의미로 자연을 닮은 친환경매점으로 운영하며 건강한 먹거리를 제공한다는 의미로 시작되었다. 학교에서 점심시간에 운영되는 매점으로 경제활동을 하고 그러한 경제활동을 통해 스스로 의사결정을 주체가 되며 문제를 해결하는 능력과 책임감을 배우며 민주시민의 소양을 함양하고 있다. 또한 청소년 5명으로 구성된 '1일 창업팀'이 매주 수요일 동아리활동시간에 다양한 주제를 정해 기획 단계부터 판매까지 참여하고 있다. 아울러 학교시설을 이용한 지역연계사업으로 바리스타, 제과제빵 등의 무료강좌를 주민들에게 제공하고 나눔장터에서는 청소년들이 직접 만든 친환경비누, 가죽공예품 등을 팔아서 모은 수익금은 어려운 이웃에 전달하기도 했다.

(2) 사례 2

양산 범어고등학교는 'B-coop'을 통해 학생들이 직접 매점을 운영하고 있다. 매점운영동아리를 통해 학생들이 직접 매점을 운영하기 때문에 점심시간 중 12시 10분부터 40분까지 점심시간에 딱 30분만 운영된다고 한다. 매점운영동아리는 총 25명의 학생들로 이루어져 있고, 6명씩 조를 짜서 일주일간 운영하고 있다. 판매조의 학생들은 점심식사를 먼저 하고 나서 12시 10분부터 40분까지 30분간 물건을 팔고, 재고를 세고 그날 판 금액을 확인하면 50분 정도가 된다. 매점운영동아리 부원은 사회적협동조합 조합원 중에서 뽑고 있으며 면접이 필요할 만큼 인기가 좋다. 그리고 예전에는 담당교사나 이사장 등 임원진이 주도적으로 운영을 해서 학생들의 참여가 많지 않았다. 그런데 작년부터 학생들이 더 많이 참여하고 싶다는 요구가 있어 학생들이 주도적으로 매점을 운영하고 담당 교사와 이사장님은 행정업무 등을 지원해 주는 방향으로 운영하고 있다고 한다. 처음에는 매점운영, 안전한 먹거리 제공에 한하여 생각을 했다면, 협동을 통해 지역사회와 연계해서 환경을 생각하는 활동도 하는 등 점차 다른 가치도 고려하고 발전해 나가고 있다. 사회적협동조합으로서 협동의 가치와 교육적 가치를 실현하는 수단으로써 매점 사업을 하고 있다. 이 매점 사업의 결과로 사회를 변화시키고 학생들이 더욱더 주도적으로 활동하면서 많은 것들을 배우고 성장하고 있다.

(3) 사례 3

"DAM COOP"(담쿱)은 학교 영농마이스터 센터 내에 학교 농산물판매생산장을 마련하여 직접 생산한 농산물을 판매하고 있다. 특히 청소년들이 직접 대구경북로컬푸드이종협동조합연합회와 연계하여 농산물 유통 및 판매의 경험과 그 외에도 스마트 팜을 운영하며 인근 유치원 초등학생을 대상으로 첨단농업을 소개하고 체험하는 공간을 운영하고 있다. 스마트 팜은 청소년들이 직접운영하고 있으며 먹거리 외에도 화분이나 식물을 판매하고 있다. 담쿱은 직접 작물을 재배 · 유통 · 판매를 하는 청소년이 중심되어 운영하는 사회적협동조합이다. 사회적 환원이라는 가치를 기반으로 청소년들이 조합원이 되어, 협동조합 설립부터 주체가 되어 운영하는 비영리법인으로 청소년, 교직원, 학부모 등이 참여할 수 있는데 "DAM COOP"(담쿱) 조합원은 대구 농업 마이스터고등학교 학생 모두가 생산자 조합원이다.

"DAM COOP"(담쿱) 설립동기는, 첫째, 지역사회와 연계하는 조합원 간의 의사소통 및 관련 법령에 대한 이해 등 사회적경제 활동 직접 체험, 둘째, 미래 삶의 가치를 배우며 생생한 진로 탐색의 기회 마련, 셋째, 학교 동아리활동만으로는 할 수 있는 일의 한계가 있어 자체적으로 운영하면서 사업적으로 더 넓게 활동하는 것이다.

주요 사업내용으로는, 첫째, 대구경북로컬푸드 이종협동조합연합회와 연대하여 농산물 유통 및 판매, 지역주민을 대상으로 청소년들이 직접 생산한 농산물을 스스로 포장하고 가격을 매겨 학교 내 매장에서 진열 및 판매를 하며, 둘째, 협동조합에 참여하는 학생들은 협동조합을 설립하고 운영하는 주최가 되어 이윤의 사회적 환원에 기반한 사업 구상 등 사회적경제 활동을 직접 체험한다. 셋째, 스마트 팜, 식물농장 등을 이용한 체험수업을 개발한다.

사회공헌활동으로는, 첫째, 정성을 다해 농사를 지으며 힘든 상황과 실매의 경험도 학습에 중요한 경험이 된다. 둘째, 청소년들이 생산자 조합원으로 가입하여 직업 재배한 신선한 농산물을 인근 지역 주민에게 판매하고 지역 유치원 및 학교 학생들에게 도시형 첨단농업을 소개하고 체험교육 서비스를 제공하며 진로탐색과 경제활동의 주체적인 도움이 된다. 셋째, 다양한 컨텐츠를 활용하여 협동조합에 대한 정신 및 기본적인 분배이론과 사회 환원 이론을 배우며, 지역사회의 문제 해결을 기반으로 사회적 목적 실현을 직접 찾아 소외된 계층의 청소년들의 고민을 해결하는 비전을 가지고 활동하고 있다. 또한 무농약, 무화학비료, 무제초 등 건강하고 안전한 먹거리를 위한 신선도와 품질도 우수하며 지역 로컬 매장보다 가격은 더 저렴하다(안명선, 2020).

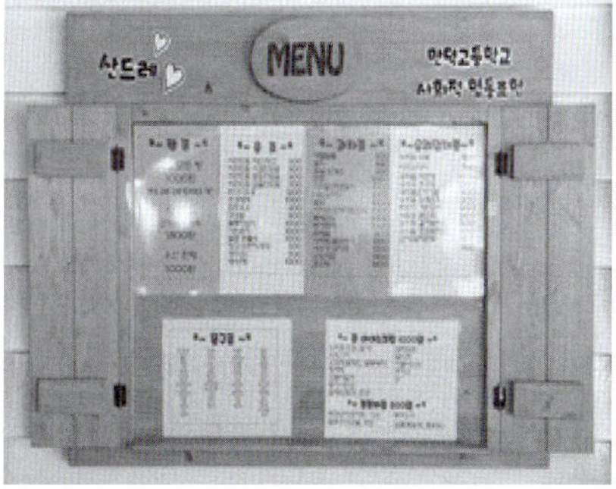

출처: 부산교육청 산드레매점.

출처: 대구교육청 대구마이스터고매점.

4 청소년 경제와 청년창업 제언

청소년 중심 사회적 협동조합 또는 협동조합은 자유경제 체계와 시장개방의 사회 전반에 확산되고 있는 이론에서 실제경험을 동시에 할 수 있다. 경제교육의 중요성은 사회로 진출한 다음 시작하는 것이 아니라 청소년 협동조합을 통해 경험함으로써 경제활동의 상황과 현재 그리고 미래 경제교육의 나아가야 할 방향성을 제시해야 할 것이다. 또한 경제교육은 자원을 분배하는 의사결정에 경제적인 사고 과정을 적용할 수 있도록 경제적 소양을 길러 주는 것이 중요하다. 현재 한국사회적기업 진흥원에서 실시하고 있는 소셜벤처 경연대회에서 보면 청소년, 대학생, 일반, 글로벌을 대상으로 실시하고 있다. 소셜벤처 경연대회는 창의적이고 도전적인 벤처 정신으로 사회문제의 해결을 제공하는 혁신기업 모델을 선발하기 위함이다.

청소년이 모여 사회문제에 대한 아이디어 토론 후 해결방안을 사업으로 구체화하여 소셜벤처 경연대회에 지원할 수 있도록 동아리지원사업을 진행하고 있으며 이러한 경험을 통해 대학 진학 후 청년이 되어 창업을 시도하는 경우도 있다. 이처럼 직접 사회문제를 해결하고자 시작한 청소년 동아리가 다시 협동조합으로 경제의 주체로 활동한 경험은 청년이 되어 창업을 할 수 있는 밑거름이 된다. 청소년의 경제교육을 길러주기 위한 기본적인 3가지 요소는 다음과 같다.

첫째, 경제활동은 한 개인의 욕망을 충족시켜 주는 데 그 이유가 있다고 말할 수 있다. 경제활동에 한 개인이 관심을 가져야 하는 이유는 무한한 개인의 욕심에 비해 생산 수단의 자원의 존재량은 매우 제한되어 있기 때문이다. 또한 어떤 체제에서도 선택의 과제를 해결하지 않으면 안되는 것은 자원에 희소성이 있기 때문이다. 경제는 '합리적인 소비'의 뜻을 내포하고 있다. 즉, 경제교육은 희소성을 보완하는 합리적인 소비의 생활화를 위해 필요하다.

둘째, 미래 사회에서 경제 문제를 합리적으로 해결할 수 있는 능력을 기르기 위해 필요하다. 청소년들은 생산자로서 또는 소비자로서 주체적인 역할을 담당하게 될 미래 경제의 주체들이다. 청소년이 보다 합리적인 사고력과 경제문제에 대한 해결 능력을 가질 수 있도록 도와주기 위해 경제교육과 현장에서 직접 할 수 있는 실천현장이 절실히 필요하다.

셋째, 실생활의 유용성을 위해서도 청소년 경제교육은 필요하다. 청소년들에게 경제에 관한 체계적이고 실용적인 교육을 받을 기회는 부족한 것이 현실이다. 실생활에 직접 경험하며 유용하게 활용할 수 있도록 도와준다는 점에서 경제교육은 필요하다.

이에 따른 청소년 중심 경제교육 방안을 제언하면 다음과 같다.

첫째, 이론 중심에서 현장 중심으로 가야 한다. 현재 교과서에서 배우는 경제교육은 이론 중심으로 딱딱한 내용으로 원리 설명에만 치우치고 있다. 수요와 공급의 원칙, 희소성, 기회비용 등 기초적인 경제이론부터 금리정책까지 광범위하다. 이러한 교육보다 청소년이 실생활에 근접한 현장 중심의 교육이 강화될 수 있도록 경제교육의 중요성을 인식해야 한다.

둘째, 소비와 금융교육에 대한 강화가 필요하다. 무분별한 소비로 신용불량자가 양산되었고, 신용불량자는 개인의 문제에서 사회문제로 확대되고 있는 상황에서 합리적 소비, 착한소비, 똑똑한 소비문화를 확산할 수 있는 경제교육이 필요하다.

셋째, 경제교육 정착을 위해 민관연계 경제교육이 필요하다. 청소년 중심협동조합은 청소년이 주체가 되어 하는 경제활동이다. 청소년동아리사업을 지역 사회적 경제, 또는 금융 등과 협업하는 모델이 필요하다. 청소년이 지역사회문제를 해결하는 위한 사회적 목적 실현을 위해 협동조합을 설립할 수 있도록 지원해야 하며 청소년활동이 청년이 되어 창업을 할 수 있는 연계사업도 함께 추친할 필요가 있다.

청소년 경제활동은 소비자에서 생산자로 미래경제의 주체로서 분배에 대한 원리, 사회적 가치에 대한 실천을 동시에 할 수 있도록 더 많은 정책적인 뒷받침이 필요하다.

Chapter 13

청소년활동과 지속가능발전목표(SDGs)

지속가능발전(sustainable development)이란 경제의 성장, 사회의 안전과 통합, 환경의 보존이 조화를 이루어 지속가능성을 지향하는 발전을 의미한다. 제한된 자원 속에서 무조건적인 경제성장은 가능하지 않음을 인정하고 현재와 미래 세대가 그들의 필요를 골고루 충족시키면서 지속적으로 살아갈 수 있도록 발전의 방향을 재정립하는 것이다.

1 지속가능발전목표(SDGs)의 개념

레이첼 카슨(Rachel Carson)이 출간한 『침묵의 봄(Silent Spring)』은 1962년 과학기술이 초래한 환경오염의 위험을 공식적으로 알리는 계기가 되었다. 이 책에서는 DDT

등의 살충제와 농약이 새, 물고기, 야생동물, 인간에게 미치는 파괴적인 결말을 고발하였으며, 이를 시작으로 미국을 포함한 전 세계인들은 환경문제를 인식하고 본격적인 관심을 갖기 시작하였다. '지속불가능'한 지구상황을 인식하며 1972년 자원고갈에 대한 세계적 위기를 경고한 로마클럽 연구보고서인 '성장의 한계'에서는 생태발자국을 줄이고 지속가능한 미래를 위해 전 세계 지도자들의 각성 및 연대를 이끌어 냈다. 1972년 같은 해 '유엔환경계획(UNEP)'이 탄생했으며 1973년에는 「위험에 처한 야생종의 국제적 거래에 대한 협약」이 체결되었다. 1976년에는 유엔 교육 · 과학 · 문화기구에서 「인간과 생물권 협약」을 통해 멸종위기에 빠진 생물종의 보호망을 추진하였으며 「지중해의 해양오염 방지를 위한 협약」이 협의되기 시작하였다. 1980년에는 지구상의 생물자원의 보존을 목표로 하는 '세계보호전략(World Conservation Stratesy)'을 시작하여 '자원과 자연자원 보호를 위한 국제협회와 야생동물 보호기금'이 발족하게 된다.

한편 1982년 「스톡홀름 선언」 10주년을 기념하는 해로서 지난 활동을 평가하는 「나이로비 선언」이 채택되었으며, 1985년에는 「국제 열대림 협정」이 효력을 발생하였다. 1986년에는 체르노빌 원전 폭파사태의 여파로 핵사고의 조기 확인을 위한 협약이 채택되었다.

1987년 환경과 개발에 관한 국제위원회가 '지속가능한 개발'의 개념을 처음으로 세계 지도자들에게 제시하였으며, 「핵사고와 핵비상 시의 상호 원조에 관한 협약」이 효력을 발생하였고 세계기상기구(WMO)와 유엔환경계획의 후원하에 '기후변화에 관한 정부간 협의회'가 기후온난화에 관해 연구하고 기후변화의 틀을 준비하기 시작했다. 1990년에는 유엔개발계획이 인간개발보고서를 통해 새로운 발전지수(development index)를 개발하였다. 세계은행과 유엔환경계획(UNEP)은 후진국의 환경사업을 원조하기 위한 '세계환경기금'을 설립하였다(천정웅, 1995).

국제환경협약의 체결을 보면 1980년대 이전에는 대체적으로 동식물의 보존 및 서식지 보호가 중심이었지만 그 이후에는 천연자원의 보존, 기후변화와 오존층 보호 등

대기환경의 보호에 관한 국제적 협력이 인류의 생존과 직접적인 관계가 있는 내용으로 확장되었다.

'지속가능한 발전(sustainable development)'이라는 개념은 1987년 세계환경개발위원회(WCED: Worad Commission on Environmental and Development)에서 인구증가와 경제 성장 속에 파생되는 지구 차원의 환경 문제를 해결하면서 동시에 풍요로운 삶을 누리고자 하는 요구에서 비롯되었다. 지속가능발전이라는 개념은 고정된 것이 아니라, 끊임없이 변화하는 특성을 가지고 있다. 「브룬트란트 보고서」의 개념에서도 국제사회의 폭넓은 지지를 얻어 합의를 이끌어 내기 위한 정치적 결과물로 볼 수 있다. 지속가능발전은 미래세대에 대한 고려로 이해할 수 있고 환경과 사회 · 경제에 대한 관심을 연결하는 시도로 볼 수도 있다.

1992년 브라질 리우데자네이루에서 개최된 '환경과 개발에 관한 유엔회의(UNCED: United Nations Conference on Environmental and Development)' (리우회의, 지구정상회의)는 지구헌장으로 「환경과 개발에 관한 리우 선언」, 행동계획으로서 「의제21」, 지구온난화 방지를 위한 「기후변화협약」, 종의 보전을 위한 「생물다양성협약」, 산림원칙 등을 채택하였으며 「의제21」 추진실적을 평가하고 촉진하기 위한 '지속가능발전위원(UNCSD)'를 설치하였다. 이어서 「의제21」은 심각한 환경문제에 대한 해결방법과 이를 위한 국가와 각계의 역할, 법과 제도, 기술이전 및 재정지원 등의 포괄적인 이행 체계를 권고하였으며, 지속가능발전을 위한 국제사회의 이행계획을 마련하는 첫 시작을 했다.

2002년 남아프리카공화국 요하네스버그에서 개최된 '지속가능발전 세계정상회의(WSSD: World Summit on Sustainable Development)'(Rio+10)는 인간, 지구, 번영(People, Planet & Prosperity)을 주제로 「의제21」의 지난 10년간의 실적의 평가와 향후 10년의 지속가능발전전략을 논의하였다. 「요하네스버그 선언문」의 구체적인 내용으로는 보건, 식수, 농업, 생물다양성, 교육, 무역, 에너지 등 6대 의제별 이행계획을 발표하였으며, 교통의정서 비준을 촉구하여 발효를 앞당겼다. 지속가능발전 세계정상회의(WSSD)는 빈곤이 지속가능발전의 주요 저해요인임을 공감하며 빈곤퇴치를 위한 세계연대기금(WSF: World Solidarity Fund) 설립을 합의하고, 경제와 형평성 문제를 통합하는 노력과 동시에 여성, 청소년, 청년, NGO, 과학자의 참여를 강조하였다(김찬국, 2017).

2012년 브라질 리우데자네이루에서 개최된 '유엔지속가능발전회의(UNCSD: United Nations Sustainable Development Summit 2015)'에서는 2015년 종료된 '새천년개발목표(MDGs: Millenium Development Goals)'를 대체하여 2016년부터 2030년까지 추진할 「우리가 사는 세상의 전환: 2030년까지의 지속가능한 발전 의제」를 의결하고 유엔지속가능발전목표(SDGs: Sustainable Development Goals) 17개 주요 목표와 169개의 세부목표를 채택하였다. 지속가능발전목표는 더 나은 세상을 위한 이행주체가 'We The People'임을 강조하면서 국제사회, 중앙·지방정부, 시민, 기업 등 각계의 참여와 협력을 통한 전 세계의 노력을 촉구하였다. 17가지 세부목표는 사람, 지구환경, 번영, 평화, 파트너십 등 핵심영역으로 인류가 나아가야 할 방향을 제시하고 있다.

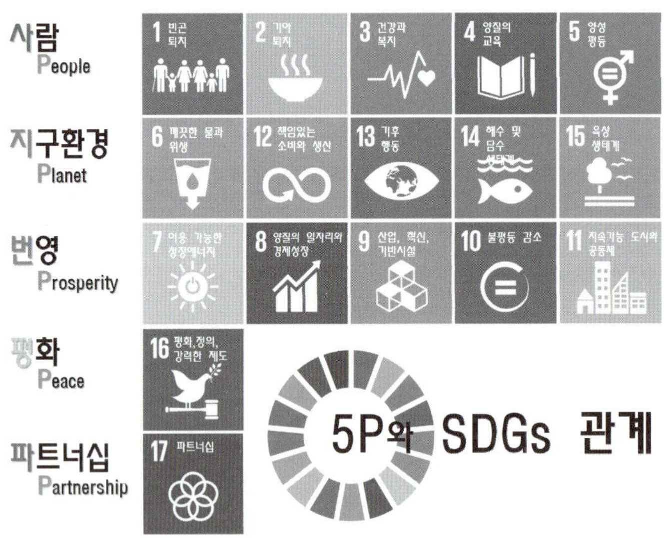

[그림 13-1] 5가지 핵심역량(5P)과 지속가능발전목표(SDGs)

출처: www.K-SDGs.or.kr

지속가능발전목표의 5가지 핵심역량은 가난과 굶주림 없애기(People), 악화되는 지구 보호하기(Planet), 모든 인류가 번영의 삶과 충족된 삶을 누릴 수 있도록 하기(Prosperity), 평화롭고 정의로우며 포용적인 사회 만들기(Peace), 지속가능발전 글로벌 파트너십 활성화(Partnerships) 등이며, 17개 목표 및 169개 세부목표로 이루어져 있다. 우리나라 지속가능발전목표(K-SDGs) 17개의 목표는 다음과 같다.

① 빈곤층 감소와 사회안전망 강화

② 식량안보 및 지속가능한 어업 강화

③ 건강하고 행복한 삶 보장

④ 모두를 위한 양질의 교육

⑤ 성평등 보장

⑥ 건강하고 안전한 물관리

⑦ 에너지의 친환경적 생산과 소비

⑧ 좋은 일자리 확대와 경제성장

⑨ 산업의 성장과 혁신활성화 사회기반시설구축

⑩ 모든 종류의 불평등 해소

⑪ 포용적이고 안전하며 회복력 있고 지속가능한 도시와 주거지 조성

⑫ 지속가능한 생산과 소비

⑬ 기후변화와 대응

⑭ 해양생태계 보전

⑮ 육상생태계 보전

⑯ 평화 · 정의 · 포용

⑰ 지구촌 협력 강화

〈표 13-1〉 지속가능발전목표 핵심 목표

5가지 핵심 목표
(사람 People) 가난과 굶주림 없애기 (지구 Planet) 악화되는 지구 보호하기 (번영 Prosperity) 모든 인류가 번영의 삶과 충족된 삶을 누릴 수 있도록 하기 (평화 Peace) 평화롭고 정의로우며 포용적인 사회 만들기 (파트너십 Partnerships) 지속가능발전 글로벌 파트너십 활성화
17개 목표 및 169개 세부목표
(인류의 보편적 문제) 빈곤, 질병, 교육, 성 평등, 난민, 분쟁 등 (지구 환경 문제) 기후변화, 에너지, 환경오염, 물, 생물 다양성 등 (경제 사회 문제) 기술, 주거, 노사, 고용, 생산소비, 사회구조, 법, 대내외 경제 등

출처: 김남수, 주형선, 이선경(2020: 429).

[그림 13-2] UN지속가능발전목표

출처: www.K-SDGs.or.kr

2 청소년과 지속가능발전교육(ESD)

1972년 '유엔환경회의 선언'은 현세대와 미래세대를 위한 환경보호 및 개선이 인류의 필수 목표가 되었다고 선언했다. 스톡홀롬회의에서의 96번 권고안에는 환경 교육을 전 세계 위기 해결의 중요 수단으로 보고 '소외계층을 고려하는' 그리고 성인과 청소년, 청년 세대를 위한 환경문제 관련 교육은 전적으로 인류차원에서 환경을 보호하고 개선하는 개인과 기업 그리고 공동체들의 깨어 있는 책임과 생각이 필수적이라고 명시하고 있다.

1977년 환경교육에 관한 제1차 정부 간 회의(조지아 트빌리시)로 환경 교육의 역할 · 목적 · 특성을 제시하고, 환경 교육 관련 몇 가지 원칙을 제공했다. '트리빌리시선언'은 전 세계 환경의 보존 및 개선과 국제 공동체의 건전하고 균형 있는 발전에 중요한 역할을 언급했다. 1987년에는 우리공동의미래(브룬트란트보고서)에서는 '미래세대의 요구를 충족시킬 수 있는 능력을 훼손하지 않으면서 현세대의 요구를 충족시키는 발전'으로 정의되었다. 1992년 '리우회의'에서는 지속가능발전을 촉진하고 환경 · 개발 이슈를 다룰 수 있도록 사람들의 역량을 향상시키기 위해서 교육의 중요성을 강조하였으며, 생물다양성 · 생물다양성협약 제13조는 '생물다양성의 보전 및 지속가능한 활용에 관한 교육 및 대중 인식프로그램 개발'에 관련된 프로그램이 특히 우선활동10(생물다양성 관련 형식 · 무형식 교육강화)을 요청하고 있다.

2002년 요하네스버그회의에서는 유엔결정문57/254는 2005-2014년 '지속가능발전교육 10년'(DESD)으로, 그리고 유네스코를 DESD의 선도기관으로 지정했다. 2005년에는 유엔ESD10년(2005-2014, DESD) '지속가능한 삶과 일하는 방식에 대한 학습'이라는 목표달성을 위해 전 세계 수십만 명의 사람들이 교육의 세계적인 재정향(reorienting)에 참여하도록 촉진했다. 2009년 유네스코 ESD세계회의 「ESD 본 선언문」 채택, 2014년 유네스코 ESD 세계회의 「아이치/나고야 선언문」 채택, 2015년 ESD 국제실천프로그램(GAP, 2015-2019) 「교육2030인천선언」 채택, 2019년 제40차 유네스코총회 2019년 이후 지속가능발전교육2030(2020-2030)을 채택하였다.

제40차 유네스코총회문서에서 지속가능발전교육2030 체계 초안에 대한 회원국들의 지지를 확인하고 지속가능발전교육2030 체계를 승인하면서, 회원국들이 이를 적극적으로 이행하고 국가 · 지역 · 국제 차원에서 적절하게 ESD활동 및 프로그램을 위한 교육자금을 동원하도록 요청하였다(유네스코한국위원회, 2014).

〈표 13-2〉 ESD 역사

연도	내용
1972년	유엔인간환경회의(스웨덴 스톡홀름) • "현세대와 미래세대를 위한 환경보호 및 개선이 인류의 필수 목표" 선언
1977년	환경교육에 관한 제1차 정부 간 회의(조지아 트빌리시) • '트빌리시선언'은 전 세계 환경의 보전 및 개선은 물론, 국제 공동체의 건정하고 균형 있는 발전에 있어 환경교육의 중요한 역할 언급
1987년	우리공동의미래('부룬트란트보고서') 세계환경개발위원회 보고서 • '지속가능발전'은 '미래세대의 요구를 충족시킬 수 있는 능력을 훼손하지 않으면서 현세대의 요구를 충족시키는 발전'으로 정의
1992년	유엔환경개발회의('리우회의') • 의제21, 36장 지속가능발전 달성을 위한 교육, 훈련 및 대중 인식의 결정적 역할에 대한 국제적 논의 통합
2002년	지속가능발전의제 세계정상회의(요하네스버그) • DESD 관련 제안이 '요하네스버그 이행 계획'에 포함 • 2005-2014 '유엔지속가능발전교육10년(DESD)', 유네스코DESD의 선도기관으로 지정
2005년	유엔ESD10년(2005-2014, DESD) • '지속가능한 삶과 일하는 방식에 대한 학습'이라는 목표 달성을 위해 전 세계 수십만 명의 사람들이 교육의 범세계적인 재정향(reorienting)에 참여하도록 촉진

연도	내용
2009년	유네스코 ESD세계회의(독일 본) • '본 선언'은 개인의 변화를 촉진하는 '인명구조의 수단'으로서 ESD강조
2012년	유엔지속가능발전회의(리우+20) • 지속가능한 소비와 생산을 위한 10개년 체계(2012-2021)
2014년	유네스코ESD세계회의(일본 아이치-나고야) • GAP(2015-2019)출범, GAP목표는 '지속가능발전을 위한 진전의 가속화를 위해 모든 수준 및 영역에서의 교육 및 학습활동을 생성 · 확장하는 것'
2015년	범세계적 변혁을 위한 SDGs와 2030의제 • 교육2030인천선언, '우리의 비전은 발전의 주요 원동력으로서, 그리고 여타 SDGs달성에 있어 중요한 교육의 역할을 인식하면서, 교육을 통해 삶을 변혁한 것이다'
2016년	지속가능한 도시 및 지역사회:'유엔 주택 및 지속가능한 도시개발회의'에서 채택한 신규 도시의제(해비타트Ⅲ)
2017년	유엔총회결정문 • '양질의 교육에 대한 SDGs의 필수요소이자, 다른 모든 SDGs의 핵심 추동력'으로서 ESD의 역할이 분명하게 인정
2019년	제40차 유네스코 총회 • 2019년 이후 지속가능발전교육2030(2020-2030)이행 체계 채택

출처: 유네스코한국위원회(2021: 65-66) 재구성.

지속가능발전을 이끌어 갈 주체로서 청소년의 역량증진을 위한 다양한 환경교육 및 청소년 활성화 방안 논의에서 유네스코SDGs 핵심 역량 8가지는 다음과 같다.

① 시스템 사고 역량(systems thinking competency)

관계를 인지하고 이해하며, 복잡한 시스템을 분석하고, 시스템들이 다양한 영역 및 척도 내에 포함된 방식에 대해 생각하며, 불확실성을 다룰 수 있는 능력

② 미래설계 역량(anticipatory competency)

가능한, 예상되는 바람직한 미래, 다양한 미래들을 이해하고 평가하고, 미래를 위해

자신의 비전을 창조하며, 예방적 원칙을 적용하고, 행동의 결과를 평가하며, 위험 및 변화들을 다루는 능력

③ 규범적 역량(normative competency)

자신의 행동의 기저에 있는 규범과 가치에 대해 이해하고 성찰하며, 이해 및 상호절충, 불확실한 지식 및 모순들의 갈등 속에서 지속 가능성 가치, 목표 및 목적들을 협상하는 능력

④ 전략적 역량(strategic competency)

지역 수준 및 더 넓은 수준에서 지속 가능성을 향상시키는 혁신적인 행위들을 집단적으로 개발하고 실행하는 능력

⑤ 협력 역량(collaboration competency)

다른 사람들에게 배우고, 다른 사람들의 요구, 관점 및 행위들을 이해하고 존중하며(공감), 다른 사람들을 이해하고 관계를 맺으며 민감하게 반응하고(공감적 리더십), 집단 내에서 갈등을 처리하며, 협력 및 참여적 문제해결을 촉진시키는 능력

⑥ 비판적 사고 역량(critical thinking competency)

규범, 관행 및 의견들을 의심하고, 자신의 가치, 인식 및 행동들을 지속적으로 평가 및 동기부여를 하며, 자신의 감정과 욕망들을 다루는 능력

⑦ 자아인식 역량(self-awareness competency)

지역사회 및 (세계)사회에서 자신의 역할에 대해 성찰하고, 자신의 행동을 지속적으로 평가 및 동기부여를 하며, 자신의 감정과 욕망들을 다루는 능력

⑧ 통합적 문제 해결 역량(integrated problem-solving competency)

복잡한 지속 가능성 문제들에 대해 다양한 문제 해결의 틀을 적용하고 위에 언급된 역량들을 통합하여 지속 가능한 발전을 촉진시키는, 실행 가능하고 포용적이며 평등한 해결책들을 개발하는 매우 중요한 능력(황세영, 2017)

3 청소년과 2030지속가능발전 의제

우리나라 지속가능발전기본계획에서 청소년과 관련된 세부 이행과제가 2차에서는 4개, 3차에서는 13개로 대폭 증가하여, 다양한 정책 전반에서 청소년과 관련된 정책이 추진되고 있다. 특히 다문화 가족지원, 장애청소년, 다문화가족 및 탈북청소년의 동등한 교육기회 제공 등 사회적 형평성을 고려한 정책이 다수 포함되어 있으며 청년 일자리 확대 등 사회적으로 이슈가 되는 정책 현안을 반영하고 있다(황세영 외, 2016). 또한 6차 청소년기본계획에서는 현재를 즐기는 청소년, 미래를 여는 청소년, 청소년을 존중하는 사회 비전으로 4가지의 정책 목표와 12개의 중점 과제, 144개의 세부과제로 구성되어 있다(조영철, 이상원, 2020).

세계청소년 보고서에 의하면 2030 의제는 전 세계인구의 16%를 차지하는 전 세계 12억 명의 청소년과 지속가능발전목표 달성 및 목표 기한인 2030년까지 세계에서 살아갈 13억 명의 청소년 모두에게 명확하게 적용되어야 된다고 명시되어 있다(United Nations, 2017c). 청소년은 지속가능발전목표의 단순한 수혜대상이 아니라 의제 발굴에 적극적으로 이바지하고, 세부목표 및 사회, 경제, 환경적 지속가능발전 맥락에서 청소년 개발 목표를 증진할 기회를 제공해야 된다.

유네스코의 지속가능발전교육의 영역과 범교과 학습의 많은 영역이 일치하고 있다. 학교교육 과정은 시대상을 반영해 조금씩 변화하고 있다. 그렇다고 교과과정이 수시로 바뀌면 혼란을 줄 수 있기 때문에 하나의 교과로 개설하기 힘든 주제를 범교과 학습이라는 이름으로 교과과정에 반영되고 있다. 예를 들면, 민주시민교육, 안전교육을 들 수 있다. 사회적으로 '민주시민교육'을 해야 한다는 요구가 학교현장의 하나의 교과목으로 투입되는 것이 아니라 공부해야 하는 주제로서 반영이 되고 이것이 범교과 학습 주제(cross-curricular learning themes)가 되는 것이다.

한편 범교과 학습과정과 지속가능발전교육의 영역과 비교해 보면 많은 부분이 일치함을 볼 수 있다. 범교과 학습이 지속가능발전교육에 중요한 역할을 하고 있음을 확인할 수 있다.

〈표 13-3〉 지속가능발전교육의 영역과 범교과 영역 비교

	사회, 문화적 측면	환경적 측면	경제적 측면
지속가능발전교육 핵심내용	• 인권, 평화, 안보 • 양성평등 • 문화적 다양성 • 건강과 에이즈 • 거버넌스	• 자연환경 • 기후변화 • 지속가능한 도시화 • 재해 예방 및 완화	• 빈곤퇴치 • 기업의 책임 책무 • 시장 경제
범교과학습	• 안전건강 • 인성교육 • 인권교육 • 다문화교육	• 환경 · 지속가능발전교육	• 경제 · 금융교육
그 밖의 범교과 주제	• 진로교육 • 민주시민교육 • 통일교육 • 독도교육		

출처: 국가환경교육센터활성화포럼자료집(2020: 11).

지속가능발전 교육은 이제 모든 학교 학생들에게 범교과교육으로 진행되고 있다. 청소년들에게 지속가능발전교육과 활동은 매우 중요하며 전 지구적으로 생각하고 행동 할 수 있는 사고의 확장으로 지속가능성 관점으로 보면 다음과 같다.

① 지속가능발전의 관점에서 보면 각각의 문제들을 별개로 바라보는 접근법이 아닌, 시스템적으로 사고하는 접근법으로 지속가능성 문제들은 '전체'의 일부로서 서로 연관되어 있다.

② 전 지구적 맥락에서 지역문제를 이해하고 이에 대한 해결책이 전 지구적 차원의 결과를 낳을 수 있음을 인식한다.

③ 단순한 소비에서도 원거리의 자원 추출 및 제조에 있어 소비자 개개인의 결정이 어떤 영향을 미치고 특정 결과를 낳을 수 있음을 인지한다. 결정 또한 판단에 앞서 다양한 관점을 고려해야 한다.

④ 인류의 개개인이 국가, 종교 등 모든 관심사와 배경이 각기 다른 사람들이 상호 작용하며 살아가므로, 중요도에 있어 경제적 · 사회적 · 종교적 가치들은 서로 부딪치게 되어 있음을 인지한다.

⑤ 모든 인간은 보편적인 특징을 지니고 있는 존재로 이해한다.

⑥ 과학과 기술만으로 우리의 모든 문제를 해결할 수 없다는 사실을 이해한다.

⑦ 지역사회 및 정부의 정책결정 과정에 대중 참여의 역할을 강조한다. 특히 정책결정으로 인해 자신들의 삶에 영향을 받는 사람들은 반드시 그 정책결정과정에 참여해야 한다.

⑧ 정부의 정책결정과정에서 더 큰 투명성과 책무성이 필요하다.

⑨ 과학적 지식이 불완전하거나 결론에 도달하지 못하는 시점이라고 할지라도 심각하거나 돌이킬 수 없는 환경적 또는 사회적 피해가 발생하지 않도록 사전 예방을 이행한다.

지속가능발전교육은 미래가 아닌 지금의 청소년들에게 정책결정에 따른 참여권, 지속가능한 지구의 자원과 경제적인 활동에서 자신의 정당한 권리와 노동에 대한 대가를 받을 수 있도록 교육되어야 한다(황세영, 김남수, 2016).

4 지속가능발전 청소년 국내 사례

우리나라 교육이념으로서 홍익인간은 좁게 해석하면 인간중심에만 머물러 있는 것이다. 이러한 교육이념을 지구적 관점으로 넓게 해석하자면 지구생태계에 대한 책임, 책임 있는 소비, 사회구성으로 올바른 윤리관으로 명시되어야 한다. 생태계를 중시하고 환경을 보호하고 존중하는 지구생태시민으로 지속가능한 사회에 기여할 수 있는 인간상으로 추가될 수도 있을 것이다(김남수 외, 2020).

한편 지속가능발전목표 17가지로 구성된 목표 중 1번에서 15번까지는 인권 전통적 범주에 속하는 사회 · 경제 · 환경적 권리를 다루고 있으며 16번은 정치적 권리와 민주주의에 대한 권리를 다루고 있다. 17가지 목표를 구체적으로 살펴보면, 3번은 건강권, 4번은 교육권, 5번은 성 평등, 6번은 물에 대한 권리, 10범은 불평등의 문제를 다루고 있다. 또한 16번은 법치와 정의, 알권리, 비차별 등을 다루고 있는데, 이는 인권의 핵심가치이다. 다음으로 17번은 발전권, 국제연대, 민주적 국제질서, 인권지표 등과 관련된 도구로서 인권에 해당한다고 할 수 있다(노희정, 2020).

16번 목표와 지표에 따른 국제인권기준과 제도를 비교해 보면 다음과 같다.

〈표 13-4〉 SDGs 16번의 목표와 인권

주요목표	세부목표	핵심단어	국제인권기준 및 제도
16번 지속가능발전을 위해 평화롭고 포용적인 사회를 건설하고, 사법정의에 대한 접근성을 제공하며, 모든 차원에서 효과적이고 신뢰할 수 있는 포용적인 제도를 구축한다.	16.1 모든 형태의 폭력 및 관련 사망률 감축	폭력	시민정치적 국제규약 (ICCPR)
	16.2 아동에 대한 학대, 착취, 매매, 모든 폭력과 고문 종식	아동폭력	아동권리협약 (CRC)
	16.3 법치를 증진하고 정의에 대한 평등한 접근 보장	사법정의	시민정치적 국제규약 (ICCPR)
	16.4 2030까지 불법자금 감축, 모든 형태의 조직범죄방지	불법범죄	
	16.5 모든 형태의 부패 및 뇌물을 상당히 감축	부정부패	UN반부패협약 (UNCAC)
	16.6 효과적이고 책임 있으며 투명한 제도 개발	민주제도	시민정치적 국제규약 (ICCPR)
	16.7 포용적이고 참여적이며 대표성 있는 의사결정 보장	의사결정	시민정치적 국제규약 (ICCPR)
	16.8 개도국의 국제 거버넌스 기관 참여 확대 강화	거버넌스	UN발전권선언
	16.9 2030년까지 출생신고 포함 모두에게 법적 정체성 부여	아동인권	아동권리협약 (CRC)
	16.10 정보에 대한 대중의 접근을 보장하고 근본적 자유보장	알권리	열린정부 파트너 (OGP)
	16.b 지속가능발전을 위한 비차별적 법과 정책 증진 시행	비차별	UN인권최고대표사무소 (OHCHR)

출처: 노희정(2020: 143).

SDGs 대한 첫 번째 사례로, ○○시는 2021년 아동친화도시로 선정되었다. 아동친화도시 조성에 관한 조례 제4조(아동친화도시 조성의 원칙)에 따라 유니세프 아동친화도시 삼위단계 인증을 위한 10가지 구성요소 가운데 필수 이행사항인 '정기적인 아동현황조사(일반현황조사, 아동친화도조사, 시민의견수렴)와 '아동친화도시 조성 전략 수립'과 연계하여 지역사회 아동, 청소년, 주민, 시민사회단체와 함께하는 원탁 토론회를 마련했다.

참여대상은 ○○시에 거주하는 아동, 청소년, 주민, 시민사회단체 100명이었다. 코로나19을 감안하여 대면과 비대면으로 진행되었으며 초등학생(20명), 학교 밖 청소년을 포함한 청소년(24명), 그 외 주민, 시민사회단체, 청소년시설종사자 등이 참여하게 되었다. 지역아동센터, 학교, 청소년 참여기구를 통한 다양한 방법으로 공개 모집되었다. 토론 주제로는 '우리가 만드는 지속가능한 ○○시'로 선정되었고 아동, 청소년은 대면으로 그 외 시민사회단체, 주민 등은 온라인으로 참석했다.

토론은 사회 · 경제 · 환경 SDGs 영역으로 했으며 기술지원팀과 전체 토론을 지도하는 퍼실리테이터 한 명으로 진행되었다. 대면과 비대면이 이제 익숙한 상황으로 토론은 진지하게 이루어졌으며, 아동 · 청소년은 대면으로 서로를 지지하며 자신의 생각을 솔직하게 표현할 수 있는 공간과 시간에 감사하고 이러한 공간과 시간의 필요성을 강조하기도 했다. 다양한 정책 제안 중 노인정은 마을마다 있는데 아동 · 청소년의 휴식공간은 거리가 멀어 가기 힘든 문제가 있다고 마을마다 노인정처럼 아동 · 청소년의 놀이공간과 대화할 수 있는 공간이 있기를 기대한다고 했다.

두 번째 사례는, '알지하지' 프로젝트로 알고 보면 지속가능발전, 하고 보면 지속가능발전이라는 주제로 당진시와 당진교육지원청, 당진시지속가능발전협의회가 7개 학교 6개동아리 97명의 청소년이 참여해서 일상생활 속에서 청소년의 눈높이로 지속가능발전 실천 활동을 했다. 고대중학교는 '지구지고', 당진중학교 '그환성', 서야중학교 '루나', 신평중학교 '갯그렁', 동아리와 호서 · 원당중학교 연합동아리 '예그리나', 시내산고등학교, 원당, 송악 호서중 연합 '아름다움' 등 2019년 '알지하지' 프로젝트로 참여하게 되었다. 그린 환경 성장을 의미하는 그. 환. 성은 당진천 살리기를 주제로 당진천 브이로그 제작으로 당진천의 쓰레기 문제 등을 직접적으로 해결하기 위해 시민들의 관심과 자원봉사자 모집을 통한 해결책을 이끌어 냈다. 청소년의 일상 생활 속 실천을 통해 환경을 보호하는 당진중학교 당진을 발전시키는 이쁜이라는 뜻의 당발이 환경오염의 주범인 비닐플라스틱 등 일회용품을 대체할 수 있는 친환경 포장재를 만들고 당진 시가지를 흐르는 당진천 환경을 정화하는 활동을 진행했다. 당진을 사랑하는 청소년 송악고 청소년들이 모인 당사청은 청소년의 문화공간을 소개하고 다양한 여가시설, 프로그램을 알리는 진행을 하였으며, 지구를 구하고 지키는 지속가능한 삶을 위해 고대중학교의 지구지고동아리는 멸종위기 동물의 벳지와 포스터제작을 통해 기후변화의 심각성을 알리고 기후위기대응을 위해 다양한 신재생 에너지 중요성에 대해 배움의 시간을 가지며 학교에서 청소년들이 할 수 있는 대중교통 이용수단 및 학교에서 실천할 수 있는 효율적인 냉난방 실천을 알리는 등의 활동을 전개했다. 청소년이 바꾸는 청바지는 기지초등학교와 계성초등학교 청소년들이 모여 심각한 사회문제로 대두되는 청소년 자살 예방을 위한 포스터 제작 등 청소년의 꿈 찾기 프로젝트를 진행했으며, 마지막으로 원당중학교와 호서중학교 청소년이 실시한 동아리는 펜데믹시대에 전개된 온라인 수업의 문제점을 찾고 설문을 통해 온라인 수업의 문제점 개선을 위한 활동을 전개했다. 알지하지 프로그램 활동에 참여한 청소년들은 '지구에서 지속가능한 삶을 누리기 위해 기후변화 문제를 해결해야 된다는 생각을 전했으며, 또한 청소년 스스로가 사회의 책임의식을 가지고 자신의 목소리를 내야 된다는 의식을 가지게 되었다'고 한다.

다음은 2021년 유네스코 공식인증프로그램으로 학교 텃밭을 이용한 생태교육, 세계시민아카데미, 지속가능발전청소년포럼, 윤리적 소비 실천, 청소년의 꿈 찾기 프로젝트 등 다양한 사회 이슈 문제와 책임 있는 소비와 생산에 대한 경제, 회복 가능한 지구를 위한 환경리더 교육 등 SDGs 영역의 청소년 인증 프로그램이 나왔다.

〈표 13-5〉 2021년 유네스코청소년교육 인증 프로그램

공식프로젝트	주제	수행기관
학교텃밭활용 생태교육프로그램 (School Garden ESD Program)	환경	울산광역시교육청
세계시민교육아카데미	사회	경인교육대학교
세, 나, 필 (세상은"나"를 필요로 한다)	사회	미래교육 플랫폼-이음공동체
마을이 키우는 아이들	사회	산이골마을학교
지속가능발전청소년포럼YESDO	사회	원주시지속가능발전협의회
시화호환경학교	환경	풀뿌리환경센터
차세대 환경교육리더양성프로그램	환경	환경보존협회, 전국지속가능발전협의회
목화프로젝트	환경	동영유치원
대학생의 착한 소비 윤리적 소비실천교육	경제	가톨릭대학교 소비자주거학과
통영청소년 꿈 찾기 '브릿지 투더 월드 (Bridge to the World)'	사회	(재)통영지속가능발전교육재단

출처: 유네스코한국위원회(2021).

5 지속가능한 청소년활동을 위한 제언

2015년 9월 국제연합(UN)에서는 지속가능발전목표(SDGs)를 핵심으로 하는 2030의제를 채택하였다. 새천년개발목표(MDGs)와는 달리 SDGs는 선진국과 개도국이 공동으로 추진해야 할 목표를 제시하고 있는 것이 특징적이다. 이는 국제 연합이 당면한 기후문제와 같은 도전과제를 극복하고 현세대의 풍부함을 미래세대에게 돌려주기 위

한 의지를 공식적으로 표명한 것이라고 할 수 있다. UN주도로 2030 지속가능발전의제를 채택함에 따라 우리나라에서도 현 상황과 여건에 맞는 K-SDGs수립을 위해 세부목표 및 지표가 수립되었다. 이러한 노력으로 선진국에서는 학교를 중심으로 지역사회, 학부모, 일상적인 삶 속에서 다양하게 지속가능발전을 실천할 수 있는 교육이 이루어지고 있다.

한편 우리나라에서도 유네스코한국위원회, 한국과학창의재단, 전국 지속가능발전협의회, 환경부를 중심으로 녹색성장교육, 환경교육, SDGs를 학교와 시민사회단체 및 사회전반에 걸쳐 실시되어 왔지만 아직까지도 지속가능발전에 대한 인식이 부족한 실정이다. 이러한 문제를 해결하기 위한 대안교육이 강조되고 있으며 특히 미래사회의 주역인 청소년들의 인식을 함양하는 데 매우 중요하다. SDGs는 사회, 경제, 환경 측면의 상호 관계 속에서 사회적인 이슈와 핵심 개념을 이해하고 이를 해결할 수 있는 역량을 길러 세계시민으로 성장하여 자신의 삶과 관련되는 문제들을 탐구하고 이를 실천할 수 있는 역량을 향상시키는 데 중요한 수단이 될 것이다.

청소년들에게 SDGs교육과 실천을 위한 몇 가지 제언을 하고자 한다.

첫째, 청소년기관에서부터 SDGs교육이 먼저 이루어져야 한다. 그러기 위해서는 청소년지도사교육과정에 SDGs교육과 청소년지도사 연수프로그램에서도 반드시 필요다고 생각한다.

둘째, 청소년들에게 보다 효과적이고 효율적인 SDGs교육모델이 필요하다. 현장에서 동아리활동에 적용할 수 있는 교육모델을 통해 놀이를 통한 학습으로 이론과 실천을 동시에 할 수 있는 교육모델 개발이 시급하다.

셋째, 청소년활동 전반에 걸쳐 활동의 목표를 SDGs활동으로 규정하는 것이 필요하다. 예를 들어, 하천을 살리는 환경동아리의 경우 우리가 실천하고 활동하는 것은 SDGs 14번 해양생태계보존이며 이는 지역과 지구시민으로 해야 할 일임을 강조하고 청소년 스스로 지구시민으로 성찰할 수 있는 기회를 제공하는 것이다.

참고문헌

강동구청(2020). 청소년 · 청소년 · 구민 100인 온라인 원탁토론회 내부자료.

강병관(2019). 청소년활동 안전인식에 대한 이해관계자 간의 상호지향성 연구. 명지대학교 대학원 박사학위논문.

강세현, 김재원, 문현주, 문황진, 손혜신, 신용식, 이시연, 임희선, 정수연(2017). **청소년활동론**. 경기: 양성원.

강영배(2018). 청소년 어울림마당의 사회적 효과에 관한 고찰. **청소년행동연구, 23**, 71-89.

강인수(2016). 머리에 피도 안 마른 '요즘것들'이 말하는 청소년 인권: 청소년인권행동 아수나로. **비정규노동(월간), 119**, 94-100.

경기도교육연구원(2020). 코로나19 시대, 정신건강 안녕한가!. **이슈&진단**, 1-25.

경기도교육연구원(2020). 코로나19와 교육: 학교구성원의 생활과 인식을 중심으로. **경기도교육연구원이슈페이퍼**, 2020-08.

경기도교육청(2014). 단 한명도 포기하지 않는 교육. 경기도교육청 인수위백서.

교육과학기술부(2010). 창의적 체험활동 종합지원시스템 운영 기본계획.

교육부(2015). 2015 개정 교육과정 창의적 체험활동 해설 고등학교.

교육부(2015). 창의적 체험활동 해설 고등학교.

교육부(2016). 인성교육진흥법 시행 계획.

구승신, 나상운, 나직균, 임정문, 유정욱, 김태식(2016). **자원봉사론**. 경기: 정민사.

구태익(2003). **한국의 청소년활동과 청소년시설의 변천**. 서울: 한국청소년시설환경학회.

구효진, 최진선(2006). 아르바이트경험이 청소년들의 경제인식과 근로의식에 미치는 영향. **청소년학연구, 13**(4), 39-71.

국가인권위원회(2020). 2020 아동인권 보고대회. 국가인권위원회 보고대회 자료집.

국가청소년위원회(2007). 2007 청소년백서.

권봉안(2000). **안전교육**. 서울: 금광.

권일남(2016). 청소년정책의 지속적 성과를 이룰 청소년단체의 새로운 출구전략. **한국청소년활동연구, 2**(1), 43-73.

권일남, 김태균(2009). 청소년의 역량개발을 위한 청소년활동영역구성에 관한 연구. **미래청소년학회지, 6**(3), 67-89.

권일남, 김태균, 최진이, 이상경(2012). **청소년활동론**. 서울: 학지사.

권일남, 오해섭, 이교봉(2016). **청소년활동론**. 경기: 공동체.

권일남, 정철상, 김진호(2006). **청소년활동지도론**. 서울: 학지사.

권준근(2011). **청소년수련관에서의 동아리활동 실태 및 활성화 방안**. 전문가워크숍자료집 11-S05. 세종: 한국청소년정책연구원.

김경희(2018). 청소년자기도전포상제활동이 저소득층 청소년의 학교생활적응에 미치는 영향. 중앙대학교 석사학위논문.

김광래(2019). 청소년지도사의 슈퍼비전 실태 및 요구수준에 관한 연구. 명지대학교 대학원 박사학위논문.

김기섭(2020). **사회적 경제란 무엇인가?**. 경기도: 들녘.

김기헌(2006). 청소년 경제 참여의 문제점과 활성화 방안. **미래청소년학회지, 3**(1), 87-106.

김남수, 주형선, 곽영순, 박윤경, 박형빈, 서우석, 전푸름, 이선경(2020). 국가 교육과정 내 환경교육 반영 수준 분석. **한국환경교육학회 학술대회 자료집**, 15-17.

김남수, 주형선, 이선경(2020). 환경・지속가능발전교육의 관점에서 본 2015 개정 교육과정 총론 진단 및 자기 교육과정 개선안 제안. **환경교육, 33**(4), 425-442.

김명은, 최규리(2020). 모금 플랫폼으로서의 유튜브 가능성 분석: 청소년 기부문화에 미치는 영향을 중심으로. 초록우산 어린이재단.

김명진(2007). 학교교육을 통한 인성교육의 방법 연구. **윤리교육연구, 13**, 291-312.

김문수, 지영섭(2021). 청소년안전사고 판례를 통해 본 청소년지도자의 법적 책임. **한국청소년 연구, 32**(2), 61-89.

김병진(2018). 청소년의 자원봉사활동 경험이 장애인 인식에 미치는 영향. 조선대학교 석사학위논문.

김보경(2015). 청소년의 기부행위에 영향을 미치는 요인에 관한 연구. 대구가톨릭대학교 석사학위논문.

김보현(2011). 청소년의 봉사활동 태도에 영향을 미치는 요인. 창원대학교 석사학위논문.

김선화(2001). 수퍼비전의 개선방안에 관한 연구. 서울여자대학교 석사학위 청구논문.

김성기(2007). 개인기부자의 기부행위에 관한 실태분석. 경원대학교 석사학위논문.

김성수(2001). **신인사관리론**. 서울: 법경사.

김성춘(2001). 초등 사회과에서 지역사회 현장체험학습의 효과. 한국교원대학교 석사학위논문.

김수진(2012). 재능기부를 통한 문화예술 창작 및 향유 활성화 방안 연구. 홍익대학교 석사학위논문.

김숙정(2011). 주5일수업제 전면도입과 향후 과제. **교육정책포럼, 217**, 4-6.

김영인(2007). 청소년의 대한민국청소년의회 참여경험과 시민성 변화. **청소년학연구, 14**(6), 99-127.

김영한(2016). 사회적 기업을 활용한 취약계층 청소년자립지원연구. 한국청소년정책연구원 연구보고서, 1-226.

김영희, 이재광, 홍희동(2015). 청소년의 해양체험 활동이 해양의식과 역량강화에 미치는 효과 연구: 국립영덕청소년해양환경체험센터의 활동을 중심으로. **청소년학연구, 22**(12), 389-411.

김용신(2003). **경험과 구성 사회과 현장학습론**. 서울: 문음사.

김유진(2019.07.05.). [밀레니얼이 쓰는 X세대 리포트] 길거리 패션, 압구정 신화, 삐삐, 서태지…그 X는 사실 대단했다. 경향신문.

김윤나, 박옥식(2009). 청소년활동의 효과에 관한 비교분석: 자아존중감, 직업성숙도, 학업성취, 생활만족도, 스트레스, 비행과의 관계를 중심으로. **청소년복지연구, 11**(1), 79-99.

김윤나, 정건희, 진은설, 오세비(2015). **청소년활동론**. 서울: 신정.

김융일(1988). 교육적 수퍼비전 모형의 기본구조에 관한 연구. 서울대학교 대학원 박사학위논문.

김은서(2019). 청소년이 인식한 사회적 경제 수준과 사회적 위축, 그리고 정신건강의 관계. 중앙대학교 대학원 석사학위논문.

김재원, 유규창(2016). 직무분석을 활용한 직무중심 인사관리와 고령화가 기업성과에 미치는 영향. **노동정책연구, 16**(2), 65-92.

김재철, 문종길(2014). 마음챙김, 학업탄력성, 귀인성향과 학습된 무기력의 관계. **교육연구, 22**, 31-56.

김정명(1991). 청소년활동 동기부여 방안. 한국청소년정책연구원 연구보고서.

김정주(1999). 청소년참여. 한국청소년학회 편. **청소년학총론**. 477-512. 서울: 양서원.

김정주(2000). 청소년육성을 위한 지역사회의 역할강화와 참여확대. **한국청소년학회학술발표논문집, 2000**, 83-100.

김정주, 김용태, 성기원(2003). 지역사회에서 청소년 동아리활동 실태와 지원 방안 연구. 한국청소년개발원연구보고서.

김정희, 이장호(1992). **집단상담의 원리와 실제**. 서울: 법문사.

김주희, 곽성현(2015). 청소년의 국제교류활동 참여효과에 대한 인식 연구. **한국과학예술포럼, 19**, 231-242.

김준성, 임용석(2015). 어디가야에서 나를 찾다: 대학생 해외봉사활동에 대한 지향점 탐색. **여가학연구, 13**(2), 69-88.

김준호(2013). 연구논문(研究論文): 결과의 예견가능성으로서의 과실. **법조, 62**(11), 208-251.

김지연(2000). 청소년기 동아리 활동에 따른 정의적 행동특성 연구. 숙명여자대학교 석사학위논문.

김지연(2014). 초등영재의 도덕판단능력과 나눔행동에 대한 의식 연구. 고려대학교 교육대학원 석사학위논문.

김지윤(2019). 초기 청소년의 국제교류 경험 이해. 서울대학교 석사학위논문.

김지은, 김광웅(2003). 놀이치료자가 평가한 가장 만족스러웠던 수퍼비전 경험과 가장 만족스럽지 못했던 수피비전 경험 비교. **놀이치료연구, 6**(2), 14-25.

김진호(2006). Positive Youth Development의 의미와 정책적 시사점. **미래청소년학회지, 3**(2), 71-88.

김진호, 권일남, 이광호, 최창욱(2019). **청소년활동론**. 서울: 한국방송통신대학교출판부.

김진화(2000). 청소년지도사의 전문성과 자격검정제도에 관한 연구. 명지대학교 대학원 박사학위논문.

김진화(2005). **사회교육 프로그램개발의 이론과 실제**. 경기: 교육과학사.

김찬국(2017). 우리나라 지속가능발전교육 연구 동향과 연구 방향. **환경교육, 30**(4), 353-977.

김창현(2017). 청소년 수련활동의 만족도에 관한 연구. **한국체육과학회지, 25**(3), 123-147.

김창현(2019). **생활안전교육법 및 지도법**. 서울: 동문사.

김창현, 이상진(2020). 청소년 수련활동의 인성관련요인 분석을 통한 수련활동 내실화 방안. **사회과학연구, 37**(2), 71-99.

김태경(2006). 지속가능발전을 위한 교육(ESD)과 지속가능성을 위한 (경제)교육. **환경교육, 19**(3), 67-79.

김태균(2019). 청소년의 학교생활적응이 진로정체감에 미치는 영향: 체험활동 만족도의 조절효과 검증. **미래청소년학회지, 16**(4), 47-63.

김태수(2002). **직무분석**. 서울: 북스힐.

김태형(2020). 청소년의 관계적 특성과 청소년활동 참여가 주관적 안녕감에 미치는 영향: 자아탄력성의 매개효과를 중심으로. **청소년문화포럼**, 62, 81-119.

김현철, 최창욱, 민경석(2010). **초중고 창의적 체험활동과 청소년활동정책의 연계방안 연구**. 연구보고 10-R08. 서울: 한국청소년정책연구원.

김형수(2021). 코로나19로 인한 온라인 개학을 통해서 본 디지털 리터러시의 재개념화 필요성과 방향. **리터러시 연구, 12**(1), 249-282.

김형주 외(2003). 청소년 참여와 권익증진 제도화 방안 조사 · 연구. 문화관광부, 한국청소년단체협의회.

김형주, 권재기(2014). **남북한 청소년 교류 및 상호이해에 대한 연구(1): 총괄보고서**(연구보고 14-R06). 세종: 한국청소년정책연구원.

김형주, 김정주, 김인규(2015). 청소년수련시설 역할 재정립 및 정체성 확립 방안 연구. 한국청소년정책연구원 연구보고서.

김형주, 김진호, 김혁진(2012). **청소년수련활동 인증제 개선 연구: 우수 인증기관 지정제 도입을 중심으로**. 서울: 한국청소년정책연구원.

김혜원, 이명선(2002). 안전의식 측정 척도 개발 연구: 서울시 일부 중학생을 중심으로. **보건교육 · 건강증진학회지, 19**(1), 87-100.

김희성(2002). 빈곤가정 청소년의 자립준비에 관한 연구: 임파워먼트의 매개효과를 중심으로. 이화여자대학교 박사학위논문.

나종연(2004). 경험학습을 통한 소비자교육: 소비자전문가로서의 사회적 가치와 능력 개발을 중심으로.

가정관리학회지, 22(2), 59-67.

남궁달화(1999). 인성교육론. 서울: 문음사.

남화성(2017). 청소년 임파워먼트 인식 척도 개발 연구. 경기대학교 대학원 박사학위논문.

노성덕(2014). 학교 또래상담. 서울: 학지사.

노희정(2020). 지속가능발전목표 연계 인권교육방안. 윤리교육연구, 58, 137-158.

대구광역시교육청(2018). 2017 대구행복역량교육과정 총론.

대학내일20대연구소(2019). 밀레니얼-Z세대 트렌드 2020: 국내 유일의 20대 전문 연구소의 요즘 세대본격 관찰기. 서울: 위즈덤하우스.

류명구(2013). 청소년문화존 참여만족도가 청소년의 사회성발달에 미치는 영향에 대한 자기조절 능력의 매개효과. 대구한의대학교 석사학위논문.

류성렬(2011). 역량의 개념정립과 역량개발로서의 청소년활동. 미래청소년학회지 춘계학술대회 자료집.

류성창, 조대연(2017). 4차 산업혁명 시대의 미래인재 핵심 역량 조사 · 분석. 고려대학교 HRD 정책중점연구소.

류재석(2006). 멘토링원리와 현장적용방법. 경기: 한국학술정보.

마상욱(2018). 청소년 프로그램 개발 및 평가. 경기: 공동체.

맹영임, 길은배, 전명기(2010). 청소년시설 지도인력의 역량 강화 및 복지 개선 방안 연구. 서울: 한국청소년정책연구원.

문성호, 박지원, 한지연, 정한별(2021). 포스트 코로나 시대를 대비한 청소년활동 정책의 혁신전략 및 중점과제. 청소년학연구, 28(5). 327-356.

문성호, 윤동엽, 박승곤, 정지윤(2016). 청소년활동 영역의 재정립에 관한 연구. 미래청소년학회지, 13(2), 1-23.

문지영, 김은진, 김성원(2017). 대학생의 과학 정보에 대한 신뢰도 판단 특성. 학습자중심교과 교육연구, 17(1), 143-165.

박가나(2008). 청소년 참여활동이 공동체의식에 미치는 효과, 서울대학교 박사학위논문.

박경미, 박한솔, 최연정(2020). 청소년활동의 효과에 대한 유형화 분석. 한국청소년활동연구, 6(4), 95-121.

박도춘(2017). 국 · 공립 청소년수련시설 관리 · 운영에 관한 법적 연구. 동아대학교대학원 박사학위청구논문.

박병문(2005). 제7차 도덕과의 인격 교육론적 분석 및 개선방안 연구: 중학교 도덕교과서 중심으로. 부산대학교 석사학위논문.

박분희, 김누리(2010). 아동용 학업탄력성 척도 개발 및 타당화. 아동교육, 19(4), 19-32.

박선영, 장미, 김주희, 진영선(2015). 청소년활동론. 경기: 정민사.

박수일(2019). 청소년 수련시설 운영자의 변혁적 리더십이 조직효과성에 미치는 영향에 관한 연구: 리더 신뢰의 매개효과를 중심으로. 한양대학교 대학원 박사학위청구논문.

박주희(2016). 학교협동조합을 통한 청소년소비자의 사회적경제에 대한 연구 한국과 영국의 사례를 중심으로. **소비자정책교육연구**, 12(1), 203-228.

박주희, 주수원(2015). **만들자 학교협동조합**. 서울: 마음에드림.

박지연(2018). 청소년기 문화활동이 정서함양에 미치는 영향 연구: 팬덤활동으로 인한 청소년의 자아존중감 변화와 우울감 수준이 미치는 효과를 중심으로. 경희대학교 석사학위논문.

박지현(2012). 창의적 체험활동과 청소년수련시설의 연계 · 활성화 방안 연구. 성균관대학교 석사학위논문.

배규환, 김민, 김영인, 김진호, 김호영 외(2007). **청소년학개론**. 경기: 교육과학사.

배사학(2001). 퇴직노인 자원봉사활동의 실태와 활용 방안에 관한 연구: 조달청 퇴직자를 중심으로. 연세대학교 석사학위논문.

배상률, 이정님(2019). **남북한 청소년 교류협력을 위한 중장기 전략연구**(연구보고19-R08). 세종: 한국청소년정책연구원.

배정수, 노자은, 이혜경(2021). **청소년육성제도론**. 서울: 학지사.

백인엽(2011). 자원봉사활동 실태와 활성화 방안: 구미시를 중심으로. 경북대학교 석사학위논문.

봉미란(2018). 협동조합의 기업가정신, 조직문화가 성과에 미치는 영향에 관한 분석. 숙명여자대학교 대학원 박사학위논문.

삼성경제연구소(1998). **IMF충격, 그 이후: 변화의 시대를 살아가는 18가지 삶의 지혜**. 서울: 삼성경제연구소.

서상원(2009). **인적자원관리**. 서울: 이담북스.

서울특별시교육청(2019). 2019학년도 학생 봉사활동 활성화 운영 계획.

서정아, 조아미(2019). **2019 청소년방과후아카데미 효과 · 만족도 연구**. 서울: 여성가족부.

서희정(2018). 청소년지도사의 활동역량모델 개발 및 타당화 연구. **청소년문화포럼**, 54, 125-153.

서희정, 구경희, 이은진(2016). 청소년지도사의 활동역량 탐색. **청소년문화포럼**, 48, 29-60.

성경주, 이경아, 김재철(2017). 청소년의 체험활동과 다문화수용성 간의 관계에서 자아탄력성과 교우관계의 매개효과. **청소년상담연구**, 25(1), 51-72.

손상희(2019). 4차 산업혁명 대비 디자인 미래인재 핵심역량 탐색 연구. **한국디자인문화학회**, 25(2), 305-315.

손진희, 이해경(2019). 청소년지도자의 역량에 관한 연구. **한국청소년활동연구**, 5(10), 151-172.

송병국(2007). 청소년 프로그램 개발 및 평가. 한국청소년정책연구원 편. **청소년학개론**. 서울: 교육과학사.

신성철, 정희정, 이지복, 조민식, 김정일, 김동주, 이동성, 김윤배(2020). **청소년활동론**. 경기: 정민사.

신소영, 노은미(2013). 글로벌 역량 측정도구 개발 및 양호도 검증. **영어교육연구, 18**(2), 339-359.

신수경, 최낙천(2017). 유아교육학 전공연계를 통한 고등학생의 자원봉사활동이 청소년 활동역량 및 진로성숙도에 미치는 효과: 유아교육과 진학을 희망하는 고등학생을 중심으로. **학습자중심교과교육연구, 17**(20), 178-207.

신영수(2002). 직무분석의 이론과 실제. 제일제당 인사팀.

신은경, 윤경, 김진강(2016). 동아리활동에 따른 진로결정 자기효능감이 진로성숙도에 미치는 영향. **Tourism Research, 41**(1), 133-154.

신재은, 안정선, 박미경, 서창현(2013). **사회복지사의 경력개발 방안 연구**. 경기: 경기복지재단.

신태웅, 권일남, 김태균(2019). 청소년지도자의 안전행동에 미치는 영향요인의 관계분석 - 안전의식, 안전교육, 직무스트레스 요인을 중심으로. **청소년시설환경, 17**(4), 133-144.

신택현, 박상인(1995). 직무분석(Job Analysis)의 현황과 과제. 대한산업공학회 95년도 추계학술대회 자료집, 222-225.

신현경, 이은영(2017). 마을공동체 기반의 문화예술교육 사례 연구: '살림꾼, 마을의 예술꾼되기' 프로젝트를 중심으로. **문화예술교육연구, 12**(2), 35-60.

안명선(2020). 사회적 경제에 관한 일연구. **청소년행동연구**, 25, 1-15.

안선영, 이성희, 소금현(2020). 미세먼지 환경교육프로그램이 초등학생의 미세먼지에 대한 지식・인식과 태도에 미치는 영향. **환경교육, 33**(1), 76-89.

안정선(2005). 사회복지관 사회복지사의 직무분석에 관한 연구. **사회복지연구, 28**(3), 243-274.

안정선(2007). 사회복지 수퍼비전 표준 체계 개발에 관한 연구: 사회복지관 직원 수퍼비전을 중심으로. 서울여자대학교 대학원 박사학위논문.

안정선, 최원희(2016). **사회복지 슈퍼비전의 이론과 실제**(제2판). 서울: 신정.

양계민(2016). **2016 청소년방과후아카데미 효과도 및 만족도 조사연구**. 서울: 여성가족부.

양미진, 서미, 주지선, 김혜영, 전환희, 성벼리(2013). **학교폭력 예방을 위한 또래상담 심화 프로그램 개발 연구**. 서울: 한국청소년상담복지개발원.

양미진, 신효정, 송미란(2008). **군 솔리언또래상담 훈련 프로그램 개발**. 서울: 한국청소년상담원.

양승실(2012). 창의적 체험활동을 통한 인성교육 활성화 방안. 한국교육개발원 현안보고 OR 2012-05-5.

엄인영(2021). 평화를 위한 분단 전 공간 회복과 청소년교류 공간의 구축 가능성 탐구: 남북 국어 교과서 공통 제재 〈관동별곡〉을 중심으로. **통일인문학, 85**, 117-158.

여성가족부(2019). 2019 청소년백서.

여성가족부(2020). 2020년 청소년방과후아카데미 업무메뉴얼.

여성가족부(2020). 코로나 우울, 청소년사이버상담센터와 상의하세요!.

여성가족부(2020a). 2020 청소년백서.

여성가족부(2020b). 2020년도 청소년수련시설 관리운영 지침.

여성가족부(2021a). 2021년 청소년사업안내(Ⅰ)

여성가족부(2021b). 2021년 청소년사업안내(Ⅱ)

여성가족부, 한국청소년정책연구원(2020). **청소년백서.** 서울: 여성가족부.

오승근, 김미옥, 강선미, 조안나, 이응택(2021). 지속가능발전 도시를 위한 청소년 기후 감수성향상 프로그램 개발. **도시연구,** 19, 269-308.

오해섭(2008). 지역사회 중심 청소년활동의 중요성과 청소년 역량강화 방안. **농촌지도와 개발,** 15(3), 417-432.

오해섭(2008). **청소년 글로벌역량지표 개발 및 활용방안 연구.** 서울: 한국청소년정책연구원.

원종문(2003). **현장체험학습을 통한 문제해결력 신장 방안.** 경기: 경기도교육정보연구원.

유네스코한국위원회(2021). 지속가능발전교육(ESD)로드맵. 서울: 유네스코한국위원회.

유네스코한국위원회, 한국청소년활동진흥원(2019). UN세계청소년보고서.

유은숙, 김창현(2021). 다문화청소년의 안전한 청소년 활동을 위한 다문화가정 학부모의 안전의식 분석. **학습자중심교과교육연구,** 21(5), 235-245.

유조안(1999). 사회복지 실습 교육의 문제점과 개선 방안. 한국사회복지교육협의회 학술 세미나 자료집.

유진이(2021). **청소년 프로그램 개발과 평가.** 경기: 양서원.

유희정(2016). 지속가능발전교육(ESD)의 관점에서 본 호주의 EYLF 교육내용과 실제. **국제이해교육연구,** 11(1), 97-124.

윤명희, 김진화(2008). 청소년의 생활역량 진단척도 개발과 프로그램 설계를 통한 효과분석. **한국청소년연구,** 19(2), 173-197.

윤자은(2018). 영국의 Youth Worker와 청소년활동 전공과정. **글로벌청소년학연구,** 8(2), 77-95.

이경상, 박현수(2018). 학교부적응이 우울을 매개로 청소년비행에 미치는 영향: 봉사활동 시간의 조절된 매개효과. **청소년시설환경,** 16(2), 79-91.

이경재(2014), 조직의 안전풍토에 대한 종업원의 인식과 개인의 안전의식이 직무만족 · 조직몰입에 미치는 영향 연구. 순천향대학교 대학원 박사학위논문.

이경혜, 김혜인(2018). 청소년 봉사활동 참여가 사회공동체성, 학교생활적응, 다문화수용도에 미치는 영향 연구. **청소년학연구,** 25(9), 179-202.

이경호, 안선회(2014). 역량기반 교육 활성화를 위한 교육적 과제 탐색. **한국교육학연구,** 20(1), 141-173.

이고은, 손원준(2019). 청소년 기부인식 제고를 위한 크라우드 펀딩 활용 사례연구. **한국디지털콘텐츠학회 논문지,** 20(3), 577-586.

이광호(2000). **새로운 청소년육성제도 및 정책론.** 서울: 창지사.

이교봉(2009). 청소년의 역량개발을 위한 청소년활동 프로그램의 발전방안에 관한 연구. **청소년문화포럼, 20**, 172-212.

이동훈, 문호성, 박성현(2015). 학생자치법정 참여 경험의 교육적 효과에 관한 사례 연구: 중학생의 적법절차의 권리 인식. **법교육연구, 10**(2), 55-77.

이명선, 이송이, 김선혜(2013). 화재안전교육이 고등학생의 안전행동에 미치는 영향-계획된 행동이론을 적용하여. **한국위기관리논집, 9**(11), 329-344.

이명준, 진의남, 서민철, 김정우, 이주연, 김병준, 박혜정(2011). 교과교육과 창의적 체험활동을 통한 인성교육 활성화 방안. 한국교육과정평가원 연구보고 RRC 2011-7-1.

이민희, 윤철경, 이상오, 황상민, 이선재(2004). **청소년교류론**. 서울: 한국청소년개발원

이상은(2015). 자유학기제로 인한 교육과정 변화 동향과 쟁점 분석. **교육발전연구, 31**(1), 53-77.

이상철, 홍환, 박언하(2010). 정기적 기부 및 자원봉사 제고 방안 연구: 나눔경험의 효과성 검증. **한국사회복지행정학, 12**(1), 117-149.

이선경(2014). 지속가능발전교육의10년의 성과와 과제. **한국환경교육학회 학술대회 자료집**, 3-12.

이소현(2019). Gilbert와 Terrell의 산출분석 틀을 적용한 국제청소년성취포상제 정책분석과 개선방안. 중앙대학교 석사학위논문.

이수성(1984). 한국청소년의 법의식에 관한 연구. **서울대학교 법학, 25**(2), 68-94.

이순형(1998). IMF 시대에서 청소년의 사회경제의식과 소비행태. **한국아동학회 학술발표논문집**, 121-140.

이영수(2016). 청소년수련시설 관리자 역량의 상대적 중요도 및 역량개발 요구도 분석. 중앙대학교 대학원 박사학위논문.

이용교(2013). 한일 청소년문화 교류의 실제와 발전방안. **글로벌청소년학연구, 3**(2), 67-90.

이유미(2018). 고등학생의 과학 동아리 프로젝트 학습이 핵심역량 함양에 미치는 효과. 충남대학교 석사학위논문.

이윤주(2015). 청소년 정치참여 활성화를 위한 실천중심 기능학습의 필요성: 사회과교육에서의 청소년 정치참여 연구동향을 기반으로. **시민교육연구, 47**(2), 85-113.

이윤주 외(2020). COVID-19가 초래한 비대면(언택트) 시기, 청소년활동의 재도약: 청소년 참여를 중심으로. **한국청소년활동연구, 6**(4), 143-172.

이은신(2015). 국내사회적기업 조직군의 특성: 정책의 결과인가, 경쟁의 결과인가. **한국정책회보, 24**(4), 617-642.

이은하(2017). 인성치유를 위한 인성프로그램개발 요소에 관한 연구. **한국인성치유연구, 1**(2), 1-19.

이응택, 오승근(2020). 청소년기 체험활동과 학교적응의 관계에서 공동체의식과 자아탄력성의 매개효과. **한국청소년연구, 31**(1), 289-315.

이정은, 최영아, 신인숙(2014). 국내 모험교육의 효과에 대한 메타분석. **아시아교육연구, 15**(3), 149-169.

이창희(2010). 초 · 중 · 고등학교 안전교육이 안전의식에 미치는 영향. 아주대학교 대학원 박사학위논문.

이채식(2015). 청소년의 청소년활동 모니터링 중요-성취분석: 청소년어울림마당을 중심으로. **청소년행동연구, 20**, 95-109.

이행(2020). 청소년 수련활동에서 모험교육에 대한 인식 및 대안 탐색. 목포대학교 대학원 박사학위논문.

이홍민(2005). 팀장의 역량이 성과에 미치는 영향. 건국대학교 박사학위논문.

임선일, 김성기, 최희신(2016). 사회적 경제 기반 교육협동조합 활성화를 위한 경기도교육청과 경기도의 공동협력 방안연구. 경기도교육연구원 2016-05.

장미(2011). 청소년지도자 직무역량 척도개발에 관한 연구. **청소년문화포럼, 28**, 114-144.

장미화(2017). 청소년의 체험활동 참가경험이 진로정체감에 미치는 영향. 성산효대학원대학교 박사학위논문.

장수한(2013). **청소년프로그램 개발과 평가**. 경기: 양서원.

장수한(2016). **청소년활동론**. 경기: 양서원

장수한(2020). **청소년문화론**. 경기: 공동체.

전명순(2018). 인증수련활동프로그램의 활동 의미와 영역구분 내용분석. **한국청소년활동연구, 5**(2), 95-124.

전명순(2018). 청소년수련활동인증제의 인증기준(공통영역) 분석과 개선방안. **한국청소년활동 연구, 4**(2), 77-104.

전명순, 권일남(2020). 청소년 인성함양 프로그램 구조화 연구: 태권도원 캠프를 중심으로. **한국청소년활동연구, 6**(3), 77-101.

전희일, 신명철, 류기덕, 신용식, 유영주 외(2018). **청소년정책 및 육성제도론**. 경기: 양서원.

정건희(2009). 청소년자치활동이 인권의식에 미치는 영향. **법과인권교육연구, 2**(3), 82-106.

정건희(2020). **지역사회 청소년운동 관점의 청소년활동론**. 경기도: 어가.

정광희, 박병영, 백남진, 이윤미, 임종화 외(2011). **학교의 주5일수업제 운영방안연구**(CR 2011-77). 서울: 한국교육개발원.

정순둘, 정세미, 이미우(2017). 자녀교류, 사회적 교류, 고령친환경과 연령다양성의 관계: 연령집단별 분석. **보건사회연구, 37**(3), 5-35.

정영호(2018). 청소년기 나눔 경험이 기부행동에 미치는 영향: 나눔 경험 유무, 유형, 강도를 중심으로. 평택대학교 박사학위논문.

정은홍(2014). 지속가능발전교육(ESD)에 대한 제안 및 수업 구성 사례 연구: 초등학교 6학년 사회과와

연계하여. **국제이해교육연구, 9**(1), 55-80.

정홍인, 조대연, 최지수, 이종민, 장은하, 강현주(2018). 4차 산업혁명시대 생애단계별 미래인재 필요역량 및 우선순위 역량 도출. **평생교육학연구, 24**(4), 61-92.

정화성, 이정화, 정연옥(2010). 해안지역 초등학생을 위한 해양환경교육 프로그램 개발. **한국실과교육학회지, 23**(2), 27-40.

조남억, 김고은(2014). 청소년의 국제교류활동프로그램의 효과성 연구. **청소년학연구, 21**(1), 191-215.

조달현(2018). 청소년단체 활동이 인성에 미치는 효과에 관한 연구. 명지대학교 박사학위논문.

조민호, 설증웅(2006). **컨설팅 입문**. 서울: 새로운제안.

조석희(2017). 4차 산업혁명과 지능정보사회에서의 학생 역량 개발. **한국교육개발원, 44**(1), 7-11.

조아미, 이진숙, 강영배(2016). 청소년지도자의 청소년활동 안전의식 평가척도 개발 및 타당화. **청소년복지연구, 18**(3), 150-170.

조영(2021). 학교 밖 청소년 민주시민교육: YMCA청소년 정치참여운동 사례를 중심으로. 성공회대학교 석사학위논문.

조영철, 이상원(2020). 지속가능발전목표(SDGs)9~12영역에 근거한 지속가능발전교육 프로그램개발 및 적용. **한국초등교육, 31**(1), 191-211.

조주연, 황규호, 김승호, 이경환, 박정자, 박제윤(1998). 남북한 학생의 과외활동 비교분석 연구. 서울교육대학교 교육과정 연구위원회.

주수원, 설동준, 강은구, 유영만(2017). 사회적 경제에서의 청소년 일 경험의 교육적 의미. **한국사회학회 사회학연대 논문집**, 796-804.

지승현, 남영숙(2010). 지속가능발전교육에서 고려해야 할 지속가능발전의 학문적 특성. **한국환경교육학회 학술대회 자료집**, 63-66.

지영래(2020). Z세대, 포노 사피엔스, 그리고 프랑스 어문학 교육. **프랑스어문교육, 71**, 81-110.

진은설, 김도영, 조영미, 이혜경(2019). **청소년활동론**. 서울: 학지사.

질병관리본부(2020. 4. 02.). 코로나19란?
(http://ncov.mohw.go.kr/baroView.do?brdId=4&brdGubun=41).

질병관리청(2021). 코로나바이러스감염증-19 중앙재난안전대책본부 정례브리핑(02.02.). 질병관리청 보도자료.

차성현(2012). 인성교육 개념의 재구조화. 제6회 청람교육포럼, **제53차 교육정책포럼 자료집**, 3-24.

천세영 외(2012). 인성교육 비전 수립을 위한 정책 연구. 교육과학기술부 정책 연구보고서.

천정웅(1995). **지구환경레짐의 정치경제학**. 서울: 한울

천정웅(1998). IMF시대 청소년참여의 방향과 과제: P이론의 가능성 탐색. **한국청소년학회**, 169-222.

천정웅(2009). 적극적 관점의 청소년활동: 역량개발의 이론, 정책, 실천. **청소년행동연구, 14**, 31-49.

천정웅(2011). 청소년참여의 유형화 연구. **미래청소년학회지, 8**(4), 27-47.
천정웅(2012). **청소년복지론: 발전적 관점.** 경기: 양서원.
천정웅(2013). **청소년참여론: 「P이론」의 청소년학.** 경기: 양서원.
천정웅, 김미옥, 최명민, 노혜련, 이용교(2009). **강점관점 청소년개발 레질리언스.** 서울: 신정.
천정웅, 김민, 김진호, 박선영(2010). **차세대 청소년학총론.** 경기: 양서원.
천정웅, 김영지, 임지연(1997). 청소년 참여 증대방안 연구. 한국청소년개발원 연구보고서, 97-02.
천정웅, 오해섭, 김정주, 김민(2015). **청소년활동론.** 경기: 양서원.
천정웅, 이용교(2007). **적극적 관점의 청소년개발.** 서울: 인간과 복지.
천정웅, 이용교, 김혜원(2009). **청소년발달 역량개발 청소년복지.** 경기: 교육과학사.
천정웅, 이채식, 안명선, 박주현, 이지민(2017). **청소년지도방법론: 적극적 관점.** 서울: 신정.
최상미, 박재홍, 김한성(2015). 온라인 기부경험이 10대 청소년의 기부접근성, 시민의식, 향후 기부 의향에 미치는 영향에 대한 연구. **한국사회복지행정학, 17**(4), 57-84.
최영미(2015). 중학생의 자율동아리활동 참여 특성에 따른 학교생활 적응의 차이. 경북대학교 석사학위논문.
최원희, 안정선(2019). **인적자원개발과 슈퍼비전.** 경기: 공동체.
최윤진(1998). **청소년의 권리.** 경기: 양서원.
최윤진, 김혁진, 최순희(1993). 청소년지도자 연수과정 개발연구. **한국청소년연구**, 13, 83-97.
최윤진, 정문성, 김혁진, 이명희(1992). 청소년지도자 양성방안 및 교육과정 개발에 관한 연구. **한국청소년연구, 2**, 110-123.
최재성(2003). 사회복지기관의 정보화를 위한 업무표준화 연구. 한국사회복지행정학회 2003년 춘계학술대회 및 워크숍 자료집.
최창욱, 좌동훈, 남화성, 박정배(2019). **청소년지도자 양성시스템 재구축 방안 연구** Ⅰ - 청소년활동 분야 중심으로(연구보고 19-R-10). 세종: 한국청소년정책연구원.
최충옥, 강운선(1998). IMF시대의 청소년 생활변화와 소외. **한국청소년학회**, 17-98.
최현미(2020). 학교안전사고 피해구제에 관한 법제도 개선연구. 동아대학교 대학원 박사학위논문.
최희선(2010). 청소년 국제교류의 활성화 방안: KOICA의 청소년개발분야를 중심으로. 명지대학교 석사학위논문.
통계청(2021). 2021년 청소년 통계.
통일부(2019). 2019통일백서.
편문평(2003). 초등학생의 단체활동 참여경험과 사회성 발달. 여수대학교 석사학위논문.
하성민(2013). 청소년의 사회참여활동이 시민성에 미치는 영향: 사회자본의 매개효과를 중심으로. 명지대학교 박사학위논문.

한국교육개발원(2016). OECD 교육 2030: 미래 교육과 역량을 위한 현황 분석과 향후과제.

한국교육개발원(2020). 2021 방과후학교 운영 길라잡이.

한국교육학회(2001). **인성교육**. 서울: 문음사.

한국청소년개발원(1994). 지역사회봉사활동개발보고서.

한국청소년개발원(1994). **청소년활동론**. 서울: 인간과복지.

한국청소년개발원(1995). 청소년기관운영.

한국청소년개발원(1997). **프로그램 개발과 운영**. 서울: 인간과복지.

한국청소년개발원(2005). **청소년 프로그램개발 및 평가론**. 경기: 교육과학사.

한국청소년상담복지개발원(2014). 또래상담 운영 학교 지침서 및 교사 매뉴얼.

한국청소년상담복지개발원(2020). 코로나19로 바뀐 일상: 청소년, 보호자 체감도 조사 및 대응 방안. **청소년상담 이슈페이퍼**. 2020(2호).

한국청소년정책연구원(2014). 청소년지도자 인권의식 함양방안. 한국청소년정책연구원 정책세미나 자료집.

한국청소년정책연구원(2020). 제1차 10대 청소년 목소리 포럼: 코로나로 새겨진 우울의 시대, 우리의 꿈과 권리를 말하다 「동고동락, 각양각색 청소년의 희망이야기」.

한국청소년정책연구원, 한국환경정책평가연구원(2017). SDGs 시대 청소년활동 활성화 방안 세미나 자료집.

한국청소년활동진흥원(2016a). 청소년수련시설 안전관리 현황조사 및 발전방안 연구.

한국청소년활동진흥원(2016b). 청소년수련활동인증제 매뉴얼.

한국청소년활동진흥원(2017a). 청소년수련시설 안전컨설팅 매뉴얼.

한국청소년활동진흥원(2017b). 청소년수련활동 인증제 매뉴얼.

한국청소년활동진흥원(2018). 청소년활동을 통해 키울 수 있는 핵심역량은? 보도자료(2018. 12. 28.).

한국청소년활동진흥원(2020). 2020 청소년 프로그램공모사업.

한국청소년활동진흥원(2021). 청소년어울림마당 운영 매뉴얼.

한상철 외(2010). **청소년지도자의 현장지도력 강화 프로그램 개발 및 적용연구–창의적 체험활동을 중심으로**. 서울: 한국청소년정책연구원.

한승희(1995). **학교수련활동 현장운영 모델 개발**. 서울: 한국청소년개발원.

한지선(2005). 지속적인 기부행동에 영향을 미치는 요인에 관한 연구. 이화여자대학교 대학원. 석사학위논문.

한지연(2019). 청소년수련시설 종합평가의 활용 수준 및 원인조건 조합에 관한 퍼지셋 분석 - 청소년수련관을 중심으로-. 중앙대학교대학원 박사학위청구논문.

함병수(1996). 청소년지도자 역할과 자세. 문화체육부. 청소년육성정책 지역공청회.

해피빈 재단(2014). 해피빈 기부 플랫폼 소개. 해피빈 재단 내부자료.

현민(2019). UN지속가능발전목표의 한국 국제개발협력에의 연계: 지속가능발전목표17의 이행수단을 중심으로. 사회적경제와 정책연구, 9(3), 187-225.

현주, 최상근, 차성현, 류덕엽, 이혜경, 유지연(2009). 학교 인성교육 실태분석 연구: 중학교를 중심으로. 한국교육개발원 연구보고 RR 2009-09.

홍수연(2020). 자유학기제와 연계한 국립전주박물관 미술교육 연구. 전북대학교 석사학위논문.

홍순정, 장은정, 서윤경(2004). 원격교육 교수자의 역량모델 규명. 교육정보미디어 연구, 10(2), 81-112.

홍정희(2016). 청소년 지역사회 참여활동 경험의 교육적 의미: '청소년참여위원회' 활동을 중심으로. 이화여자대학교 박사학위논문.

황산(2000). 사회복지관의 청소년동아리활동에 관한 연구: 부천시를 중심으로. 단국대학교 석사학위논문.

황상민, 권태연(2012). 조직에서 채용하고 싶어 하는 인재의 특성. 한국심리학회지: 산업 및 조직, 25(1), 59-83.

황성철(2004). 사회복지관 수퍼비전의 실태와 효과성. 한국사회복지관협회 중간 관리자 워크숍 자료집, 59-82.

황세영(2019). 환경교육과 세계시민교육은 어떻게 만나는가? 한국환경교육학회 학술대회 자료집, 234-237.

황세영, 김남수(2016). SDGs달성을 위한 청소년의 삶의 질 실태 및 지원방안연구. 서울: 한국청소년정책연구원.

황혜영, 이상원(2011). 지속가능발전교육에 기반을 둔 환경친화적 주 생활교육프로그램 개발 및 적용효과. 환경교육, 24(3), 1-17.

Alderson, P., & Montgomery, J. (1996). *Health care choices: Making decisions with children.* London: Institute for Public Policy Research.

Aldridge, N., & Fowles, J. (2013). Cause-related marketing and customer donations in an online marketplace. *International Journal of Nonprofit and Voluntary Sector Marketing, 18*(1), 52-59.

Angel, P. & Amar, P. (2012). 코칭 이론과 실행. [Coaching] (홍성호 역). 서울: 성균관대학교 출판부(원저출판: 2008).

Bazemore, G. & Terry, W. (1997). Developing delinquent youths: A reintegrative model for rehabilitation and a new role for the juvenile justice system. *Child Welfare, 76*(5), 665-716.

Benard, B. (1991). *Fostering resiliency in kids: Protective factors in the family, school, and community.* Portland, OR: Northwest Regional Educational Laboratory.

Benard, B. (2004). *Resiliency: What we have learned.* San Francisco, CA: West Ed.

Benson, P. L. (1997). *All kids are our kids: What communities must do raise caring and responsible children and adolescents.* San Francisco, CA: Jossey-Bass.

Benson, P. L. & Saito, R. (2000). The scientific foundation of youth development. In N. Jaffe and J. Marquis (Eds.). *Youth development: Issues, challenges and directions.* Philadelphia, PA: Public/Private Ventures.

Benson, P. L. & Pittman, K. J. (2001). *Trends in youth development: Visions, realities and challenges.* Boston: Kluwer Academic Publishers.

Bolton, B. & Brookings, J. (1996). Development of a measure of intrapersonal empowerment. *Rehabilitation Psychology, 43*(2), 131-142.

Boyatzis, R. E. (1982). *The Competent Manager A Model for Effective Performance.* New York: John Wiley & Sons.

Boy's Clubs of America(1975). Alternatives to Delinquency: 36 Tested Youth Development Programs.

Brooks, et al. (2020). The psychological impact of quarantine and how to reduce it: Rapid review of the evidence.

Brown, A., & Bourne, I. (1996). *The Social Work Supervisor: supervision in community, day care, and residential settings.* Buckingham Philadelphia: Open University Press.

Butters, S., & Newell, S. (1978). *Realities of Training: a review of the training of adults who volunteer to work with young people in the Youth and Community Services.* Leicester: National Youth Bureau.

Delgado, M. (2002). *New frontiers for youth development in the twenty-first century: Revitalizing and broadening youth development.* New York, NY: Columbia University Press.

Dimock, M. (2019). Defining Generations: Where Millennials End and Generation Z Begins. Dans Factank(17 janvier 2019). Disponible en ligne sur(https://www.pewresearch.org/fact-tank/2019/01/17/where-millennials-endㆆand-generation-z-begins) (consultéle 15 septembre 2020).

Durkheim, E. (1964). *The Division of Labor In Society. Translated by George Simpson.* New York: The Free Press.

Fishbein, M., & Ajzen, I. (2005). Theory-based behavior change interventions: Comments on Hobbis and Sutton. *Journal of health psychology, 10*(1), 27-31.

Fitzpatrick, S., Hastings, A., & Kintrea, K. (1998). *Including young people in urban regeneration.* Bristol, UK: The Policy Press.

Fletcher, A., & Vavrus, J. (2006). *The Social change led by and with young people.* Olimpia, WA: Common Action.

Fretwell, G. L., & Merkle, B. (1982). Peer support group: a method for improving interdepartmental communication. *Journal of College Student Personnel, 23*, 90-92.

Fromm, J. & Read, A. (2018). **(최강소비권력) Z세대가 온다.** [Marketing to Gen Z: the rules for reaching this vast and very different generation of influencers] (임가영 역). 서울: 홍익출판사(원저출판: 2018).

Hart, D., Donnelly, T. M., Youniss, J., & Atkins, R. (2007). High school community service as a predictor of adult voting and volunteering. *American Educational Research Journal, 44*(1), 197-219.

Hart. R. A. (1997). *Children's participation: The theory and practice of involving young citizens in community development and environmental care.* London: UNICEF.

Hawkins, P. & Smith, N. (2018). **코칭, 멘토링, 컨설팅에 대한 슈퍼비전.** [Coaching, mentoring and organizational consultancy: supervision and development] (고현숙 역). 서울: 박영story(원저출판: 2013).

Haynes, R., Corey, G., & Moulton, P. (2003). *Clinical Supervision in the Helping Professions: A Practical Guide.* Pacific Grove, CA: Brooks/Cole-Thompson Learning.

Homan, M, S. (2007). *Promoting community change: Making it happen in the real world.* Pacific Grove, CA: Thomson Brooks/Cole.

ICA(1995). *ICA Statement on the Co-operative Identity.* Geneva: ICA.

Kadushin, A. (1992). *Supervision in social work*(2nd ed), New York: Columbia University Press.

Kadushin, A., & Harkness, D. (2002). *Supervision in social work.* NY: Colombia University Press.

King, P. E., Schultz, W., Muller, R. A., Dowling, E. M., Osborn, O., & Dickerson, E. et al. (2005). Positive youth development: Is there a nomological network of concepts user in the adolescent development literature?, *Applied developmental Science, 9*, 216-228.

Larson, R. W. (2000). Toward a psychology of positive youth development. *American Psychologist, 55*(1), 170-183.

Leffert, N., Benson, P. L., Scales, P. C., Sharma, A. R., Drake, D. R., & Blyth, D. A. (1998). Developmental assets: Measurement and prediction of risk behaviors among adolescents. *Applied Developmental Science, 2*(4), 209-230.

Lerner, R. M., Lerner, J. V., Almerigi, J. B., Theokas, C., Phelps, E., Naudeau, S., et al. (2005). Positive youth development, participation in community youth development programs, and community contributions of fifth-grade adolescents; Findings from the first wave of the 4-H study of Positive Youth Development. *Journal of Early Adolescence, 25*, 17-71.

Lowenberg, F. & Dolgoff, R. (1988). *Ethical decisions for social work practice* (3rd ed.). Itasca, IL: F. E. Peacock.

Luthar, S. S., Cicchetti, D., & Becker, B. (2000). The Construct of Resilience: A Critical Evaluation and Guidelines for Future Work. *Child Development, 71*(3), 543-562.

Marland, S. K., James, A. E., Ralph, B. C., & John, E. R. (1973). *Fundamentals of safety education.* New York: MacMillian Co.

Mcclelland, D. C. (1973). Testing for competence rather than for intelligence. *American Psychologist, 28*(1), 1-14.

Meglino, B. M., & Ravlin, E. C. (1998). Individual values in organizations: Concepts, controversies, and research. *Journal of Management, 24*(3), 351-389.

Munson, C. E. (2002). *Handbook of Clinical Social Work Supervision.* New York: Haworth Press.

National Youth Agency(2002). Ethical Conduct in Youth Work: A Statement of Values and Principles.

Neill, J. T. (1999). The melting pot of outdoor education effects: Testing the flavours of program type, duration and age. In Proceedings of the 11th National Outdoor Education Conference, Perth, Western Australia, Australia, 112-118.

OECD(2003). Definition and selection of competencies: Theoretical and conceptual foundation(DeSeCo). OECD Press.

Parenti, M. (1993). Scouts N the Hood: A Compass for Inner-City Boyz. *Pllicy Review, 64*, 62-66.

Parsons, R. (1999). Assess helping process and client outcomes in empowerment practice. In W. Shera & L. M. Wells (Eds.), *Empowerment Practice in Social Work* (pp. 390-417). Toronto: Canadian Scholars' Press.

Pittman, K. J. (1991). *Promoting youth development: Strengthening the role of youth serving and community organizations.* Washington D.C: Academy for Educational Development.

Pittman, K. J. & Irby, M. (1996). *Preventing problems or promoting development?.* Washington. D.C.: The Forum for Youth Investment, Impact Strategies.

Pittman, K. J. & Irby, M. (1996). *Preventing problems or promoting development: Competing priorities or inseparable goals?.* Takoma Park. MD: International Youth Foundation.

Pittman, K. J., Irby, M., Tolman, J., Yohalem, N., & Ferber, T. (2003). *Preventing problems, promoting development, encouraging engagement.* Washington, DC: Forum for Youth Investment.

Roberts, J. (2009). *Youth Work Ethics*. Exeter: Learning Matters.

Roberts, J. (2013). **청소년 활동 윤리.** [Youth work ethics] (김옥순, 조아미, 신인숙 역). 경기: 양서원(원저출판: 2009).

Rogers, E. S., Chamberlin, J., Ellison, M. L., & Crean, T. (1997). A consumer-constructed scale to measure empowerment among users of mental health services. *Psychiatric Services, 48*, 1042-1047.

Roth, J. (2000). What we know and what we need to know about youth development programs. Paper presenter at the biannual meeting of the society for research on adolescence. Chicago, IL.

Roth, J., & Brooks-Gunn, J. (2000). What do adolescents need for healthy development? Implications for youth policy. *Social Policy Report, 14*(1), 3-19.

Schunk, D. H., & Zimmerman, B. J. (Eds.). (1994). *Self-regulation of learning and performance: Issues and educational applications*. Lawrence Erlbaum Associates, Inc.

Shier, H. (2001). Pathways to participation: Opening opportunities and obligations. *Children and Society, 17*, 107-117.

Spencer, L. & Spencer, S. (1993). *Competence at Work: A Model for Superior Performance*. New York: Wiley.

Staples, L. H. (1990). Powerful Ideas about Empowerment. *Social Work, 17*, 29-41.

Theis, J. (2007). Performance, responsibility and political decision-making: Child and youth participation in southeast Asia. *Children, youth and environment, 17*(1), 1-13.

Tsui, M. (2004). Empirical Research on Social Work Supervision: The State of the Art(1970-1995). *Journal of Social Service Research, 23*(2), 39-54.

UNESCO(2014a). *Shaping Future We Want*. UNESCO, Paris.

UNESCO(2014b). *UNESCO Roadmap for Implementing Global Action Programme on Education for Sustainable Development*. UNESCO, Paris.

Van Linden, J. A., & Fertman, C. I. (1998). *Youth leadership: A guide to understanding development in adolescents*. San Francisco: Jossey-Bass Publishers.

Villarruel, F. A., Perkins, D. F., Borden, L. M., & Keith, J. G. (2003). *Community youth development: Programs, policies, and practices*. Thousand Oaks, CA: Sage Publications.

William, P. W. (2001). The Effects of Youth Organizations on High School Graduation. Master of Science. Virginia Polytechnics.

Winter, M. (1997). *Children as Fellow Citizens: Participation and Commitment*. Oxford: Radcliffe

Medical Press.

World Health Organization [WHO] (2020. 5. 30.). WHO Coronavirus Disease(COVID-19) Dashboard. Retrieved from https://covid19.who.int/

Zeldin, S., Kimball, M., & Price, L. (1995). *What are the day-to-day experiences that promote youth development? An annotated bibliography of research on adolescents and their families.* Washington, D.C.: Center for Youth Development and Policy Research, Academy for Educational Development.

Zimmerman, M. A. (1990). Toward theory of learned hopefulness. *Journal of Research in Personality, 24*, 71-86.

Zimmerman, M. A. (1995). Psychological empowerment: Issues and illustrations. *American Journal of Community Psychology, 23*(5), 81-599.

Zimmerman, M. A. (2000). Empowerment theory: Psychological organization and community levels of analysis. In J. Rappaport, & E. Seidman. (Eds). *Handbook of Community Psychology.* NY: Kluwer Academic/Plenum Publisher.

Zimmerman, M. A. & Rappaport, J. (1998). Citizen participation, perceived control and psychological empowerment. *American Journal of Community Psychology, 16*(5), 725-731.

Zorga, S., Dekleva, B., & Kobolt, A. (2001). The Process of Internal Evaluation as a Tool for Improving Peer Supervision. I*nternational Journal for advancement of Counselling, 23*, 151-162.

공공기관 경영정보 공개시스템 홈페이지(https://www.alio.go.kr, 2021.11.03.).

청소년수련시설포털(http://youthnet.or.kr, 2021.11.03.).

한국청소년활동진흥원 홈페이지(https://www.kywa.or.kr, 2021.11.03.).

찾아보기

저자 소개

■ 안명선(지속가능미래연구소)

대구가톨릭대학교에서 사회복지학 박사학위를 받았으며, 대구한의대교에서 청소년학 석사를 취득하였다. 2005년도부터 창원문성대학교, 대구한의대학교, 김해대학교, 포항선린대학교 등에서 사회복지실천기술론, 인간관계론, 인간과 사회심리, 아동복지론, 사회복지조사방법론, 사례연구 등을 강의했다. 현재는 비영리민간단체 해맑음문화활동센터 센터장, 사회적기업 (주)해맑음 대표, 지속가능미래연구소 대표, 경남범죄피해자지원센터 상담분과위원, 창원시자원봉사센터 운영위원, 경남사회적기업심의위원, 창업육성기업심의위원, 창원시 탄소중립마을만들기심의위원 등을 맡아 활동하고 있다. 대표논문으로, 「한국의 공적개발원조(ODA) 평가와 청소년국제교류 활성화의 과제」(2015), 「현실요법적 놀이치료프로그램이 비행청소년의 공격성과 자기효능감에 미치는 효과」(2008), 「협동조합 실태분석 및 정책실효성에 관한 연구」(2017), 「노인장기요양보험제도의 문제점 및 개선방안에 관한 고찰」(2019), 「청소년의 주관적 웰빙, 가족강점, 자기결정성의 구조관계연구」(2020), 「사회적 경제에 관한 일 연구: 사회적기업과 협동조합중심으로」(2020), 「지속가능발전목표와 청소년활동: 동향과 과제」(2021) 등이 있으며, 저서로는 『역량중심의 청소년 지도 설계』(2013), 『청소년지도방법론 적극적 관점』(2017), 『자원봉사론』(2020) 등이 있으며, 2018년부터는 개발한 지속가능발전목표 보드게임으로, 『SDGs in Action 1,2』, 『Let,s SDGs』, 『Youth SDGs Play』, 『SDGs 타운』 등이 있다.

■ 박선희(성운대학교)

대구가톨릭대학교에서 "사회복지전공 대학생의 다문화 역량에 관한 영성지능과 인권태도의 구조관계 분석"으로 사회복지학 박사학위를 받았고, 대구가톨릭대학교에서 조사방법론, 논문연구방법론, 사회복지법제론, 다문화 글로컬 생활세계 등을 강의하였다. 현재 성운대학교 미래휴먼사회복지학부에 교수로 재직 중이다. 사회복지에서 영성을 활용한 실천과 접근을 중요하게 생각하고 탐색해 왔으며 청소년 정신건강, 중독문제와 영성 등에 관한 강의와 연구를 하고 있다. 또한, 다문화와 관련하여 사회통합, 다문화 수용성, 다문화 역량 및 국제사회복지 등에 관심을 가지고 있으며 다문화청소년과 외국의 청소년 이슈 등을 주제로 국제학술대회와 세미나 등에서 발표하였다. 대표논문으로, 「프랑스 청소년의 삶과 정책」(2013), 「잠재성장모형을 활용한 청소년의 다문화수용성발달에 관한 종단연구」(2014), 「청소년의 영적안녕감이 사회성발달에 미치는 영향」(2014), 「범분야 이슈와 Post-2015」(2016), 「청소년의 사회자본이 인권의식에 미치는 영향과 자아존중감의 매개효과에 관한 연구」(2016), 「대학생의 다문화역량에 관한 질적 사례연구」(2018), 「청소년지도자에 관한 연구동향 분석」(2019), 「긍정적 부모양육태도, 친구관계, 스마트폰의존, 자아존중감이 청소년의 학교생활만족도에 미치는 영향과 매개효과」(2021) 등이 있으며, 저서로 『다문화글로컬 생활세계』(2015), 『지역사회복지론』(2016), 『사회복지개론』(2016), 『청소년문제와 보호』(2017), 『사회복지조사론』(2018), 『인간행동과 사회환경』(2019), 『사회복지윤리와 철학』(2019) 등이 있다.

■ 김상범((재)대구청소년지원재단)

대구가톨릭대학교에서 「청소년의 외상 후 성장과 인지정서조절전략, 성장적 반추, 사회적 지지 간의 구조관계 분석」으로 사회복지학 박사학위를 받았고, 대구한의대학교, 계명문화대학교, 영진사이버대학교 등에서 청소년활동론, 청소년문화론, 청소년지도방법론, 청소년육성제도론, 청소년복지론, 중독융합연구방법론, 평생교육연구방법론 등을 강의하고 있다. 또한 사회복지사, 청소년지도사, 청소년상담사의 자격을 갖추고 10여 년간 (재)대구청소년지원재단의 청소년쉼터에서 상담, 생활지도, 사례관리 등을 통해 가정 밖 청소년들의 복지증진과 성공적인 자립을 위해 노력했으며, 대구아름청소년성문화센터에서 청소년을 위한 성교육 프로그램을 개발하고, 청소년과 학부모 및 청소년지도사를 대상으로 성교육과 상담 및 지도활동을 통해 청소년의 건강한 문화 형성을 위해 노력하고 있다. 그리고 대구광역시청소년상담복지센터 및 대구동구청소년상담복지센터의 청소년복지실무위원, 청소년문화의집 방과후아카데미 지원협의회위원, 한국청소년성문화센터협의회 운영위원 등을 맡아 활동하며 청소년 시설의 효과적인 운영과 청소년 지원 서비스 질의 향상을 위해 기여하고 있다. 대표 논문으로는, 「청소년의 성비행에 영향을 미치는 요인」(2014), 「청소년의 성비행과 자극추구성향, 또래동조성, 비행친구접촉의 경로분석」(2017), 「중학생의 부모-자녀 간 의사소통이 학교적응에 미치는 영향: 자기효능감의 매개효과를 중심으로」(2017) 등이 있다.

■ 박주현(대구가톨릭대학교)

대구대학교에서 사회복지학 석사학위를 취득하고 대구가톨릭대학교에서 사회복지학 박사학위를 받았다. 사회복지사 1급, 청소년지도사 2급, 보육교사 1급, 평생교육사 2급, 학교사회복지사 자격을 가지고 10여 년간 통영시청소년상담복지센터와 (재)경상남도청소년지원재단(상담복지센터 및 활동진흥센터)에서 청소년과 학부모, 지도자들을 대상으로 상담과 교육 및 지도활동을 하였다. 특히 다양한 분야의 청소년에 대한 관심을 가지고 학교폭력예방, 인터넷중독예방, 외상후스트레스장애, 또래상담, 국제교류, 자원봉사활동, 청소년박람회 등의 업무를 담당하여 청소년들의 문제예방과 활동증진을 위해 노력하였다. 또한 경상남도병무청으로부터 위임받아 공익근무요원 상담을 담당하며 후기청소년에 대한 지원에 관심을 가지기도 하였다. 현재는 대구지속가능미래연구소 소장으로 UN이 인류의 삶의 질을 향상시키기 위하여 제시한 지속가능발전목표에 근거하여 연구하며, 공공기관, 학교, 기업체의 구성원을 대상으로 교육을 진행하고 있으며, 대구가톨릭대학교, 대구가톨릭대학교 사회복지대학원 및 성운대학교에서 인간행동과 사회환경, 사회복지조사론, 사회복지정책론, 프로그램개발과 평가, 사회복지실천기술론 등을 강의하고 대구지속가능발전협의회 위원으로 활동하고 있다. 주요 논문으로는, 「청소년글로벌리즘에 관한 연구」(2017), 「전문직 정체성의 연구용례와 동향: 청소년분야의 함의」(2017), 「노인장기요양보험제도의 문제점 및 개선방안에 관한 고찰」(2019), 「청소년지도사의 직무와 양성체계」(2019), 「청소년복지 전문인력의 직무만족에 관한 인권의식과 직업윤리의식의 구조관계분석」(2021) 등이 있으며, 저서로 『인간행동과 사회환경』(2018), 『학교사회복지론』(2020)이 있다.

■ 천정웅(대구가톨릭대학교)

미국 캔사스대학교(The University of Kansas)에서 청소년전문가들(youth professional)의 관점에서 청소년분야 "강점기반실천(strengths-based practices)의 본질(nature)"을 분석한 논문으로 사회복지학 박사학위를 취득하였으며 한국 중앙대학교에서 환경레짐(environmental regime)에 관한 논문으로 정치학 박사학위를 받았다. 한국청소년정책연구원 기획조정실장, 한국청소년학회 사무총장 등을 역임하고, 미국 아이오와 대학교(University of Iowa) 방문학자, 캔사스대학교(University of Kansas) 사회정책분석연구원에서 일한 바 있다.

현재 대구가톨릭대학교 사회복지학과 교수로 재직하고 있으며, 대구다문화가족지원센터 협회장 등을 역임하였다. 대구가톨릭대학교의 주요보직으로 국제다문화대학원장, 다문화연구원장, 다문화교육원장, 청소년복지연구소장, 사회복지학과장, 대학원 사회복지학과장 등이 있다. 학부와 일반대학원 석 · 박사 과정에서는 청소년복지론을 비롯하여 청소년 인권과 참여, 사회복지정책론, 사회복지행정론, 지역사회복지론, 고급통계자료분석론, 질적연구방법론, 법제론, 국제사회복지론, 청소년활동론, 인간행동과 사회환경 등을 강의하고 있다.

1980년대 중반 이후 35년 이상 한국과 미국에서 청소년학을 연구해 왔으며, 2000년대부터 사회복지 및 영성복지 등과 관련한 이론과 실천, 양적/질적 연구방법론 등에 관한 연구, 강의 및 저작활동에 진력해 오고 있다. 한국전통사상에 관해 특별한 관심을 갖고 있으며, 『논문작성 연구방법 실전노하우: 입말로 전하는 문헌 · 양적 · 질적연구』를 비롯하여 『청소년 인권과 참여』, 『청소년복지론』, 『사회복지연구방법론』, 『지구환경레짐의 정치경제학』 등의 단독저서와 『다문화청소년활동론』, 『적극적 관점의 청소년개발』, 『차세대 청소년학총론』 등의 공저를 비롯하여, 50여 권의 국 · 영문 저서와 「청소년참여의 유형화 연구」 등 다수의 국문논문과 「Best practices in community-based prevention for youth substance reduction」, 「Causal relationships between service outcomes and satisfaction, service utilization, and demographic characteristics: A path analysis」 등 단독저자로서 SCI, SSCI 등재 영문저널에 게재된 영문논문을 여러 편 갖고 있다.

2003년 미국에서 "세계청소년학 아카데미(World Academy for Youth Studies)"를 창립했으며 2006년에는 한국 청소년복지의 발전을 위한 "청소년학 월드포럼(World Forum on Youth Studies)"을 제안하여 한국과 미국 등에서 국제컨퍼런스를 개최하고 있다. 한국사회복지질적연구학회 편집위원장, 글로벌청소년학회 편집위원장, 한국청소년연구 편집위원 등을 역임했으며, 최근에는 글로벌청소년학회 회장을 맡고 있으며, 국제사회복지학회 회장, 한국시민청소년학회 회장 등을 역임하였다. 한국과 미국의 연구기관에서 청소년 관련 정책연구와 청소년 관련 데이터 분석 등을 통해 50여 종의 국 · 영문 보고서를 발간하였다.

발전 청소년학 시리즈 2

청소년활동론

1판 1쇄 인쇄 — 2022년 8월 22일
1판 1쇄 발행 — 2022년 8월 26일

저 자 - 안명선 · 박선희 · 김상범 · 박주현 · 천정웅

발 행 인 - 강철원
발 행 처 - 양성원
주 소 - 경기도 파주시 검산로 173번길 29-20
전 화 - 031-946-3861(代)
팩 스 - 031-946-3864
이 메 일 - tnwpub@naver.com
홈페이지 - tnwpub.co.kr
출판등록 - 2015년 8월 31일 제 2015-000211 호

ISBN 979-11-6126-423-3

정가 22,000원